Christoph Ruf

Fieberwahn

Wie der Fußball seine Basis verkauft

VERLAG DIE WERKSTATT

Bibliografische Information der Deutschen Nationalbibliothek:
Die Deutsche Nationalbibliothek verzeichnet diese Publikation
in der Deutschen Nationalbibliografie; detaillierte bibliografische Daten
sind im Internet über http://dnb.d-nb.de abrufbar.

Auch als E-Book erhältlich: ISBN 978-3-7307-0360-1

1. Auflage 2017
Copyright © 2017 Verlag Die Werkstatt GmbH
Lotzestraße 22a, D-37083 Göttingen
www.werkstatt-verlag.de
Alle Rechte vorbehalten.
Satz und Gestaltung: Die Werkstatt Medien-Produktion GmbH
Coverabbildung: iStock/pixfly
Druck und Bindung: Westermann Druck, Zwickau

ISBN 978-3-7307-0350-2

Christoph Ruf

Fieberwahn
Wie der Fußball seine Basis verkauft

Inhalt

Das Frosch-Paradoxon Vorwort 9

**Coca-Cola, McDonald's, Schalke 04 –
wenn Fußballvereine zur globalen Marke werden**
Der deutsche Fußball steht vor epochalen Umbrüchen. Deren Folgen
erahnen viele Fans erst allmählich. Dabei ist es nur die logische Konsequenz
der Politik der letzten Jahre, dass Chinas U20 demnächst in der Regionalliga
Südwest mitkickt. 12

99,999999999999 Prozent
Kein Licht ohne Schatten: Abseits der Glitzerwelt der 1. Bundesliga spielen
Millionen Männer und Frauen im Verein Fußball. Sie fühlen sich immer weniger
wertgeschätzt und zunehmend als Melkkuh der Verbände. Es brodelt – von der
Regionalliga bis hinunter in die Kreisklasse C. 20

Visier nach oben
Anders sein als Chance – wie der SC Freiburg für die 50+1-Regel kämpft. 43

Der Volksverein
Bundesweit steigt das Misstrauen gegenüber Fans. Wenn sie sich in die
Vereinsarbeit einbringen wollen, dauert es nicht lange, bis irgendein
Funktionär davor warnt, der Verein drohe »gekapert« zu werden. Bei Dynamo
Dresden können sie darüber nur staunen. Denn ohne seine Fans gäbe es den
wichtigsten Fußballverein Ostdeutschlands schon lange nicht mehr. Immer,
wenn der Verein am Boden lag, half ihm die Basis aus der Patsche: mit
Kreativität, Arbeitszeit und Geld. Höchste Zeit für neue Einblicke in einen
der charismatischsten Vereine Deutschlands. Und in eine Fanszene, der man
Unrecht tut, wenn man sie nur negativ darstellt. 50

No sleep at Millerntor
Die führenden Funktionäre des FC St. Pauli stammen allesamt aus der
Fanszene, ohne Beteiligung der Mitglieder und Fans wird keine wichtige
Entscheidung getroffen. Und auf dem Kiez ist man sich sicher, dass der
Verein gerade deshalb wirtschaftlich so erfolgreich ist. 63

Sterbenslangweilige Allianz Arena
Der VFC Plauen war am Ende. Seit dem Neustart sind langjährige Fans an den Schalthebeln, denen Fußball gerade dann Spaß macht, wenn sie die meisten Menschen beim Auswärtsspiel kennen. Sie haben dem Oberligisten erst mal Realismus verordnet und integrieren ein Team aus Geflüchteten. Es könnte also etwas entstehen im Vogtland – wenn nicht so viele Menschen ihr Geld lieber den Bayern oder RB Leipzig geben würden als dem VFC. 75

Der Dreisatz der Stagnation
Rot-Weiß Oberhausen ist ein pulsierender Traditionsverein. Aber er hat kaum noch eine Chance, die Regionalliga wieder zu verlassen. So viel Geld, wie man haben muss, um im Wettrennen mit den Neureichen bestehen zu können, hat RWO nicht. Doch der charismatische Präsident wundert sich nicht nur über die Verbände, sondern auch über die angeblichen Fußballromantiker in den Fankurven der Erstligisten. Dass die den Kampf »gegen den modernen Fußball« dort führen, wo eine Working-class-Attitüde nur inszeniert wird, versteht er nicht. 80

Die Vernunft wohnt in der Kurve
Während Viktoria Köln sich von einem Millionär aushalten lässt, versuchte Carl Zeiss Jena so verzweifelt, aus der Regionalliga aufzusteigen, dass man sich einem Investor ausgeliefert hat. Weil der den Verein jederzeit vernichten kann, wollen ihn die Fans wieder loswerden. Und zeigen dem Verein ganz nebenbei, wie man nachhaltig wirtschaftet. 90

Apocalypse wow!
Manche Medien haben derart Spaß am Thema »Fangewalt«, dass sie selbst dann darüber berichten, wenn gar nichts passiert ist. Eine traurige Erkenntnis für Carl Zeiss Jena, dessen Aufstieg ein mehrstündiges Fußball-Highlight war. 103

Phil Collins und das Dixi-Klo
Bei Wacker Nordhausen spielen plötzlich ein halbes Dutzend hoch bezahlte Ex-Profis, ein Millionenunternehmen gibt das Geld, und ein Spielerberater wird zum Manager. All das kann man als skurriles Provinztheater abtun. Doch wer die Regionalliga verlassen will, ist zum Größenwahn gezwungen. Ein Ortsbesuch. 117

Wie Red Bull Flügel verliehen bekam
>Die 50+1-Regel hat den deutschen Fußball stark gemacht, doch Wirtschaftslobbyisten und Funktionären ist sie ein Dorn im Auge. Auf DFB und UEFA wird man sich bei ihrer Verteidigung nicht verlassen können, wie der Umgang mit den Red-Bull-Vereinen zeigt. 121

Ein Verein kommt zu sich
>Kein Mensch hat im deutschen Fußball je in kürzerer Zeit mehr Geld verbrannt als der Investor Hasan Ismaik. Nachdem seine Pläne in sich zusammengefallen sind, spielt »Münchens große Liebe« nicht gegen Barcelona, sondern gegen Memmingen und Buchbach. Und tausende Fans sind glücklich damit. Ein Lehrstück darüber, was die Identität eines Vereines wirklich ausmacht. 135

Football's coming home
>»Habgier ist das Hauptmotiv der Premier League«, sagen Keith, Gareth und all die anderen eingefleischten Liverpool-Fans, die sich an diesem Sonntag ein Heimspiel von Borussia Dortmund anschauen. Weil die Reise billiger ist, als ein Spiel ihrer Mannschaft in London zu sehen. Und weil sie finden, dass der englische Fußball vom deutschen lernen sollte. Nicht umgekehrt. 151

Eine Branche läuft heiß
>Eine halbe Milliarde Euro für den Weltstar, 222 Mio. Euro für einen Stürmer, zweistellige Millionengehälter für Durchschnittskicker – die Welt des Fußballs ist im Fieberwahn. Und dem kann sich in einer globalisierten Welt niemand entziehen. Auch wenn er es noch so gerne tun würde. Denn die Premier League gibt den Takt vor. 157

Ein ganz schlechtes Bauchgefühl
>Was auch immer im überhitzten Profifußball passiert, es schlägt in die unteren Ligen durch. Von der Sicherheitshysterie bis zu den Unsitten des Transferwesens. Der Geschäftsführer des baden-württembergischen Oberligisten SV Spielberg hat da ein paar Geschichten zu erzählen. Und große Lust, ein Schild abzumontieren, das ihm jüngst der DFB zugeschickt hat. 163

Sonntags trifft sich die Familie
Hamborn 07 hat schon mal erfolgreicher Fußball gespielt, der Duisburger Norden schon bessere Zeiten erlebt. Doch für Jürgen, Thomas, Heinz und all die anderen gibt es keinen anderen Verein als Nullsieben, dessen Herz hier in der »Löwenschänke« schlägt. Denn ein Fußballverein kann etwas mit Heimat zu tun haben. 170

Die Blase platzt
Fans, die nach Jahrzehnten ihre Dauerkarte abgeben, weil sie die Überinszenierung satthaben. Groundhopper, die sich nicht mehr wie Verbrecher behandeln lassen wollen. Journalisten, die die echten Geschichten in der Oberliga suchen statt im Wald aus Mikrofonen, der sich vor Manuel Neuer aufbaut. Keine Frage, der moderne Fußball ist drauf und dran, seine Basis zu verprellen. Schön, dass es Menschen gibt, die sich besinnen: auf guten Journalismus. Und auf die Erkenntnis, dass Fußball und Heavy Metal zu den schönsten Dingen des Lebens gehören. Vorausgesetzt, man kennt den Unterschied zwischen Playback und Live-Musik. 177

Der Autor 190

Das Frosch-Paradoxon
Vorwort

Der deutsche Fußball boomt. Die Fernsehverträge sind von Mal zu Mal höher dotiert, die Umsätze der Erstligisten steigen, die Spielzeit 2016/17 brachte einen neuen Zuschauerrekord für die 1. Liga. Das ist die glitzernde Seite des Fußballs. Auf der anderen Seite wenden sich unzählige Menschen von dieser Glitzerwelt ab. Die einen, weil sie sich im Liga-Alltag nach immer absurderen Sicherheitsdebatten zunehmend wie Schwerverbrecher behandelt fühlen. Andere, weil ihnen das stetige Drehen an der Kommerzialisierungsschraube auf die Nerven geht oder sie sich die Ticketpreise nicht mehr leisten können. Und alle, weil sie das Gefühl haben, dass sie als Claqueure und gutmütige Konsumenten wohlgelitten sind, dass aber die Schranken runtergehen, wenn sie mit entscheiden wollen, was mit ihrem Verein passieren soll. Einem Verein, mit dem sie in aller Regel weit mehr verbindet als Spieler und Funktionäre, die schon nach ein paar Monaten einem anderen Klub zur Loyalität verpflichtet sind. Viele dieser Enttäuschten kommen in diesem Buch zu Wort

Dort, wo – wie bei Dynamo Dresden oder dem FC St. Pauli – Fans ernst genommen werden, ist es in den zurückliegenden Jahren vorangegangen. Und zwar sportlich *und* wirtschaftlich. Dort, wo Alleinherrscher aus der Wirtschaft jeden Widerspruch als feindlichen Akt interpretierten, wo viel von »Effizienz« und »Modernisierung« die Rede war, ging es sportlich bergab: Sowohl bei Hannover 96 als auch beim Hamburger SV und bei 1860 München wurden dutzende Millionen verbrannt. Das sollte den selbst ernannten Modernisierern zu denken geben. Doch stattdessen wird nur weiter nach mehr Kapital und mehr Investoren geschrien.

Immer mehr Fans fragen sich, wohin der Fußball in Deutschland steuert. Geht es manchem nicht eigentlich darum, die langjährigen Fans endlich loszuwerden? Sie durch die vielen tausend Jetset-Fans zu ersetzen, die auf den Asien- und USA-Reisen der großen Vereine geworben werden? Im Mittelpunkt der derzeitigen Fanproteste stehen einige Forderungen, die hauptsächlich Ultras betreffen. Vor allem aber sind sie ein letztes Aufbäumen der Stadionbesucher gegen die Alleinherrschaft der TV-Interessen.

In der Premier League hat ein absurd hoch dotierter Fernsehvertrag Milliarden in die Liga gespült, mit schlimmen Auswirkungen auf die Bundesliga, wo solide wirtschaftende Vereine wie Mainz oder Freiburg zusätzlich unter Druck geraten und die Lobbys immer vehementer die Axt an die 50+1-Regel legen. Doch während englische Fußballfans neidisch nach Deutschland blicken, hecheln manche Offizielle und Lobbyisten, die damit oft nur ihre eigenen Interessen verbinden, der Premier League hinterher und schreien nach mehr Kapital und mehr Investoren.

Auch bei den Verbänden wird hinter vorgehaltener Hand zugegeben, dass der Fußball vor einem epochalen Wandel steht. Schon bald dürfte die 50+1-Regel gekippt werden. Dann bekommt St. Paulis Manager Andreas Rettig recht, der davor warnt, dass die Bundesliga zur »Forbes-Liga« wird. Einer Forbes-Liga mit Helene Fischer in der Halbzeitpause und Anstoßzeiten, die sich dann ausschließlich an den Bedürfnissen einer weltweiten Zuschauerschaft orientieren. Das ist eine Horrorvision. Und zwar eine, die schon bald Realität werden könnte.

Bereits jetzt werden tausende von Amateurvereinen allenfalls mit Krümeln vom Tisch der großen Gelage in der 1. Liga abgespeist. »Unsere Amateure – echte Profis«: Diesen Slogan hat der DFB als Zeichen seiner Anerkennung auf eine Plakette drucken lassen und an all seine Mitgliedsvereine versandt. In diesem Buch kommen Menschen zu Wort, die das als Gipfel der Heuchelei empfinden.

Der Unmut wächst: Fanprotest in Nürnberg zu Beginn der Saison 2017/18.

Gute Fans, böse Funktionäre? So einfach ist es allerdings nicht. Denn am großen Rad der Kommerzialisierung drehen alle. Funktionäre, TV-Abonnenten, Journalisten, selbst die Ultras. Und natürlich kennen die Fußballmacher ihre Klientel. Die eingefleischten Fußballfans schätzen es nicht besonders, wenn man mit der Tür ins Haus fällt, doch wenn die Tür jede Saison ein paar Zentimeter weiter geöffnet wird, ist das kein Problem. Hier eine zehnprozentige Erhöhung der Ticketpreise, dort ein bisschen mehr Gängelung, hier ein Montagsspiel mehr, dort eine Werbedurchsage: All das wird geschluckt. Mit dem Fußballfan ist es nämlich, wie im Frosch-Paradoxon beschrieben: Wirft man einen Frosch in einen Topf mit kochendem Wasser, springt er entsetzt wieder heraus. Setzt man ihn allerdings in einen Topf mit kaltem Wasser und erhöht die Temperatur Stück für Stück, bleibt er im letztlich kochenden Wasser sitzen, bis er tot ist.

Christoph Ruf, Karlsruhe im September 2017

Coca-Cola, McDonald's, Schalke 04 – wenn Fußballvereine zur globalen Marke werden

Der deutsche Fußball steht vor epochalen Umbrüchen. Deren Folgen erahnen viele Fans erst allmählich. Dabei ist es nur die logische Konsequenz der Politik der letzten Jahre, dass Chinas U20 demnächst in der Regionalliga Südwest mitkickt.

Wer als Journalist versucht, ein Meinungsbild über den deutschen Fußball einzuholen, macht eine merkwürdige Entdeckung. Denn nirgendwo wird so vehement bestritten, dass es dem deutschen Fußball eigentlich doch sehr gut geht, wie bei den Spitzenverbänden DFB und DFL. Im Grunde findet man dort, dass noch gehörig Luft nach oben sei. Und wer das anders sieht, bekommt schnell eine apokalyptische Warnung zu hören: »Selbst wenn es gerade ganz gut läuft – wer sich auf seinen Lorbeeren ausruht, hat das noch immer bereut.«

Dabei sind alle, auch die Vertreter der Vereine, mit dem neu ausgehandelten Fernsehvertrag hochzufrieden. Auch ist man aufrichtig der Meinung, dass hierzulande die Balance zwischen Kommerz- und Faninteressen noch halbwegs gewahrt sei: die Eintrittspreise günstiger als in England, die Stehplätze noch nicht abgeschafft. Interne Studien, heißt es in Frankfurt gerne, wiesen zudem eine hohe Zufriedenheit der Fanbasis aus – angeblich auch mit der Spieltagsgestaltung. Wobei off the record auch niemand bestreitet, dass es natürlich die große Masse der TV-Zuschauer ist, die zufrieden mit der Zersplitterung der Spieltage ist. Und dass »nur« für die sechsstellige Zahl der Stadiongänger – vor allem die jeweiligen Auswärtsfans – das Gegenteil gilt. Laut würde das niemand sagen, aber bei dieser Güterabwägung sind die Interessen von ein paar Auswärtsfans nun mal zweitrangig.

Denn der deutsche Fußball steht vor ganz anderen Herausforderungen, national wie international. Die mediale Revolution, weiß man in Frankfurt, wird auch diesmal wieder den Fußball verändern. Schon bei der Einführung der Fußballbundesliga 1963 war das Fernsehen ein wichtiger Akteur – und letztlich der Schrittmacher der kommerziellen Entwicklung. In den letzten 50 Jahren ist die wechselseitige Abhängigkeit stetig gestiegen. Bis zum heutigen Punkt, an dem eigentlich niemand mehr bestreiten kann, dass so gut wie alle elementaren Aspekte des Sports nach dem Kriterium der TV-Tauglichkeit gestaltet werden.

Warum das so ist, kann niemand besser erklären als der Berliner Philosophieprofessor Gunter Gebauer. In seinem Buch *Das Leben in 90 Minuten* schreibt er: »Die serielle Erregung der Fußballspiele überlagert die Alltäglichkeit der Arbeitswoche. Die Routine des Lebens wird von einem Fest in Permanenz eingerahmt. Durch den Fußball hat das Fernsehen eine Dimension gewonnen, die weit über seine gewöhnlichen Sendungen hinausgeht. Es zeigt eine Wirklichkeit, die nach normalen Maßstäben unwahrscheinlich ist, aber durch seine Bilder die Botschaft vermittelt: Was du jetzt hier siehst, geschieht wirklich! In der mit Fiktionen vollgestellten Fernsehlandschaft erscheinen die Spielberichte, neben der *Tagesschau* und *Heute*, als letzte Botschaften aus der wirklichen Welt.«

Verlierer des globalen Wettrennens
So mancher Vertreter von Vereinen und Verbänden weist auf eine weitere Parallele zu den 1960er Jahren hin. Schon damals sein genau zu dem Zeitpunkt, als sich mit Einführung der Bundesliga die damals modernen Medien durchsetzten, zahlreiche Traditionsvereine wie Westfalia Herne oder Borussia Neunkirchen von der großen Bühne verschwunden. Es deute vieles darauf hin, dass der Fußball im Moment wieder auf eine ähnliche Entwicklung zusteuere. Das Gefühl, dass sich im Fußball gerade wirklich etwas Grundsätzliches verändert, haben also nicht nur die Fans, sondern auch die Offiziellen.

Wobei es einen entscheidenden Unterschied zu den Zeiten des Schwarz-Weiß-Fernsehens gibt. Natürlich gab es auch in den 1960er Jahren Vereine, die nach der gescheiterten Qualifikation für die Bundesliga den Anschluss an die Moderne verpassten und sich davon seither nicht mehr erholt haben. Doch das waren Einzelfälle, deren Abstürze wenig mit systemischen Gründen und viel mit Misswirtschaft zu tun hatten. Heute droht sehr vielen Vereinen der Absturz – nämlich all denen, die vom Fernsehgeld abgeschnitten sind, *und* all denen, die nur noch die Rücklichter der Großen sehen.

Denn heute klaffen im deutschen Fußball gleich mehrere Lücken – zwischen einzelnen Ligen, aber auch innerhalb der 1. Liga. Und beides hat nichts damit zu tun, dass die Manager der jeweils Abgehängten hinter dem Mond leben würden und die wichtigen Entwicklungen verschlafen hätten. Es hat schlicht strukturelle Gründe. Dass die Großen noch größer werden, ist die logische Folge der Politik seit einigen Jahren: Es sind die Champions-League-Vereine, die deutlich überproportional von den Fernsehgeldern profitieren. »Die Bundesliga war doch nur deshalb so erfolgreich, weil die Digitalisierung nach Content verlangte und es keinen besseren Content gibt als Fußball«, sagt ein Verbandsvertreter. Und führt den Gedanken weiter aus: Wenn die Digitalisierung weitergehe, und das wird sie, könnten auch bald Premier-League-Spiele live in Deutschland einem Massenpublikum gezeigt werden, also im Hauptprogramm und nicht wie bisher bei DAZN. Die technische Entwicklung würde es möglich machen, dass der deutsche Fernsehzuschauer dabei auf ihn zugeschnittene Werbebanden sieht, während der Zuschauer in Liverpool oder London selbst auf die Originalbanden schaut. Gut möglich also, dass sich deutsche Großbrauereien oder Baumärkte, die derzeit noch die Banden zwischen Hamburg und Dresden bestücken, dann fragen, ob sie das Geld nicht lieber in Liverpool als in Leverkusen investieren sollen. Kein unlogischer Gedanke, wo doch die Kids heute auch in Leverkusen mit United- und PSG-Trikots zum Bolzen gehen. Das wäre, so raunt der offizielle Fußball, Geld, das der Liga dann fehlen würde.

Nun wird klar, was gemeint war mit dem Satz am Anfang, wonach man sich nicht auf den eigenen Lorbeeren ausruhen dürfe. Also muss die Liga weiter expandieren, immer bessere TV-Verträge abschließen, um den Abstand zu den Engländern nicht noch größer werden zu lassen. Doch da der nationale Fernsehmarkt schon annähernd gesättigt ist – und einen noch höher dotierten Vertrag dürfte Sky nicht mehr abschließen wollen oder können –, sind die einzigen Märkte, die weiteres Wachstum versprechen, in fernen Ländern.

Zum Beispiel in Japan und in China. Genau das ist der Grund, warum Schalke, Bayern und Dortmund große Teile ihrer Sommervorbereitung auch 2017 nach Fernost verlegten. Alle drei wählten dabei Reiserouten um die 20.000 Kilometer, der BVB unternahm von China aus gleich noch einen Abstecher nach Tokio. Dabei ist die Saisonvorbereitung jedem Profitrainer der Welt eigentlich heilig. Einen Fehlstart in die Saison will man unbedingt vermeiden, von den konditionellen Grundlagen, die im Sommer gelegt werden, zehrt man im Idealfall bis zum Saisonende. Da wird schon mal das Hotel gewechselt, wenn sich der vorher von der eigenen Delegation als Teppich angepriesene Rasen doch als nicht ganz so toll erweist. Journalisten dürfen keinesfalls im gleichen Hotel übernachten, der Essensplan ist strikt, über die Einhaltung der Nachtruhe wird streng gewacht. »Optimale Bedingungen« müssen es sein. Keine Wendung hört man im Juni und Juli öfter von Trainern und Managern.

Von optimalen Bedingungen ist man in Shanghai oder Hongkong allerdings weit entfernt, bereits die Luftverschmutzung ist legendär. Hinzu kommen Temperaturen um die 40 Grad, der Jetlag nach geschlagenen 10.000 Kilometern Anreise, die extrem hohe Luftfeuchtigkeit von rund 90 Prozent. Kurzum: Die Bedingungen sind alles in allem so weit weg vom Optimum, dass der damalige Schalke-Trainer Markus Weinzierl laut *Kicker* 2016 in geschlossenen Hotelräumen trainieren ließ. Doch darum geht es auch gar nicht, denn die Reisen sind nur ein sehr langer, sehr kostspieliger, sehr strapaziöser PR-Termin. Die konditionellen Grundlagen und der Feinschliff stehen nach der Rückkehr aus Fernost auf dem Programm.

»Die neuen Märkte beackern«

Kein Manager würde all das in Kauf nehmen, wenn er nicht ganz sicher wäre, dass es sich x-fach lohnt. Und es lohnt sich ja auch, zumindest in der Perspektive, in der heute im Fußball gedacht wird. Für die Großen geht es höchstens noch als kurzfristiges Ziel darum, den Meistertitel im nationalen Wettbewerb zu holen, und selbst ein Champions-League-Gewinn ist nur ein Etappenziel. Worum es eigentlich geht, ist, eine weltweit dominierende Marke aufzubauen. Deswegen leisten sich Real Madrid und Barcelona Ronaldo und Messi, und weil sie sich die beiden leisten, ist wiederum die spanische Liga eine Marke (hier passt der Begriff mal), die mit der Premier League und der Bundesliga Schritt hält. Deswegen kaufen manche Vereine extra Spieler aus Fernost, um die Aufmerksamkeit in deren Heimatland auf sich zu lenken. Deswegen unterhält der FC Bayern Büros in Shanghai und New York, und deshalb muss Uli Hoeneß nicht lange überlegen, wenn er gefragt wird, warum sein Team strapaziöse Asienreisen auf sich nimmt: »Wenn Sie die großen Mannschaften auf diesem Planeten – Real Madrid, FC Barcelona, Manchester City – betrachten: Die sind alle unterwegs. Wenn du die neuen Märkte beackern willst, dann musst du da hin.« Man mag schlucken bei solchen Aussagen, die, wenn man sie isoliert liest, auch von Managern stammen könnten, die Autos oder Limonade statt Fußball verkaufen.

Doch Uli Hoeneß hat schlicht und einfach recht. Die genannten Vereine sind längst globale Marken, deren Insignien am Strand von

Ko Samui genauso getragen werden wie im Yellowstone-Nationalpark oder in Kapstadt. Tausende Japaner, angefixt von ihren Fernsehkanälen, kaufen Trikots und Schals aus Vorfreude auf die seltsame Mannschaft aus Deutschland mit dem noch seltsameren Namen Schalke 04, bevor sie sich deren Spiele in Shanghai anschauen. Und selbstredend fliegt eine globale, interkontinentale Elite gerne zu den Heimspielen von PSG, ManCity oder Liverpool und deckt sich dort mit den neuesten Trikots von Neymar oder Firmino ein. Wer diese Vereine in all ihrer Unterschiedlichkeit vor 20 Jahren erlebt hat oder gar ihr Fan ist, dürfte traurig und wehmütig darüber sein, wie aus charismatischen Klubs, die immer wieder auch Ausdruck des Lebensgefühls in ihren Städten waren (und deren Probleme reflektierten), austauschbare Fußballkonzerne für den internationalen Konsumenten-Jetset wurden. Aber darf man diese Entwicklung deren Managern vorwerfen? Sie tun das, wofür sie bezahlt werden. Sie melken die Kühe, die auf der Weide stehen. Und die Kühe werden immer mehr.

Kein Wunder also, dass die DFL über eine eigene Tochter verfügt, die sich ums Auslandsgeschäft kümmert: die Bundesliga International GmbH. Deren Vorsitzender Jörg Daubitzer kann dann auch gut erklären, warum China zum Sehnsuchtsort der Bundesligamanager geworden ist. »China ist *der* Fußball-Wachstumsmarkt weltweit. Die Vereine profitieren durch den neuen Medienvertrag mit Suning und PPTV, mit dem wir die Einnahmen aus China signifikant steigern konnten. Darüber hinaus sind Zuwächse im Sponsoring und Merchandising zu erwarten.«

Die meisten Bundesligamanager gehen mit ihren Tagträumen allerdings aus gutem Grund deutlich sensibler um, als es Adidas-Chef Kasper Rorsted tat, der bereits laut überlegte, ob man nicht ein paar prestigeträchtige Fußballspiele im Ausland stattfinden lassen könne: »Was spricht dagegen, wenn künftig ein DFB-Pokalfinale statt in Berlin auch einmal in Shanghai ausgetragen würde?« DFL-Chef Christian Seifert erteilte diesen Plänen prompt eine Abfuhr. Ob aus grundsätzlicher Opposition oder nur, weil er es für unklug hält, den dritten Schritt vor dem ersten zu machen, sei dahingestellt. Letzteres ist allerdings nicht ganz unwahrscheinlich, denn natürlich kennen die Fußballmacher ihre Klientel. Die eingefleischten Fußballfans mögen es nicht, wenn allzu heftig an der Kommerzialisierungsschraube gedreht wird. Eine 50-prozentige Erhöhung der Ticketpreise erregt Unmut, die chinesische U20 in der Regionalliga auch. Aber eine zehnprozentige Erhöhung der Ticketpreise hier, dort ein bisschen mehr

Gängelung, hier ein Montagsspiel, dort eine Werbedurchsage mehr: All das schluckt der deutsche Fußballfan. Grummelnd, aber er schluckt es. Genau wie der Frosch aus der eingangs erwähnten Parabel bleibt er so lange reglos sitzen, bis es zu spät ist.

Worms, Trier, Offenbach, Chinas U20 … Finde den Fehler!
Im Juni 2017 hat der DFB die Temperatur ein bisschen kräftiger erhöht. Und das war dann schon ein kleiner Schock für all die Fußballfreunde, die immer noch nicht so richtig begriffen haben, was genau China denn nun mit dem Pokalfinale oder mit Wormatia Worms zu tun hat. Damals wurde jedenfalls publik, dass der DFB für seine Regionalliga Südwest eine Kooperation mit dem chinesischen Fußballverband anstrebt. Die Aufregung war groß. In der 19er-Liga soll jeweils der Verein, der gerade spielfrei hat – mal Wormatia Worms, mal Astoria Walldorf –, ein Freundschaftsspiel gegen die chinesische U20 austragen. 15.000 Euro bekommt dafür jeder Klub pro Jahr. Und zuvor jede Menge Ärger, mit dem auch die Vereine nicht gerechnet hatten, die vorab telefonisch ihr Einverständnis gegeben hatten.

Auch wenn eine Partie gegen die Chinesen »eine gute Vermarktungsmöglichkeit« biete, »sollte man den regionalen Bezug nicht komplett verlieren«, erklärte Waldhof-Geschäftsführer Markus Kompp, der behauptete, er habe diese Bedenken auch am Telefon geäußert. Verständlich auch der Ärger des FK Pirmasens, der gerade äußerst unglücklich abgestiegen war. »Sechs Mannschaften steigen ab, und nun holt der DFB die chinesische Nationalmannschaft. Wir müssen das wohl hinnehmen, aber für mich ist das purer Kapitalismus«, sagte Geschäftsstellenleiter Christoph Radtke bei *Zeit online*. Radtke hat recht: Es ist »purer Kapitalismus«. Der herrscht nämlich immer dann, wenn die großen Jungs bei den Verbänden die wichtigen Dinge regeln. Er habe, so Radtke weiter, »einen Antrag gestellt, die Liga auf 20 Teams aufzustocken, weil auch unser U23-Team als Achter der Oberliga absteigen muss, wenn wir absteigen. Aber statt uns zu behalten, wird nun offenbar, man muss es wohl so sagen, eine Geldquelle aus China ausgewählt. Eine Horrormeldung.«

So sahen es auch die Fans, vor allem die der Traditionsvereine, für die das Ende der Fahnenstange erreicht war. »Die Pläne, eine sportlich nicht qualifizierte Mannschaft in die Regionalliga einzukaufen, widersprechen dem Grundgedanken des sportlichen Wettbewerbs. Das Herkunftsland der Mannschaft spielt dabei nicht die geringste Rolle. Auch

Mannschaften aus Katar, den USA oder Russland würden auf unsere Ablehnung stoßen«, sagte »PRO Waldhof«-Vorstand Achim Schröder. Der DFB wolle »mit klammen Traditionsvereinen wie dem 1. FC Saarbrücken, dem SSV Ulm, Kickers Offenbach, Hessen Kassel, TuS Koblenz und unserem Waldhof in Fernost Geld verdienen, und alle sollen dafür jeweils 15.000 Euro bekommen. Glauben diese Funktionäre in der Frankfurter Zentrale denn, mittlerweile alles und jeden kaufen zu können?«

Ähnlich sah es der Kickers-Offenbach-Fan Thilo Leutung, der sich direkt an den Verein und dessen Geschäftsführer wandte: »Der DFB schafft es seit Jahren nicht, das Problem des Auf- und Abstiegs in der Regionalliga vernünftig zu lösen. Und dann kommt China, wedelt mit ein paar Geldscheinen, und auf einmal ist alles möglich!? Muss man denn wirklich alles, was vom DFB kommt, einfach schlucken? Im aktuellen Fall ziehe ich meinen Hut vor Waldhof Mannheim. Die wollen sich nämlich nicht an dieser Marketingaktion beteiligen. Völlig zu Recht, wie ich finde. Was hat ein Team aus China in einer deutschen, regionalen Liga zu suchen? Ich werde auf jeden Fall, sollte es dazu kommen, alle Fans der Offenbacher Kickers aufrufen, dieses Spiel zu boykottieren.«

Die DFB-Oberen reagierten aufrichtig überrascht über die Reaktionen der Fans. Und tatsächlich ist es ja nichts Neues, dass der gesamte deutsche Fußball, in noch viel stärkerem Maße die DFL, China Avancen macht. Was auch vollkommen in der Logik der Politik der vergangenen Jahre liegt, die zu einer stetigen Erhöhung der Fernsehgelder für die DFL-Vereine geführt hat. Auch im Fall der chinesischen U20 dürfte es weniger darum gehen, unmittelbar Geld mit deren Regionalliga-Engagement zu verdienen. Es geht darum, ein Klima zu schaffen, das Interesse für den deutschen Fußball weckt. Wenn nur ein Prozent von 1,3 Milliarden Chinesen sich vielleicht das Spiel der U20 gegen Saarbrücken im Fernsehen anschaut, sind das eben 13 Millionen Menschen. Vor allem sind sie potenzielle Käufer von Schalke-, Bayern- oder Wolfsburg-Trikots wie auch dankbare Abnehmer der Früchte von künftigen chinesisch-deutschen Fernsehdeals.

Denn eine Zahl ist schon interessant: 220 Millionen Euro. Umgerechnet so viel zahlt China per annum für die Übertragungsrechte an der Premier League – das ist mehr Geld als die Bundesliga insgesamt durch die Auslandsvermarktung erlöst. Aus Sicht von DFL und DFB war es also nur logisch, Ende 2016 einen Kooperationsvertrag mit China zu schließen. DFL-Geschäftsführer Christian Seifert begründete dies im

Interview mit der *Sport Bild* sehr ausführlich: »Den chinesischen Markt zu vernachlässigen, wäre fahrlässig. … Sicher ist, dass der deutsche Fußball und damit die Bundesliga und ihre Klubs durch diese Kooperation eine andere Wahrnehmung in China erfahren werden.« Eine Wahrnehmung, die sich ebenfalls in Zahlen niederschlagen soll. »Der FC Bayern ist bei Instagram mit Abstand der führende deutsche Klub mit rund 8,5 Millionen Followern. Der FC Barcelona hat mehr als 42 Millionen. Bei Twitter haben Real und Barça rund 20 Millionen Follower, die stärksten deutschen Klubs liegen im einstelligen Millionenbereich. Es geht also darum, in einem für die Zukunft sehr bedeutsamen Land unsere ohnehin gute Marktposition weiter zu stärken.« Stellt sich nur die Frage, wer genau mit »uns« gemeint ist. Waldhof Mannheim nicht, Greuther Fürth nicht und sicher primär auch nicht Augsburg, Hannover oder Freiburg. Bayern oder Dortmund aber durchaus.

»Purer Kapitalismus«
Mehr Erlöse aus Fernost werden also eine Entwicklung weiter forcieren, die die Champions League schon sehr massiv befördert hat: die, dass die Topklubs sich immer mehr von den normalsterblichen Bundesligisten – und die sich wiederum von den Zweitligisten – entfernen. Denn natürlich bekommt auch Augsburg mehr Geld als noch vor fünf Jahren. Doch im Vergleich zu den Gewinnen der Großen hinken die Durchschnittsvereine immer weiter hinterher. Anders gesagt: Während sich die Vereine aus dem Tabellenmittelfeld freuen, dass sie statt mit einem klapprigen Kinder- nun mit einem schicken Tourenrad unterwegs sind, haben sich die Topklubs Ferraris und Porsches zugelegt. Es dürfte nicht allzu schwer zu erraten sein, wer die Strecke über 34 Runden schneller zurücklegt.

Allzu viel Mitleid verbietet sich allerdings, schließlich sorgen die Vereinsvertreter aus der 1. und 2. Liga ja dafür, dass sie mit ihren Rädern auch ganz gut im Rennen sind, zumindest wenn sie statt nach vorne nach hinten schauen. Denn die Vereine von der 3. Liga abwärts sind meist zu Fuß unterwegs. Wie sagte doch der Pirmasenser Manager so schön: »purer Kapitalismus«. Dessen wichtigste Regel gilt im Fußball wie im echten Leben: Immer schön nach unten treten.

99,999999999999 Prozent

Kein Licht ohne Schatten: Abseits der Glitzerwelt der 1. Bundesliga spielen Millionen Männer und Frauen im Verein Fußball. Sie fühlen sich immer weniger wertgeschätzt und zunehmend als Melkkuh der Verbände. Es brodelt – von der Regionalliga bis hinunter in die Kreisklasse C.

Der 1. FC Magdeburg blickt auf eine ruhmreiche Geschichte zurück. Das wissen in der sachsen-anhaltinischen Hauptstadt und in deren Einzugsgebiet noch so viele Menschen, dass der FCM auch im 21. Jahrhundert immer noch ein Zuschauermagnet ist. Und das, obwohl er seit der Wende nicht mehr viel gerissen hat. Doch die Fans aus der Bördestadt machten in all den Jahren eine irritierende Beobachtung, denn sobald sie irgendwo in Westdeutschland unterwegs waren, passierte ihnen das Gleiche wie Anhängern von Rot-Weiss Essen, die es in den Norden, nach Bayern oder nach Sachsen verschlug: Irgendwie hatten die Leute dort schon mal von ihrem Verein gehört, aber das war in einer Epoche, als die Zeitungen noch mit Schwarz-Weiß-Bildern gedruckt wurden und die Menschen sie noch lasen.

Doch würden Fans aus Essen oder Magdeburg am Alpenrand erzählen, dass ihr Verein in der Kreisliga B gelandet sei oder sich aus dem Vereinsregister habe streichen lassen, würde jeder mit traurigem Blick nicken. Dabei spielten Magdeburg und Essen nur jahrelang in der 4. Liga – also exakt der Spielklasse, die in der öffentlichen Wahrnehmung meilenweit unter dem Radar läuft. Auch die 3. Liga, in der Magdeburg inzwischen spielt, wird von vielen Menschen ignoriert, für die die internationalen Spiele der Bayern oder des BVB Feiertage sind, die aber schon Augsburg oder Hannover für »kleine Vereine« halten. Ein paar Millionen Menschen verfolgen die Liga aber dann doch, denn was Duisburg, Bielefeld, Dresden oder der KSC dort so treiben, wird jeden Samstag in der *Sportschau* gesendet.

Nun ist der Fall von der 2. Liga in die 3. Liga schon mit einem denkbar harten Aufprall verbunden. Denn mit einem Mal sinkt das Fernsehgeld um mehr als 90 Prozent – der KSC bekam nach dem Abstieg im Sommer 2017 rund 700.000 Euro; hätte er die 2. Liga gehalten, wären es 11,9 Mio. Euro gewesen. Aber immerhin fließen in der 3. Liga überhaupt noch TV-Gelder. Die Regionalliga hingegen ist die Horrorvision eines jeden

Managers im bezahlten Fußball. Wer dort gelandet ist, wird vergessen: von der überregionalen Öffentlichkeit, von den Medien und vom offiziellen Fußball. Und als ob das nicht schon deprimierend genug wäre, hat Letzterer auch noch beschlossen, den Aufstieg beinahe zu einem Ding der Unmöglichkeit zu machen. Ein Verein, der das Urteil »Regionalliga« erhalten hat, weiß, dass er gute Chancen hat, lebenslänglich für die Sünden der Vergangenheit zu büßen. »Die 3. Liga wäre für uns schon eine Erlösung«, sagt Offenbachs Geschäftsführer Christopher Fiori. »Wir haben unsere Strukturen ja schon völlig ausgedünnt, bis an die Grenzen der Belastbarkeit. Auf Dauer ist diese Liga ganz einfach nicht zu finanzieren.« Was die faktisch fehlenden Fernsehgelder angeht, sieht Fiori im Übrigen den Verband in der Pflicht: »Im Grunde ist selbst die Hessenliga besser vermarktet. Das sollte doch diejenigen nachdenklich stimmen, die so tun, als betrieben die Vereine einfach Missmanagement.«

Zuschauerschreck FC Ingolstadt II
Und noch ein weiterer Kritikpunkt ist seit 2010 virulent: Die Zweitmannschaften der Erst- und Zweitligisten waren schon damals in den Ligen drei und vier so unbeliebt, wie sie es heute sind. Der mächtige Landesverband Westfalen forderte deshalb seinerzeit eine eigene Spielklasse für die Nachwuchsmannschaften. Doch dieser Vorschlag scheiterte am Widerstand der Profivereine. Die Folgen tragen nun allerdings die Regionalligisten, vor allem deren Kassenwarte. An Spielen gegen Fortuna Düsseldorf II oder Ingolstadt II hat in Oberhausen oder Bayreuth kaum jemand Interesse. Kein Zuschauer kommt in Verl oder Essen, weil er Gladbach II sehen will.

Kein Wunder, denn nicht einmal zu Hause will sie jemand sehen. Im Südwesten belegen die Nachwuchsmannschaften von Hoffenheim und Lautern die letzten beiden Plätze im Zuschauerranking, im Westen die von Köln, Schalke, Gladbach und Düsseldorf die letzten vier. In Bayern finden die Spiele von Nürnberg II, Augsburg II oder Ingolstadt II praktisch unter Ausschluss der Öffentlichkeit statt. Von den sage und schreibe 21 Zweitvertretungen, die in der Saison 2016/17 in den Regionalligen kickten, hatten einzig und alleine die von Borussia Dortmund und 1860 München mit durchschnittlich 1.900 bzw. 1.300 Zuschauern eine nennenswerte Anhängerschaft – was allerdings auch an den beiden bei Fans beliebten Spielstätten Rote Erde und Grünwalder Stadion liegen dürfte.

Und ihre fehlende Attraktivität ist nicht der einzige Kritikpunkt an den U-Mannschaften. Deren Strategen schrecken nämlich nicht davor zurück, in wichtigen Spielen massenhaft Profis einzusetzen. Als sich Greuther Fürth II im Sommer 2017 mit Ach und Krach in der Abstiegsrelegation rettete, waren acht Profis im Aufgebot der Franken. So ist es fast immer und überall, wenn es um den Klassenerhalt geht. Das ist natürlich nichts anderes als Wettbewerbsverzerrung, aber legal. Also wird es gemacht.

Dass die Zweitmannschaften überhaupt in den Regionalligen spielen dürfen, sagt deshalb auch einiges über die Machtverhältnisse im deutschen Fußball aus – gegen den Willen des Profifußballs läuft selbst in Spielklassen nichts, die ihn eigentlich nicht tangieren. Die Verantwortlichen der Erst- und Zweitligisten wollen mehrheitlich, dass ihr Nachwuchs in einer Liga spielt, in der er in Sachen Zweikampfhärte und Atmosphäre auf den Profifußball vorbereitet wird. In Aachen, Essen oder Mannheim herrscht eben eine Stimmung, die gut ausgebildete 19-Jährige sonst nicht erleben können. Anders gesagt: Der Regionalliga bringen die U-Mannschaften nichts, umgekehrt ist das durchaus der Fall. Durchgesetzt hat sich, wie fast immer, wenn es in Deutschland um Fußball geht, der Profifußball.

Verhasste Relegation

Doch die U-Mannschaften sind nur *ein* Problem der Regionalligen, deren Malaise allerdings auch daran liegt, dass sie zu selten mit einer Stimme sprechen. Über die zu geringe finanzielle Ausstattung klagen alle. Über den Aufstiegsmodus, wonach eine Relegation das Prinzip ersetzt, dass der Meister einer Spielklasse aufsteigt, klagen naturgemäß vor allem die Vereine, die sich selbst eher in der 3. oder gar 2. Liga sehen. Ansonsten divergieren die Interessen zwischen den einzelnen Landesteilen so stark wie zwischen den großen Traditionsvereinen und ambitionierten Dorf- oder Kleinstadtklubs wie Buchbach oder Memmingen, die sich in der Regionalliga Bayern gut aufgehoben fühlen. Doch in den Regionalligen gibt es eben auch dutzende ambitionierte Traditionsvereine.

Einer der prominentesten Kritiker der Relegationsspiele ist dann auch Claus-Dieter »Pelé« Wollitz, seines Zeichens Trainer des Nordost-Regionalligisten FC Energie Cottbus, dessen sehr grundsätzliche Kritik an den Spitzenverbänden des deutschen Fußballs im Februar 2017 für Aufsehen sorgte. »Der DFB verkauft ja immer so gerne Werte, aber diese Regelung hat mit Werten wie Anstand und Respekt nichts zu tun«, sagte der Ex-Profi bereits im März 2016 in einem Interview mit dem *Kicker*. Wenn Zufälligkeiten und Unwägbarkeiten wie Tagesform, Verletzungen,

Krankheiten oder Schiedsrichterfehlentscheidungen das zunichte machen könnten, was man sich zuvor eine Saison lang aufgebaut habe, liege etwas grundsätzlich im Argen. »In 34 oder 36 Spielen kann man vieles korrigieren, dann ist eine Arbeit bewertbar, in zweien ist das nicht der Fall.« Die Bekenntnisse der Verbandsspitze zum unterklassigen Fußball seien verlogen: »Wie der DFB die kleinen Vereine unterstützt, ist an Lächerlichkeit nicht zu überbieten.« Eine Verachtung, die sich nicht zuletzt am Aufstiegsmodus festmacht, der einen Sturm der Entrüstung auslösen würde, käme er in höheren Spielklassen zum Einsatz.

Es wäre übertrieben zu behaupten, dass zwischen den Vereinen und ihren Fans in allen Fragen des Fußballalltags traute Einigkeit bestünde. Doch was die Relegationsspiele betrifft, da sind Fans und Vorstände der Regionalligavereine seit eh und je völlig einer Meinung: Die Playoffs, die sich wie ein mit Krokodilen besetzter Burggraben zwischen der vierten und der dritten Spielklasse erstrecken, gehören abgeschafft. Und zwar lieber heute als morgen.

Auch 2017 äußerten sich alle Trainer und Manager der sechs Regionalliga-Aufstiegsaspiranten vernichtend über den Modus, mit dem ermittelt werden soll, welche drei Glücklichen nach einer erfolgreich bestrittenen Saison denn nun in die 3. Liga aufsteigen dürfen. Der Nordost-Meister, also der beste Regionalligist von gleich fünf Bundesländern? Der aus Bayern? Oder doch der Zweite aus dem Südwesten? Kein Wunder also, dass die Vertreter von Jena und Viktoria Köln genauso Klartext sprachen wie die von Meppen, Mannheim, Unterhaching und Elversberg. »Ich finde die Relegationsregelung völlig bescheuert«, sagte Jenas Coach Mark Zimmermann. »Es ist ein Unding, dass der Meister nicht direkt aufsteigt. Aber da bin ich nicht der Einzige.« Bei Weitem nicht, Viktorias sportlicher Leiter Stephan Küsters stieß ins selbe Horn: »Dass wir als Meister noch durch die Relegation müssen, ist eine Frechheit.«

Doch DFB und DFL haben sich nun mal darauf geeinigt, dass seit 2012/13 in zwei Entscheidungsspielen eine ganze Spielzeit auf den Kopf gestellt werden kann. Nur drei der 91 Regionalligavereine schaffen deshalb den Aufstieg. In der 2. Liga sind es zwei oder drei – von 18. Das alles widerspricht nicht nur jeder sportlichen Logik, das ist auch finanziell ruinös, denn natürlich schrecken Sponsoren davor zurück, ihr Geld in einen Verein zu stecken, der theoretisch 38 Spiele gewinnen könnte und dennoch in einer Liga verbleiben müsste, um die die meisten TV- und Fotokameras einen großen Bogen machen. Umso bitterer, wenn dann noch fragwürdige Schiedsrichterentscheidungen über Auf- und Abstieg entscheiden. Der heutige Drittligist Karlsruher SC wäre 2015 in die 1. Liga aufgestiegen, wenn es dem Schiedsrichter des Relegations-Rückspiels gegen den Hamburger SV, Manuel Gräfe, nicht gefallen hätte, wenige Sekunden vor Schluss als mutmaßlich einziger Mensch im Stadion ein ahndungswürdiges Handspiel eines Karlsruher Spielers zu erkennen. Den darauf verhängten Freistoß nutzte der HSV prompt zu einem Tor.

Dass Irren menschlich ist, darf in dem Fall nicht als Relativierung herhalten, im Gegenteil. Denn gerade *weil* Menschen irren, ist es unverantwortlich, routinemäßig Alles-oder-nichts-Spiele anzusetzen, die dann durch die getrübte Sinneswahrnehmung eines einzigen Menschen entschieden werden können. Das ist schon bei einem Spiel am 13. Spieltag ärgerlich. Bei Partien, in denen es um die Zugehörigkeit zur Spielklasse und – bei der Relegation zwischen 1. und 2. Liga – um hohe zweistellige Millionenbeträge geht, ist es grob fahrlässig. Relegationsspiele haben viel mit Lotterie zu tun, viel mit Entertainment und wenig mit Sport.

Ein Spektakel moderner Gladiatoren

Genau aus diesem Grund ist die Relegation ligaübergreifend auch in den Fanszenen denkbar unbeliebt. Es ist kein Zufall, dass auch 2017 bei allen Relegationsspielen »Fußball-Mafia DFB« respektive »Scheiß DFB« gerufen wurde – zum Teil selbst von den Haupttribünen, die auch die zahlreichen Transparente gegen die vermeintlichen Endspiele beklatschten. Sicher wäre es zynisch, wenn man Fanausschreitungen wie beispielsweise in Braunschweig oder München ausschließlich der Relegation zuschriebe. Denn kein noch so kruder Spielmodus rechtfertigt Gewalt. Doch die Verbände sollten sich schon fragen, ob es nicht heuchlerisch ist, nach Ende der Saison noch einmal Spieler (und damit auch Fans) in zu Alles-oder-nichts-Partien hochgejazzten Duellen aufeinandertreffen zu lassen und sich dann zu wundern, wenn die Emotionen auf dem Platz und auf den Rängen über den Eichstrich der Zivilisation hinausschießen. So zumindest sieht es Daniel Schneider, der Vorsänger der Karlsruher »Phönix Sons«, der über die Relegationsspiele schon 2012 sagte, es sei »fast wie bei Gladiatoren: In der Arena kämpft man ums Überleben, und die feinen Herrschaften amüsieren sich darüber.«

Die von DFB und DFL nach US-Vorbild zur Saison 2008/09 wieder eingeführten Relegationsspiele zur Bundesliga sind dann auch wieder ein augenfälliger Beweis, dass die Verbände zunehmend ihren eigenen Sport und dessen Charme nicht ernstnehmen. Wenn man als souveräner Meister nicht aufsteigen darf, ist das sportwidrig, ebenso wie auch der

Drittletzte der 1. Liga einfach keinen weiteren Fallschirm verdient hat – sondern nichts anderes als den Abstieg. Umso beachtlicher, dass mit Jens Todt der Manager des HSV, der sich in den letzten Jahren zweimal nur durch die Relegation in der 1. Liga halten konnte, deren Abschaffung verlangte. Er zeigte damit die gleiche Größe wie Frankfurts Trainer Niko Kovač, der nach den gewonnenen Relegationsspielen 2016 gegen Nürnberg ebenfalls deren Ende forderte.

Doch um solche Argumente geht es kaum mehr im deutschen Fußball. Es geht nicht um die Fanszenen, und auch Fairness spielt immer weniger eine Rolle. Was zählt, ist der Fernsehzuschauer, denn der sitzt vor dem Medium, das das Geld einbringt. Und natürlich schaut sich ein fußballinteressierter Mittfünfziger vor irgendeinem Fernsehapparat in irgendeiner Stadt auch nach der Saison gerne ein weiteres Fußballspiel an, wenn ihm vorher ein paar Tage lang erzählt wurde, wie »brisant« und »dramatisch« doch alles wieder sei. 90 weitere Minuten Entertainment fürs Fernsehpublikum – genau darum geht es.

Todesfalle Regionalliga

Zurück zur Regionalliga, also der Spielklasse, die wie keine andere vom Relegationsunsinn betroffen ist, für deren Vertreter das aber nur ein Faktor von vielen ist, der für tiefen Frust sorgt. Unzufriedenheit bis hin zu offener Wut herrscht nämlich nicht nur bei den Vereinen, die wie Cottbus, Mannheim, Viktoria Köln oder Elversberg kurz vor bzw. sogar in den Relegationsspielen gescheitert sind, sondern bei all den gut 15 Klubs, die sich in den fünf Staffeln zu Höherem berufen fühlen, zum Beispiel also Aachen, Essen, Oberhausen, Saarbrücken und Lok Leipzig. Seit 2011 bzw. 2013 sind Essen und Aachen viertklassig. Und dennoch hatten beide selbst in der sportlich völlig unbefriedigenden Spielzeit 2016/17 einen Zuschauerschnitt um 7.800 (Essen) bzw. 6.500 (Aachen) und standen damit besser da als Zweitligist SV Sandhausen.

Allerdings haben die erwähnten Vereine mit ihren vielen tausend Fans in aller Regel vor dem Absturz auch gravierende Fehler gemacht und unseriös gewirtschaftet. Doch zu Recht haben sie das Gefühl, dass sie seither – in der Regionalliga – noch so seriös arbeiten könnten und dennoch keine Chance mehr hätten, jemals wieder nach oben zu kommen. Eine Krux, die aus ihrer Sicht fast zwangsläufig dazu führt, alles auf eine Karte zu setzen, sich also derart zu verschulden, dass sie die aufgenommenen Kredite bei einem Aufstieg bedienen könnten, ansonsten aber finanziell vor die Wand fahren. »Wir haben hier in der Regionalliga immer wieder Vereine, die ihren Spielern um die 7.000 Euro an Grundgehalt zahlen, mit Lohnnebenkosten und Prämien sind sie dann schnell bei 12.000«, sagt ein Insider aus der Regionalliga Südwest.

Vor dem Dilemma, dass die Rahmenbedingungen ihrer Spielklasse fast schon dazu verleiten, unseriös zu wirtschaften, wenn man nicht die nächsten zehn Jahre auf Platz 13 verbringen will, stehen letztlich auch die Drittligisten. Denn wirklich etwas zu verdienen ist nur dort, wo die Gelder aus dem üppigen TV-Vertrag verteilt werden, den die DFL ausgehandelt hat: in der 2. und erst recht in der 1. Liga.

Kein Wunder also, dass in der Saison 2016/17 so viele Vereine Insolvenz anmelden mussten oder sogar komplett von der Landkarte verschwanden. Dass darunter große Traditionsvereine sind, ist erst recht kein Zufall. Nachdem 2016 Kickers Offenbach mal wieder am Ende war, stellten 2017 weitere Vereine einen Insolvenzantrag, die einst mindestens in der 2. Liga gespielt haben und allesamt ein deutlich überdurchschnittliches Zuschaueraufkommen nachweisen. Alemannia Aachen und Hessen Kassel haben es dabei so geschickt angestellt, dass sie 2017/18 mit Punktabzügen weitermachen dürfen – die Hessen mit einem Punktabzug von neun Zählern. Die Sportfreunde Siegen und der FC Schönberg aus Mecklenburg-Vorpommern wollen sich die Regionalliga hingegen nicht mehr leisten und ziehen sich in den Amateurfußball zurück. Damit komplettieren sie die illustre Liste all der Traditionsvereine, die in den vergangenen Jahren ebenfalls zum Insolvenzberater mussten: Rot-Weiss Essen, Wuppertaler SV, SSV Ulm, FC Homburg, Borussia Neunkirchen, VfB Lübeck, SSV Reutlingen, FC Gütersloh, Rot Weiss Ahlen, Bonner SC, FSV Zwickau, 1. FC Lok Leipzig oder zuletzt der VfR Aalen und FSV Frankfurt. Oft fehlten nur fünfstellige Euro-Beträge. Das ist in der 1. Liga das Salär eines Durchschnittskickers bei einem Durchschnittsverein. Wohlgemerkt, das Monatssalär.

Sponsoren: schwierig

Nachdenklich stimmen sollte dann auch die Erklärung des Siegener Vorstands Gerhard Bettermann: »Die 3. Liga besitzt Argumente. Aber gegenüber der Regionalliga sind potenzielle Sponsoren skeptisch«, sagte er dem Bonner *General-Anzeiger.* »Viele sagen dann: Wenn ihr in der 3. Liga seid, können wir noch mal reden.« Doch in die 3. Liga kommt man eben nur mit einem ungesund hohen Etat – ein Teufelskreis, mit dem ein Verein wie Siegen allerdings insofern nichts zu tun hat, als er schon den Normalbetrieb in der 4. Liga nicht stemmen kann. »Seit drei

Spielzeiten gibt es eine Unterdeckung des Etats, die immer wieder nur durch privates Engagement von Gönnern geschlossen werden konnte. Die Leute können und wollen wir nicht immer wieder bekneien.« Seine Schlussfolgerung: »Man muss ehrlich sein und den Tatsachen ins Auge sehen – Siegen kann sich die Regionalliga nicht leisten.« Doch das gilt nicht nur für Siegen, das – wie im Nordosten Schönberg – nicht auf Profitum setzte, keine überhöhten Gehälter zahlte und sich auch sonst keinesfalls dem Größenwahn hingab.

Und genau das ist das Problem, denn ohne entsprechend kostspielige Strukturen und Spieler ist es fast unmöglich aufzusteigen. Das Vabanquespiel ist systemimmanent. Die Vereine stehen vor der Alternative, ein bisschen in der 4. Liga vor sich hin zu kicken und langsam, aber sicher der Vergessenheit anheimzufallen – oder ins Risiko zu gehen. Das führt dazu, dass selbst die Vereine, die den verständlichen Ehrgeiz ihrer vielen Fans bändigen, indem sie auf die wirtschaftliche Vernunft verweisen, davon nichts haben. Denn investorengetriebene Vereine mit wenigen Fans werden an ihnen vorbeiziehen, wenn sie nicht versuchen, finanziell mit ihnen mitzuhalten.

»Profis« seien »in dieser Liga auf Dauer nicht zu finanzieren«, weiß dann auch Dirk Mazurkiewicz, der Präsident des West-Regionalligisten Bonner SC. Wie der Verein rechnet, hat der sportliche Leiter, Thomas Schmitz, dem *General-Anzeiger* im März 2017 berichtet: »Die Mannschaft kostet in dieser Saison 350.000 Euro. Darin enthalten sind die Sozialversicherungsbeiträge und Abgaben für die Berufsgenossenschaft – immerhin 1.200 Euro pro Spieler pro Jahr. Bis auf vier Akteure, die beim BSC fest angestellt sind, spielt der Rest der Mannschaft auf 450-Euro-Basis. Hinzu kommen Fahrgeld und Prämien. Auf der Homepage des Klubs sind 28 Spieler gelistet. Durchschnittlich kostet ein Fußballer den BSC also rund 1.000 Euro pro Monat. Das Spitzensalär beträgt 2.000 Euro.«

Ähnlich wirtschaftet man beim FC Nöttingen, einem mittelständisch strukturierten Verein aus Baden, der auf Amateure setzt und seit Jahren zwischen Oberliga und Regionalliga pendelt. »Profitum in der Regionalliga geht eigentlich nicht«, sagte dessen Vorsitzender Dirk Steidl der *Pforzheimer Zeitung*. Viele Klubs zahlten schlicht deutlich höhere Gehälter, als sie sich leisten könnten, glaubt Steidl, der für seinen Verein in der Regionalliga mit 350.000 Euro kalkuliert. Mehr als in Bonn oder Nöttingen sollte wohl generell in der Regionalliga nicht bezahlt werden – sonst droht der finanzielle Kollaps.

Es sei denn, man verfügt über einen klassischen Mäzen wie Franz-Josef Wernze bei Viktoria Köln oder man ist ein Provinzklub, der das Glück hat, von einem reichen Geschäftsmann zum Betätigungsfeld erkoren worden zu sein. Davon gibt es einige in den fünf Regionalligen. Auch der Meister der Regionalliga Südwest, der SV Elversberg, wäre ohne seinen Gönner und Präsidenten Dominik Holzer, den Chef eines Pharmakonzerns, ein ganz normaler Dorfverein. So wäre beinahe eine Mannschaft in die 3. Liga aufgestiegen, die bei Heimspielen kaum einmal mehr als 1.000 Zuschauer hat.

Aufstieg? Lieber nicht
2010 wurden die Abschaffung der dreigleisigen Regionalliga und die Einführung der fünfgliedrigen zur Saison 2012/13 beschlossen. In jener Saison wechselte auch die Hauptverantwortlichkeit für die Regionalliga vom DFB auf die Landesverbände. Vor der Ligareform 2012 hatte der Deutsche Fußball-Bund immerhin noch mehr als 5 Mio. Euro an die Vereine der drei Staffeln ausgeschüttet, nun fließt gar nichts mehr, doch die Kosten sind gestiegen. Kein Wunder also, dass mehr als ein Dutzend Klubs seitdem auf den Aufstieg verzichtet hat. Hunderte Oberligisten meldeten aus finanziellen Gründen erst gar nicht für die nächsthöhere Spielklasse, um im Fall der Fälle nicht tatsächlich hochzumüssen. So kommt es immer wieder zu Konstellationen, die mit einem regulären und fairen sportlichen Wettbewerb nichts mehr zu tun haben. In der Saison 2015/16 etwa nahm Altona 93 an den Aufstiegsspielen zur Regionalliga teil – und das als Tabellensechster! Die ersten fünf der Oberliga Hamburg hatten dankend abgewunken. 2014 wollte sogar kein einziger Verein aus Hamburg, Mittelrhein und Hessen aufsteigen.

Noch ein paar Jahre zuvor, als die Regionalliga in ihrer jetzigen Struktur aus der Taufe gehoben wurde, hatte man sich das ganz anders vorgestellt. Die Regionalliga sollte ein Erfolgsmodell werden, ein Fest für jene Fußballfreunde, die alle paar Wochenenden Lokalderbys sehen wollen, vor gut gefüllten Rängen und auf einem sehr ordentlichen sportlichen Niveau. Das ist tatsächlich eingetreten, ansonsten blieben die meisten Versprechen unerfüllt – zumindest für die Vereine. Die Reform stärkte allerdings die Landesverbände des DFB. So wurden die Vermarktungsrechte an die Verbände abgetreten, die nun auch Gebühren für Ton- und Bildaufnahmen kassieren können. Schon daran entzündete sich Kritik. Dabei ist weitgehend unstrittig, dass Vereine wie der VfR Garching oder die TSG Sprockhövel unterm Strich gut mit der zentralen Vermarktung fahren. Doch viele

Vereinsvertreter halten dem DFB und seinen 21 Untergliederungen vor, einen überdimensionierten Apparat zu alimentieren. Es spricht einiges dafür, dass dem deutschen Fußball wie auch der deutschen Politik schon bald eine Föderalismusdebatte droht. So richtig einsichtig ist es ja auch nicht, dass es einen Südbadischen und einen Badischen Fußballverband geben muss. Eines ist jedenfalls klar: Eine Liga, in die viele gar nicht hineinwollen und aus der zwei von fünf Meistern nicht hinausdürfen, hat ein ziemlich großes Problem.

»Regionalliga muss Regionen abbilden«
DFB-Vizepräsident Rainer Koch will das gar nicht in Abrede stellen, aber beim intensiven Gespräch im April 2017 in den Räumen des Bayerischen Fußball-Verbands die Gelegenheit nutzen, um einmal mit ein paar Vorurteilen über sich, den BFV und die Regionalligen aufzuräumen. Koch weiß ja, dass von Nord bis Südwest gerne kolportiert wird, die derzeitige Ligeneinteilung mit Bayern als einer von fünf Spielklassen sei ein Zugeständnis an das mächtige Bundesland mit seinem mächtigen Fußballverband gewesen. Kompletter Unsinn, wie Koch versichert, sein BFV habe 2012 zwar auf die Eigenständigkeit gedrängt, sich aber generell für eine stärkere Regionalisierung eingesetzt. »Wir wollten damals acht Spielklassen, konnten uns damit aber nicht durchsetzen.« Mehr Lokalderbys, kürzere Reisen – Koch findet die Idee noch heute charmant. Die »Region« in »Regionalliga« will er durchaus wörtlich verstanden wissen.

Die Klagen der Großen – von Saarbrücken bis Essen und von Aachen bis Cottbus – findet er nicht nur in der Sache unbegründet. Man merkt ihm auch an, dass er im Zweifelsfall lieber die Interessen der kleineren Vereine vertritt, wenn die im Widerspruch zu denen derjenigen stehen, die schon mal in der 2. oder 1. Liga gespielt haben und lieber heute als morgen dorthin zurückwollen. Ohne Vereine beim Namen zu nennen, sagt er also: »Eine Vereinspolitik, die Insolvenz in Kauf nimmt im Falle eines Scheiterns, ist von vorneherein unseriös.« Wenn Vereine wie Lotte und Würzburg den Aufstieg schafften, müsste das für die großen Beschwerdeführer mit ihren vergleichsweise hohen Etats doch auch möglich sein. Und überhaupt: »Es kann doch nicht die Lösung sein, eine Ligareform zu konstruieren, die ausschließlich auf das Dutzend Vereine zugeschnitten ist, das unbedingt hochwill. Diese Klubs müssen aufhören, Lösungen vorzuschlagen, die nur ihnen nutzen. Das ist rücksichtslos gegenüber allen anderen, vor allem auch den fast 200 Oberligavereinen in Deutschland, für die die Regionalliga erreichbar bleiben muss.«

Man merkt, dass Koch, der fraglos – wie die meisten im bezahlten Fußball – ein guter Strippenzieher ist, jahrzehntelang auch auf dem Fußballplatz sozialisiert wurde. Denn er präsentiert ein Argument, das in der gegenwärtigen Debatte selbst von Traditionalisten nur selten zu hören ist: »Wenn Sie sich einmal die Landkarte des Fußballs anschauen und einen Strich von Nord nach Süd mittendurch ziehen, dann werden Sie feststellen, dass sie links vom Strich viele Menschen und wenige Schafe haben – und im Osten des Strichs ist es umgekehrt«, sagt Koch. Und während sein Gegenüber noch die Städte von links nach rechts und von rechts nach links gruppiert, fährt er fort: »Regionalliga muss Regionen abbilden, sonst macht man ganze Regionen platt.« Sprich: Neugersdorf, Meuselwitz und Hof haben genauso eine Existenzberechtigung in der 4. Liga wie Essen oder Mannheim. Koch bringt jetzt noch ein paar Vereine aus seinem Verband ins Spiel, Memmingen oder Buchbach, einen Marktflecken mit 3.000 Einwohnern, aber fast 900 Zuschauern im Schnitt. Der Subtext ist klar: Vereine, die solide wirtschaften, nicht mehr sein wollen, als sie sind, und Spaß daran haben, wenn einmal im Jahr neben Garching auch noch die Fanhorden des TSV 1860 München vorbeikommen, denen gehört seine Sympathie. Vor allem aber glaubt Dr. Rainer Koch, dass man so bescheiden wirtschaften muss wie Memmingen oder Buchbach, um in der Regionalliga bestehen zu können.

U23-Teams – eine Klasse für sich

Bliebe allerdings noch die Krux mit den Relegationsspielen, die das vermeintlich eherne Prinzip ersetzen, dass der jeweils Erste einer Spielklasse automatisch aufsteigt. Glücklich mit dieser Lösung ist niemand, schon gar nicht die Topteams. Doch es ist schwer, einen Konsens darüber zu erzielen, wie die Ligen zugeschnitten sein müssten, um die Aufstiegsregelung fairer zu gestalten. Würde man die Regionalliga wieder von fünf auf drei Staffeln reduzieren, hätte man wieder drei Aufsteiger – aber eben auch 40 Teams, die dann nur noch fünftklassig spielten. Das wäre jedenfalls ebenso wenig konsensfähig wie eine zweigleisige 3. Liga, in die man ebenfalls vier oder auch fünf Teams aufsteigen lassen könnte. Doch dafür sind weder die Dritt- noch die Viertligisten. Denn die wäre weder vermarktbar, noch wäre sie attraktiv für die Fans.

Zwei andere Lösungen wären allerdings fair und zumindest bei einer Abstimmung in den Regionalligen wahrscheinlich auch mehrheitsfähig. Eine Möglichkeit wäre, dass fünf Vereine in die 3. Liga auf- und fünf aus der 3. Liga absteigen, vorausgesetzt, man behält den an sich wenig umstrittenen Zuschnitt auf fünf Regionalligen bei. »Absolut zumutbar«, findet beispielsweise Offenbachs Geschäftsführer Christopher Fiori. »Das ist schließlich eine Zwanziger-Liga, da wäre das Opfer wesentlich geringer als der Unsinn, dass ein Meister nicht aufsteigen darf. Aber der wird den Regionalligisten seit Jahren zugemutet.« Ebenfalls sehr populär ist eine Zerschlagung der Regionalliga Bayern. Würde man die ausdünnen, so sagen viele Manager, ließe sich prima ein bundesweiter Zuschnitt auf vier Regionalligen gewährleisten.

Doch es gäbe noch eine viel bessere Lösung, eine, die auf Applaus in der 3. und 4. Liga stoßen und von den Fans bejubelt werden würde. Und das wäre eine Regionalliga ohne die U-Mannschaften der Profivereine. Für die könnte man eine Nachwuchsliga einrichten und hätte mit einem Mal 21 Regionalligisten weniger – also in etwa eine ganze Spielklasse eingespart. Vier Aufsteiger, vier Absteiger und überall glückliche Menschen. Nur nicht bei den DFL-Vereinen. Doch die müssten sich dann die Frage gefallen lassen, warum sie die Regeln in einer Liga bestimmen wollen, die sie ansonsten behandeln wie einen aussätzigen Verwandten, mit dem man partout nichts zu tun haben möchte.

Geheimes Zusatzabkommen

Die Probleme des DFB, sie fangen definitiv auf der Ebene der Landesverbände an. Und sie hören oben noch lange nicht auf, denn seit der Affäre um das »Sommermärchen«, in deren Folge Präsident Wolfgang Niersbach und sein Generalsekretär Helmut Sandrock hatten zurücktreten müssen, ist der DFB angeschossen: in der öffentlichen Wahrnehmung, in der ausweislich mehrerer Umfragen das Image des Verbands stark gelitten hat, und natürlich infolgedessen auch gegenüber der DFL, die im deutschen Fußball schon lange den Ton angibt und seit dem Herbst 2015 erst recht Oberwasser hat. »Damals war der DFB am Implodieren und Explodieren zugleich«, sagt ein Vertreter eines westdeutschen Landesverbandes des DFB. Vor diesem Hintergrund war es wohl schon ein Erfolg, Reinhard Grindel gegen den erklärten Willen zahlreicher Granden aus den Profiklubs als neuen DFB-Präsidenten durchzubringen – auch wenn sich seither mancher fragt, woher eigentlich das Gerücht stammt, dass Grindel ein »Mann der Amateure« sei. Sieht man einmal davon ab, dass sein Desinteresse an den unteren Ligen nicht ganz so offensichtlich ist wie bei seinem Vorgänger Niersbach, hat sich seit dem Stabwechsel offenbar nicht viel geändert.

Koch, der sich im Vorfeld sehr für Grindel eingesetzt hatte, sieht das anders. Er lässt aber durchblicken, dass weder er selbst noch Grindel bei den Verhandlungen um die Verlängerung des Grundlagenvertrags unter diesen Vorzeichen mehr hätten aushandeln können als eine Lösung, die zum ersten Mal in den vergangenen Jahren so richtig ins öffentliche Bewusstsein rückt, wie enorm die Kluft zwischen dem Profifußball und seiner Basis geworden ist. Mit dem Grundlagenvertrag wurde der DFL vor 16 Jahren das Recht übertragen, die Vermarktungsrechte der Profiklubs eigenverantwortlich zu verwerten. Vereinbart wurde eine Art Pacht in Höhe von drei Prozent der Medien- und Ticketeinnahmen. Schon das war nicht viel, doch proportional müssen die Profis – wie kurz darauf enthüllt werden wird – jetzt noch weniger abgegeben, was man durchaus als getreues Abbild der Machtverhältnisse im deutschen Fußball deuten kann. Während auf die 36 Profiklubs jährlich 1,16 Mrd. Euro entfallen, hätten dem gesamten Amateurfußball gerade mal 35 Mio. Euro zugestanden, abzüglich der 20 Mio. Euro aus den Erlösen mit dem DFB-Team, die in umgekehrte Richtung fließen, wohlgemerkt. Doch selbst diese 15 Mio. Euro flossen letztlich nicht, denn es gab ein geheimes Zusatzabkommen zum Grundlagenvertrag.

Und wie vieles, das geheim gehalten wird, geschah dies deshalb, weil jemand, in diesem Fall der DFB, zu Recht einen Sturm der Entrüstung befürchtete. Demnach werden seit 2013 Zahlungsflüsse in beide Richtungen gedeckelt. So muss die DFL dem DFB pro Jahr nur 26 Mio. Euro zahlen und bekommt 20 Mio. Euro aus der dem DFB obliegenden Nationalmannschaftsvermarktung zurück. Per Saldo erhält der DFB also lächerliche 6 Mio. Euro aus einem TV-Vertrag, der für die Saison 2017/18 wieder einen Rekordwert ausweist, doch der Amateurfußball partizipiert an den Zuwächsen nicht mehr proportional. Auch hier geht die Schere also weiter auseinander. Die 36 deutschen Profiklubs erhalten pro Jahr rund 1,16 Mrd. Euro statt bislang 680 Mio. Euro an Medienerlösen. Doch dafür gibt der DFB noch einmal zusätzliche 5 Mio. Euro jährlich an die Landesverbände, on top kommen weitere 3 Mio. Euro aus eigenen Mitteln. Die DFL stellt noch einmal 2,5 Mio. Euro jährlich für konkrete Projekte im Rahmen des »Masterplans Amateurfußball« bereit. Zum Vergleich: Das entspricht dem Jahressalär eines leicht überdurchschnittlichen Bundesligaspielers.

Dass das alles aus Sicht des DFB, vor allem aber aus Sicht der 25.000 Fußballvereine, ein richtig schlechtes Ergebnis ist, weiß auch Rainer Koch. Er gab schon unmittelbar nach Veröffentlichung des Verhandlungsergebnisses ein Interview, in dem er betonte, dass das Amateurlager enttäuscht sei, wobei auch er es damals nicht für nötig befand, die Öffentlichkeit über das Zusatzabkommen zu unterrichten. »Die 2,5 Mio. Euro lösen angesichts der 1,16 Mrd. Euro keine La Ola bei der Basis aus«, sagte Koch der *Sport Bild*: »Die Einheit des Fußballs zwischen Amateuren und Profis ist aber wichtiger als jeder Euro, und deshalb muss es darum gehen, die Liga zu überzeugen, dass sie von sich aus und freiwillig deutlich mehr Geld für die Talentförderung an der Fußball-Basis gibt.«

Kein Pirmasens-Trikot zu Weihnachten
Diesen Standpunkt vertritt er noch im April 2017: »Unser Weg ist es, die Einheit von DFB und DFL zu erhalten und dafür zu kämpfen, dass es finanzielle Verbesserungen für den Amateurfußball gibt.« Und an die Adresse von Amateurvertretern wie Engelbert Kupka und dessen Initiative »Rettet den Amateurfußball« gerichtet, ergänzt er: »Die sture Konfrontation mit der DFL bringt uns kein bisschen weiter.«

Dass der *Kicker* jüngst eine überaus erfolgreiche Serie mit dem Titel »Der Riss« gestartet hat, in der er über die Nöte und den Ärger an der Basis berichtet, sorgt bei Koch ebenfalls nicht für eine La Ola: »Objektiv gibt es diesen ›Riss‹ nicht«, sagt er, der sich gleichwohl in den letzten Jahren sehr viele Gedanken gemacht hat. Denn dass die Stimmung an der Basis oft miserabel ist, das stellt er ja gar nicht in Abrede: »Was stimmt, ist, dass an der Basis zum Teil das Gefühl herrscht, verlassen zu sein. Doch dieses Grundgefühl hat weniger mit den Verbänden als mit gesellschaftlichen Veränderungen zu tun. Der Staat zieht sich immer weiter zurück aus der Unterstützung von gesellschaftlichem Engagement – er pflegt z. B. die Sportanlagen weit weniger als früher – und findet keine Antwort auf den demografischen Wandel.« Dessen Folgen spüre der Fußball aber massiv: »In der Stadt, wo es viele junge Menschen gibt, fehlen die Sportanlagen, auf dem Land gibt es die, aber es fehlen die Sportler. In der Summe führt das dazu, dass Sportvereine sterben. Mit einer sinkenden Attraktivität von Fußball hat das nichts zu tun.«

Diese Analyse würde wohl vom Präsidenten eines fränkischen C-Klasse-Vereins bis zum Manager von Rot-Weiss Essen so gut wie jeder unterschreiben, doch während viele von denen die fehlende Wertschätzung der Verbände, vor allem aber die unfaire Verteilung der im Fußball erwirtschafteten Gelder anmahnen, ist Koch schon einen Schritt weiter. Weder glaubt er, dass sich die Kommerzialisierung zurückdrehen lässt, noch, dass der Trend dahin gehen wird, dass zehntausende Menschen sonntags wieder den Kick in ihrem Ort einer Übertragung auf Sky vorziehen werden.

Eine Rückkehr in die Vergangenheit, davon ist Koch überzeugt, die wird es deshalb nie mehr geben. Weder werden die Zuschauerzahlen bei den Amateuren plötzlich wieder anschwellen, noch werden die 2014 Geborenen es anders machen als der Jahrgang 2008 und sich massenhaft Shirts des FK Pirmasens oder des KFC Uerdingen statt von Bayern oder Barça zu Weihnachten wünschen. Deshalb hält Koch auch letztlich die gesamte Diskussion für rückwärtsgewandt. Nicht nur, weil jede grundsätzliche Veränderung an den realen Machtverhältnissen im Fußball scheitern würde, sondern weil der Fußball ein System ist, das in Wechselwirkung zum Rest der Gesellschaft steht. Er ist deswegen so kommerziell, weil die Gesellschaft so kommerziell ist.

Die Tim-Wiesierung des Amateurfußballs
Und weil man das Rad der Geschichte nicht zurückdrehen kann und die Gesellschaft nun mal so eventfixiert ist, glaubt Koch, dass die unteren Ligen sich umstellen müssen. Mehr Thrill in der Endphase einer Saison, zusätzlich geschaffene Events, die die Kameras anlocken. Wer rückwärtsgewandte Lösungen propagiere, habe die Mehrheit der Menschen gegen sich. »Man wird an dieser Stelle auf Dauer nicht ansatzweise von der Bevölkerung unterstützt werden, weil die Gesellschaft nun mal eventisiert und auf Show ausgerichtet ist«, meint Koch. »Darauf müssen wir uns einstellen.«

Genau deshalb, findet er, müsse sich auch der Fußball an der Basis den Gegebenheiten anpassen und den Erfolg seiner Arbeit »nicht ausschließlich an der Zahl der verkauften Wurstsemmeln und Eintrittskarten« bemessen. Vielmehr gehe es darum, eine Antwort darauf zu finden, welche Chancen der Amateurfußball in einer veränderten Welt hat. »Eigentlich ist das, was wir anbieten, anachronistisch. Der wöchentlich wiederkehrende Rhythmus Dienstag, Donnerstag, Freitag Training und Sonntag Spiel hat nicht mehr viel zu tun mit moderner Jugendkultur«, weiß Koch. »Also müssen sich Verbände und Vereine etwas einfallen lassen für das Drumherum, müssen zum Beispiel einsteigen auf das, was die digitalisierte Gesellschaft zu bieten hat. Eine Antwort sind da zum Beispiel Live-Übertragungen und Highlight-Clips im Internet.«

Eine Antwort sind für Koch deshalb auch solche Events, wie sie im April 2017 der Kreisligist SSV Dillingen veranstaltete, als er für eine Partie den mit dem Präsidenten befreundeten Tim Wiese anheuerte.

1.000 Zuschauer kamen ins Stadion, über 700.000 Videoaufrufe verzeichnete alleine die Seite des Bayerischen Fußball-Verbandes, die das Spiel samt Drumherum übertrug. Und endlich hatte auch die Generation Facebook mal etwas zu besprechen, das nicht mit Ronaldo, Messi, Reus oder Neuer zu tun hatte. Genau wie es Koch vorschwebt: »Die Frage muss lauten: Was muss passieren, damit die heute Geborenen zu mir kommen, wenn sie im Alter von F-Jugendlichen sind? Das geht doch nur, indem ich ein Image schaffe, in dem transportiert wird, dass nicht nur Real, Bayern oder der BVB toll sind.«

Deswegen, so Koch, könne er auch die Klagen über die Liveübertragungen nicht nachvollziehen, die künftig bundesweit verstärkt im Internet gezeigt werden sollen. Es könne schon sein, dass der eine oder andere Zuschauer wegbleibe, weil er dann das Auswärtsspiel eben auf der Couch verfolge. Das müsse man allerdings mit dem Imagegewinn verrechnen. Das Beispiel Tim Wiese zeige doch, dass es einfacher sei, »zweimal im Jahr 600 statt 200 Zuschauer zu haben als 17-mal 30 mehr«. Kurzum: »Du wirst die Uhr nicht zurückdrehen und auch nicht die eventisierte Gesellschaft abschaffen können. Also musst du schauen, dass du selbst hin und wieder Events schaffst.«

Wäre es unfair, diesen Gedanken mit dem DFB-Pokalfinale 2017 zu verquicken? Vielleicht, schließlich war es nicht Rainer Koch, der auf die Idee kam, in der Halbzeitpause des Spiels zwischen Dortmund und Frankfurt Helene Fischer auftreten zu lassen. Doch seit dem 27. Mai 2017 dürfte es viele Millionen Menschen geben, für die ein für alle Mal bewiesen ist, dass beim DFB einige Leute arbeiten, die nicht so ganz instinktsicher sind, wenn es darum geht zu beurteilen, welche »Events« man Fußballfans schmackhaft machen kann und welche nicht.

Play-off-Spiele für alle

Doch Helene Fischer hin und chinesische U20-Mannschaften her: Koch hätte in seinem Beritt, dem Amateurfußball, ja schon ein paar Ideen, wie der Fußball in den unteren Spielklassen weiter vorankommen könnte. Play-off-Spiele für den Aufstieg und den Abstieg schweben ihm vor, wohlwissend, dass bei aller Kritik an den Relegationsspielen eben auch in den unteren Ligen die Zuschauerzahlen deutlich höher sind, wenn es am Ende der Saison noch mal um alles geht. Manche Kreisliga-Relegation findet da vor 800 Zuschauern statt, bei Aufstiegsspielen zur Oberliga kommen – wie beim Spiel des Freiburger FC gegen Backnang – schnell mal über 2.000 Zuschauer. Warum also sollte man nicht flächendeckend für ein paar Zuschauermagneten mehr sorgen?«Fußball ist die einzige Sportart, die noch auf Play-offs verzichtet; ich glaube, im Amateurfußball sind sie unausweichlich.«

Koch atmet tief durch, er ahnt, dass seine Pläne auf Widerstand stoßen werden, er glaubt aber, dass weite Teile der Basis ihn dabei unterstützen. Allemal zukunftsträchtiger jedenfalls seien Gedanken über die Zukunft als das, was er seit einigen Wochen immer wieder in der Zeitung und im Netz lese. Das Medienecho auf die Kampagne des langjährigen Hachinger Präsidenten Engelbert Kupka erscheint Koch vollkommen überdimensioniert. »Eine Initiative, die nach Monaten 1.400 Facebook-Likes hat und nicht einmal 100 von 25.000 Vereinen vertritt ...«, schüttelt Koch den Kopf. »Die Initiative von Herrn Kupka bringt die Leute gegeneinander auf, anstatt die Stärken des Amateurfußballs zu entwickeln. Das und die Bereitschaft, mit einer Stimme zu sprechen, sind aber die einzige Chance, um den Amateurbereich wirklich nach vorne zu bringen.«

Solche Vorschläge, die für viele Fußballfans wie die Agenda des Grauens klingen, kommen von einem Mann, dem man zugutehalten muss, dass er weiter denkt als viele seiner Kollegen in den Landesverbänden. Wer sich in der Regionalliga Bayern oder den beiden Bayernligen umhört, erfährt, dass Koch im regen Kontakt mit den Vereinen steht, oft ist er am Wochenende auch auf der Tribüne. Das unterscheidet den BFV-Präsidenten, der privat möglicherweise gar nicht so viel Spaß an der Eventkultur hat, von vielen seiner 20 Kollegen, die lieber beim örtlichen Bundesligisten zuschauen oder dafür sorgen, dass sie in die Länderspieldelegationen für die Nationalmannschaft kommen. Über die wiederum kann sich ein anderer Mann stundenlang echauffieren, denn sie sind für ihn die Hauptschuldigen daran, dass der Amateurfußball von seinen eigenen Repräsentanten »verraten und verkauft« wird. Der Mann, der so prägnant formuliert, ist: Engelbert Kupka.

»Die Duma ist lebhafter als der DFB-Bundestag«

Von der Brienner Straße 50 in München, Sitz des BFV, zur Witneystraße 1 in Unterhaching sind es gerade einmal 25 Autominuten in südlicher Richtung. Kupka hat zum Interview in seine Anwaltskanzlei am Hachinger Stadtrand gebeten: schwere Holzmöbel, ein paar gerahmte Diplome, ein riesiger Aktenberg, rechtwinklig zur Schreibtischkante. Und ein bald 80-Jähriger, dem man das Alter weit weniger anmerkt als den Gemütszustand: Wenn Engelbert Kupka über Fußball redet, spricht ein wütender

Mann. Am DFB-Bundestag in Erfurt, der den unvorteilhaften Grundlagenvertrag im Oktober 2016 erwartungsgemäß abgesegnet hat, lässt Kupka kein gutes Haar. »Die Delegierten wussten ja gar nicht, worum es geht«, meint er. »Das Beste, was den Chefs beim DFB passieren kann, ist doch ein nicht informierter Delegierter. Der nickt dann alles ab, was von oben kommt. Die 21 Landesfürsten sind da sowieso längst auf Kurs, die haben sie aus Frankfurt vorher ja auch schön eingenordet.«

Der typische DFB-Basisvertreter, so Kupka, höre dann auf, die Interessen der Basis zu vertreten, wenn daraus Diskussionen und Konflikte entstünden. »Die empfinden das als Ehre, da inmitten all der Großen rumzusitzen, und freuen sich, wenn Rummenigge ihnen die Hand gibt und ein gutes Essen serviert wird.« Für die Debattenkultur beim DFB hat Kupka ein strenges Urteil parat: »In der Duma in Moskau ging es lebhafter zu als heute im DFB-Bundestag.« Die Amateure aber hätten keine Stimme: »Der DFB verfährt da nach dem Motto ›divide et impera‹ und verweist auf die Landesverbände.« Doch von denen sei keine Gegenwehr gegen die DFB-Politik zu erwarten.

Dass eine solche Basis kein ernstzunehmendes Gegenüber für die DFL darstelle, dürfe keinen wundern, so Kupka. Doch so richtig sauer ist er nicht auf die braven Delegierten, sondern auf die Verbandsspitze und die Landesfürsten. Denn die hätten sich auf einen unappetitlichen Deal zu Lasten der Amateure eingelassen. Als Gegenleistung dafür, dass die DFL zähneknirschend einen DFB-Präsidenten Grindel akzeptierte, habe man den Grundlagenvertrag ebenso zähneknirschend abgenickt. »Koch hat hinter den Kulissen versucht, mehr zu erreichen, wurde aber von der DFL-Spitze um Rauball und Peter Peters abgekocht.« Das dürfte im Übrigen so stimmen und die Frage aufwerfen, wie der DFB je mit einer Stimme sprechen will, wenn er sich in den Landesverbänden einige Funktionäre leistet, die, was strategisches Denken angeht, ihren DFL- und (zumindest einigen) Vereinskollegen grandios unterlegen sind. Und die das nicht einmal zu stören scheint, weil sie Fans ihrer selbst und all der meist recht banalen Geschichten sind, die ja angeblich nur der Fußball schreibt.

Kupka betont häufig, dass es seiner Initiative nicht allein um mehr Geld gehe. Vielmehr sei der Amateurfußball zum Bittsteller verkommen, dessen Anliegen kein Gehör fände. Was umso schlimmer sei, als er für das Versagen der nationalen und internationalen Verbandsspitzen in Sippenhaft genommen werde. Angesichts der staatsanwaltschaftlichen Ermittlungen in den höchsten Etagen von FIFA, DFB, UEFA und IOC leide das Image des gesamten Fußballs.»Da sagen die Sponsoren: Ihr habt doch genug Geld, verteilt es richtig.«

Was Kupka vorschwebt, ist ein anderer Verteilungsschlüssel, nach dem das Geld 40:60 an DFB und Vereine aufgeteilt wird. Damit könnten Baumaßnahmen von Fußballplätzen ebenso gefördert werden wie Qualifizierungsmaßnahmen für ehrenamtliche Funktionäre. Die Krux daran: Auch DFB-Funktionäre wie Koch hätten vielleicht nichts gegen solche Summen einzuwenden, allein: Sie bekommen sie nicht von den Profivereinen. Man kann sich also durchaus fragen, ob Kupkas Kampagne bei aller Berechtigung einzelner Kritikpunkte auch den richtigen Adressaten hat. Wobei, eine Spitze gegen die reichen Erstligisten kann sich auch Kupka nicht verkneifen.»Es kann ja wohl nicht wahr sein, dass die da oben so viel verdienen können, wie sie wollen, aber irgendwann unten nichts mehr da ist. Was die Vereine an der Basis leisten, ist Sozialpolitik mit anderen Mitteln.«

Elfmeterpunkt falsch gekreidet: 25 Euro
Bei der ersten Versammlung von Kupkas Initiative, die am 29. Januar 2017 in Garching abgehalten wurde, erschienen tatsächlich nur ein paar Dutzend Vereinsvertreter, darunter vor allem solche aus dem Münchner Umland, aber nur wenige aus anderen Bundesländern. Und trotz eines eher großen Medienechos blieb auch die Zahl der Facebook-Likes überschaubar. Mit mangelnder inhaltlicher Unterstützung sollte man das allerdings nicht verwechseln. Wer sich bei den Amateurvereinen umhört, vernimmt viel Sympathie für Kupkas Anliegen. Doch die Angst, sich offensiv gegen den Verband zu positionieren, hält viele davon ab, sich Initiativen wie der des Hachinger Rechtsanwalts anzuschließen, so feige (und grundlos?) das zuweilen sein mag.

Kupka jedenfalls versteht die Zurückhaltung vieler Vereine, auch wenn er sich mehr Rückhalt wünschen würde. Denn seiner Meinung nach läuft derzeit vieles ganz grundsätzlich falsch.»Die Landesverbände finanzieren sich immer ungenierter über Gebührenerhöhungen und Strafzahlungen«, klagt er beispielsweise.»Schon kleinste Verstöße kosten da 200 Euro.« Damit spricht er einen Punkt an, der tatsächlich für viel Unmut bei den Amateurvereinen sorgt. Über Wochen ist der *Kicker* voll mit Leserbriefen von der Basis, die den Tenor der Artikel aus der »Riss«-Reihe unterstützen.

Dabei ist nicht alles, was unter Beschuss gerät, bei näherem Hinsehen uneinsichtig. Denn natürlich ist es fair, wenn ein Verein, der mit großer Mühe Schiedsrichter ausbildet, bessergestellt wird als einer, der das unterlässt. Dass Letzterer eine Strafe zahlen muss, ist also nachvollziehbar. Auch dass die Verbände es honorieren, wenn Vereine möglichst viele Nachwuchsmannschaften unterhalten, ist logisch. Doch wenn die Schätzung des *Kicker* zutrifft, dass in der Saison 2015/16 insgesamt 30 Mio. Euro bundesweit an Buß-, Verfahrens- und Ordnungsgeldern, an Spielabgaben, Melde- und Genehmigungsgebühren zusammenkommen – dann liegt der Verdacht schon nahe, dass die Landesverbände mit diesem Bürokratieungetüm einfach Geld verdienen wollen.

Dass die Debatte, die vielerorten den Tenor »Wir da unten gegen die da oben« hat, zuletzt Fahrt aufnahm, ist da eigentlich nicht weiter verwunderlich. Zumal in den Landesverbänden mancher »Ehrenamtliche« de facto im Jahr auf sechsstellige Summen an Sitzungsgeldern, Aufwandsentschädigungen etc. kommen soll. Das ärgert die Basisvertreter ebenso wie die Tatsache, dass sie selbst mit Vertröstungen abgespeist werden, während der Verband in Frankfurt eine neue Fußballakademie für 140 Mio. Euro bauen will. Während die einen »Ehrenämtler« reich werden, werden die anderen bei den kleinen Vereinen durch eine kleinliche Gebührenordnung sowohl finanziell als auch logistisch an den Rand ihrer Kapazitäten gebracht. Wer sich ehrenamtlich im Fußball engagiert, macht das ja meist nicht, um zentimeterdicke Gebührenordnungen zu wälzen.

Ein paar Beispiele für vieles an Skurrilem, das sich darin findet: Die Amateurklubs müssen anteilig Trikot-Sponsoreneinnahmen an Landesverbände abgeben – unvorstellbar, dass sich ein Bundesligist solch eine Regelung gefallen lassen würde. Das gilt auch im DFB-Pokal, dem Festtag schlechthin für jeden Amateurverein, der es vielleicht einmal in seiner Geschichte dorthin schafft, wo endlich mal Geld zu verdienen ist. In der ersten Hauptrunde erhalten alle Klubs 155.000 Euro. Doch da die Banden zentralvermarktet werden, bleibt dem Verein nur der Erlös aus dem Trikotsponsoring. Und auch da kassiert der DFB wieder: 15 Prozent des Umsatzes für das einheitliche Sponsoren-Logo gehen hier ebenfalls an den Verband.

Während die Verbände ansonsten kleinlich sind – ein falsch gekreideter Elfmeterpunkt kostet 25 Euro, ein fehlendes Foto im Spielerpass eines Jugendspielers 10 Euro –, empfinden viele Vereine die Staffelung der Schiedsrichterkosten als unfair. In der Kreisliga ist es offenbar eher die Regel als die Ausnahme, dass die Kosten, die die Vereine an den Landesverband für die Schiedsrichterabstellung bezahlen müssen, höher sind als die gesamten Ticketeinnahmen. Der *Kicker* hat errechnet, dass allein in Hessen in der Spielzeit 2015/16 397 Vereine einen Punktabzug bekommen haben, weil sie nicht genügend Schiedsrichter stellten.

Und als ob das alles nicht schon skurril genug wäre, sind die Gebühren dort besonders hoch, wo Frauenmannschaften vergleichsweise erfolgreich sind, wie ein Vertreter des Kreisligisten BV Borussia Bocholt dem *Kicker* im März 2017 berichtete: »Unsere Schiedsrichterkosten liegen monatlich bei etwa 500 Euro …, an Zuschauereinnahmen haben wir zeitgleich nur etwa 200 Euro. Die Strafe bemisst sich nach der Klassenzugehörigkeit der am höchsten spielenden Mannschaft, das ist bei uns das Damenteam in der Regionalliga. Der Verband macht dabei keinen Unterschied zwischen Damen- und Herrenregionalliga. Eine absolute Frechheit, weil der DFB ansonsten bei den Schiedsrichterkosten selbst schon zwischen Damen- und Herrenteams unterscheidet.« Während die Schiedsrichteraufwendungen gestaffelt werden – wer Regionalliga Herren pfeift, bekommt 200 Euro, bei den Frauen sind es nur 25 Euro –, sind die Strafen gleich hoch.

Dass alle Vereine, die am regulären Spielbetrieb teilnehmen, Passgebühren für jeden Spieler zahlen müssen, versteht sich von selbst. Beispiel Bayern. Hier müssen die Vereine folgende Gebühren entrichten: Regionalliga 2.030 Euro (plus die IT-Gebühr von 203 Euro), Bayernliga 1.674,75 Euro (IT 203), Landesliga 710,50 Euro (IT 203), Bezirksliga 365,40 Euro (IT 182,70), Kreisliga 233,45 Euro (IT 152,25), Kreisklasse 182,70 Euro (IT 131,95), A-Klasse 142,10 Euro (IT 101,50), B-/C-Klasse 101,50 Euro (IT 101,50). Zudem müssen die Vereine von der fünften bis zur siebten Spielklasse bei den Männern (und bis zur fünften bei den Frauen) den BFV-Liveticker bedienen – ansonsten müssen pro Partie 30 Euro Strafgebühr gezahlt werden.

Rainer Koch hat recht: Vieles, was im Fußball durchschlägt und dem DFB angelastet wird, ist die Folge gesellschaftlicher Entwicklungen. Eine auf Individualismus getrimmte Gesellschaft tut sich nun mal schwer, sich in etwas einzubringen, das den ziemlich wenig individualistischen Namen »Verein« trägt. Aber muss man die Menschen, die auch heute noch lieber zusammen mit anderen Menschen ihrem Hobby nachgehen als vorm eigenen Fernseher zu versauern, muss man die wirklich mit einer zerfaserten Gebührenordnung quälen, die sie von dem abhält, worum es doch eigentlich gehen sollte: dem Fußball?

Echte Amateure

Diese Frage stellt sich auch Andreas Beune, Jugendleiter bei TuS Eintracht Bielefeld. Die erste Mannschaft der Eintracht spielt in der Kreisliga, in 21 Jugendmannschaften sind fast 500 Kinder und Jugendliche aktiv. »Echte Amateure« also, wie sie der DFB so schätzt. Die Fülle der Jugendmannschaften bedeutet für einen ehrenamtlichen Jugendleiter sowieso schon jede Menge Arbeit. Doch der Formalkram, der Wust an Verordnungen, Bögen und Formularen, der hält die wenigen Ehrenamtlichen im Bielefelder Osten erst so richtig auf Trab, seufzt Beune. Und geht ein wenig ins Detail. Eine verpflichtende Tagung verpasst: 30 Euro. Den (de facto natürlich unnötigen) Sicherheitsbeauftragten fürs Kreisligaspiel nicht benannt: 10 Euro. Eines von vielen weitgehend sinnlosen Häkchen nicht gesetzt: 5 Euro. »Das kostet enorm viel Zeit«. Zeit, die Beune sich nimmt. »Denn sonst geht das alles richtig ins Geld, und wir haben schon das Problem, dass wir für die Größe unseres Vereins zu wenige Schiedsrichter stellen. Und das tut uns finanziell echt weh.« Viele hundert Euro im Jahr zahlen die Bielefelder an den Westfälischen Fußball-Verband, weil sie statt der fünf Referees, die sie bei ihrer Vereinsgröße stellen müssten, nur zwei zusammenbekommen.

Nun ist der Journalist und Radsportexperte Beune niemand, dem einseitige Schuldzuweisungen besonders schlüssig vorkämen. Das mit den Schiedsrichtern, sagt er, habe man auch selbst verdummbeutelt. Schließlich wäre der eine oder andere A-Jugendliche, der den Sprung in den Herrenbereich nicht schafft, vielleicht doch zu überreden gewesen, einen Kurs als Schiedsrichter zu belegen. »Das Themenfeld haben wir brachliegen lassen«, sagt Beune selbstkritisch. »Hier arbeiten aber auch alle am Anschlag, da muss man einzelne Punkte vernachlässigen, leider auch manchmal wichtige.«

Viele Verbandsregeln findet er gut und sinnvoll. Dass auch Bambini schon eine Trainingsfreigabe brauchen, um bei einem anderen Verein vorzuspielen, sei beispielsweise richtig. Weil es der unseligen Praxis ein Ende macht, dass höherklassige Vereine die Kinder zu Sichtungszwecken mitkicken lassen, ohne deren eigentlichem Verein auch nur Bescheid zu sagen. »Gute Sache«, sagt Beune. »Bedeutet aber für mich, dass ich pro Saison schon mal 50 Trainingsbefreiungen ausstellen darf, mit Stempel und Unterschrift.«

Einen ganzen Tag verbringe man in der Woche zuweilen alleine damit, solche Formalia zu erledigen, dazu noch Turniere im Sommer und Winter zu organisieren, Spielverlegungen auf die Beine zu stellen oder zu prüfen, ob jedes Ergebnis jeder einzelnen Mannschaft von den Trainern auch fein säuberlich in die Online-Portale eingepflegt worden ist. Denn – wir ahnen es bereits – auch wer das unterlässt, wird zur Kasse gebeten. Und das ist letztlich der Grund, warum Beune und seine Kollegen die ganze Sache mit dem Strafenkatalog dann doch eher negativ sehen. »Zum einen hat das Ausmaße angenommen, dass die ganzen formalen Anforderungen längst den Spaß am Fußball minimieren«, sagt Beune. »Und zum anderen liegt halt der Verdacht auf der Hand, dass es den Verbänden nicht nur ums Disziplinieren der Vereine geht.« Sondern schlicht und einfach darum, ihren Etat zu finanzieren. »Wie gesagt: Ich verstehe den Sinn von Trainingsfreigaben. Aber wenn man mindestens 100 Euro bezahlen muss, wenn man einmal eine vergisst, dann liegt doch der Verdacht nah, dass da jemand eine lukrative Einnahmequelle aufgetan hat.«

Es ist schon komisch: Während im Kleinen eine Regelungswut herrscht, die noch für jedes Kreisliga-C-Spiel einen Ordner vorsieht, wird die Regelung, die den deutschen Fußball starkgemacht hat, von interessierter Seite attackiert. Die 50+1-Regel, die bis dato dafür sorgt, dass es im deutschen Fußball auch noch um Fußball geht, gerät zunehmend unter Beschuss.

Visier nach oben

Anders sein als Chance – wie der SC Freiburg für die 50+1-Regel kämpft.

Die große Mehrheit der Fußballfans will unbedingt an der 50+1-Regel festhalten. 86,7 Prozent der Anhänger aller Vereine wollen die Klausel bewahren, hat ein Nürnberger Marktforschungsinstitut in einer repräsentativen Studie ermittelt, die auf der Befragung von fast 6.000 Personen beruht und Ende 2016 im Magazin *Sponsors* veröffentlicht wurde. Dennoch gibt es aus dem offiziellen Fußball heraus kaum einmal Bekenntnisse zu ihrem Erhalt. Und wenn, dann sind es allenfalls staatstragende und mehr oder weniger nichtssagende Plädoyers für den Erhalt des Status quo. Doch um Strukturkonservatismus geht es nicht mehr. Die 50+1-Regel ist akut bedroht, es scheint nur noch eine Frage der Zeit zu sein, bis der Klageweg nach Luxemburg beschritten werden kann, wo die Entscheidung offenbar bereits feststünde – zumindest läge sie in der Logik der freien Märkte, dem Heiligen Gral der EU-Ideologen. Wenn die 50+1-Regel also wirklich Bestand haben soll, dann müsste jetzt politischer Druck erzeugt werden. Und zwar öffentlich. Doch weder aus der Branche und schon gar nicht aus den Verbänden hört man kämpferische Plädoyers oder gar Forderungen an die Politik – mit zwei Ausnahmen.

Da wäre zum einen FC-St.-Pauli-Manager Andreas Rettig, die andere kritische Stimme ist die von Christian Streich. Freiburgs Trainer nimmt bekanntlich auch dann kein Blatt vor den Mund, wenn es darum geht, vor der AfD oder dem Front National zu warnen. Kein Wunder also, dass er sich schon gar nicht den Mund verbieten lässt, wenn es das ureigene Interesse des SC Freiburg tangiert, des Vereins also, für den er seit über 20 Jahren arbeitet. »Es geht darum, das Spiel vor der vollständigen Kommerzialisierung zu schützen, damit das Geld nicht irgendwann – symbolisch gesprochen – über dem Spielfeld liegt und das Spiel und die Menschen, die es lieben, gar nicht mehr erkennbar sind. Deshalb verstehe ich nicht, dass 50+1 nicht weiterhin so geschützt wird wie bisher. Ein Verein gehört nicht einem Menschen«, sagte Streich dem *Kicker* im April 2017 und kritisierte gleichzeitig die Ausnahmeregelungen, die der DFB gewährt hat. »Deutschland hat sportpolitisch in den vergangenen 20 Jahren vieles richtig gemacht. Deshalb kommen die Fans noch ins Stadion, deshalb gibt es diese Nähe und Konkurrenzsituation. Künftig greift 50+1 nicht mehr bei Vereinen wie Hoffenheim oder Hannover. Diese Ausnahmeregelung halte ich persönlich für falsch und sehr bedenklich.«

Gefördert wird die Vereinzelung der Menschen
Streich sagt solche Sätze, weil sie seiner Überzeugung entsprechen. Ihn stört etwas sehr viel Grundsätzlicheres an der derzeitigen Entwicklung im Fußball als Anastacia-Auftritte in der Halbzeitpause oder Sponsorentermine, die ihn an der Arbeit mit der Mannschaft hindern. Ihn stört, dass der Fußball zunehmend das verliert, was für Streich das Wesen dieses hierzulande so populären Sports ausmacht. Fußball, das hat Streich schon oft im kleinen Kreis recht vehement ausgeführt, ist für ihn ein Gemeinschaftserlebnis. Man schaut ein Spiel gemeinsam mit Freunden, mit gleichgesinnten oder gegnerischen Fans, diskutiert darüber und wechselt auch mal das Thema. Man verbringt Zeit zusammen, Zeit, für die der Fußball äußerer Anlass ist. Kein Wunder missfällt ihm die Dynamik der Pay-TV-Ära, die darauf zielt, für Kneipenwirte das Public Viewing zunehmend unerschwinglich zu machen, die Spieltage immer weiter zu zersplittern und mit all dem nur dafür zu sorgen, dass sich immer mehr Menschen immer mehr Spiele vor dem heimischen Fernsehgerät anschauen. Vereinzelt, als Chips futternde Konsumenten statt in der Gemeinschaft.

Und noch etwas missfällt Streich: die Geringschätzung des Worts »Verein«, die aus den Reden derer heraus klingt, die sich »Modernisierer« nennen und eigentlich nur wollen, dass wirtschaftlichen Interessen noch weiter nachgegeben wird. Natürlich kann man einen Verein ins Lächerliche ziehen – mit seiner Satzung, seinen doch oft wichtigtuerischen Funktionären und Kassenwarten. All das assoziieren ja viele zu Recht mit dem Wort »Verein«.

Streich denkt dabei eher an eine soziale Heimat für Menschen, an den Stolz, den er empfand, als er als Teenager aus dem kleinen Örtchen Eimeldingen zum (damals) großen Freiburger FC wechselte. Er denkt an die unzähligen Jugendspieler, die in der Fußballschule von ihm und seinen Kollegen trainiert wurden und die etwas mitbekommen haben vom Leben in einer Gemeinschaft. Und, ja, ein Verein hat auch etwas Politisches. Die Kinder beim SC Freiburg sollen lernen, dass sie Teil einer Gemeinschaft sind, dass der Ellenbogen nicht das wichtigste Körperteil ist – und dass diese Erkenntnis auch gilt, wenn irgendwann mal ein Jugendtrainer einem 17-Jährigen sagen muss, dass es trotz aller Mühe nicht für den Profifußball reichen wird. Die Jugendlichen sollen mitbekommen, dass Menschen aus anderen Ländern nach Deutschland kommen, und mit ihnen in einer Mannschaft spielen.

Doch der Trainer des SC Freiburg ist nicht nur aus ideellen Gründen für den Beibehalt der 50+1-Regel. Er ist auch dafür, weil er Trainer des SC Freiburg ist und damit eines Vereins, der zu den ersten Opfern einer weiteren Öffnung für Fremdkapital gehören würde. »Schützt man den Fußball nicht genug, wird der SC Freiburg entweder nicht mehr in der 1. und 2. Liga spielen, oder es ist nicht auszuschließen, dass sich auch bei uns Investoren beteiligen«, weiß Streich. »Wobei auch das nicht immer den erwarteten Erfolg garantiert, wie man an einigen Klubs sieht.«

Was er meint: In der Saison 2016/17 hat der Sport-Club viel Lob dafür bekommen, wie er es mit dem drittniedrigsten Etat der Liga auf Platz sieben schaffte und damit Branchengrößen wie Schalke, Wolfsburg, Leverkusen oder Gladbach hinter sich ließ. Man muss kein Prophet sein, um vorauszusagen, dass das in den nächsten Jahren wohl nicht mehr gelingen wird – auch im 50+1-Land schießt natürlich Geld die Tore. »Der Fußball ist ein riesiges Feld, dem eine enorme Bedeutung beigemessen wird. In den vergangenen 15 bis 20 Jahren ist das exponentiell nach oben geschossen. Im Fußball kann man sich zeigen, da wird man gehört, hat wirtschaftliche Synergieeffekte und ist zeitgemäß«, weiß der Freiburger Coach. Deshalb würden auch weiterhin »viele Leute in den Fußball drängen, die das Spiel nicht lieben, sondern das aus rein wirtschaftlichen Gründen tun. Das wird weiter voranschreiten, es sei denn, es gibt sportpolitische Einschränkungen.«

Der Siegeszug des Modells RB Leipzig

Doch noch können Vereine wie Freiburg, Mainz oder Augsburg mithalten und Ausreißer nach oben landen, wenn sie ihrer Linie treu bleiben, jeden Euro einfach ein paarmal öfter umzudrehen als die Großen, um das Risiko bei Transfers zu minimieren. Wenn sie gut ausbilden und so immer wieder Transferüberschüsse erzielen. Und wenn sie ein Klima schaffen, in dem der eine oder andere Leistungsträger vielleicht doch länger bleibt und erst ein Jahr später zu dem Verein wechselt, der mehr bezahlt.

Wenn 50+1 fällt, werden die genannten Vereine allerdings kaum noch eine Chance haben, sich im bezahlten Fußball zu halten. Denn die Tendenz, die sich jetzt schon bemerkbar macht, wird sich potenzieren. Bereits heute landen die Investitionen – von den Fernsehgeldern ganz zu schweigen – entweder bei den Spitzenteams, die viele Spiele in internationalen Wettbewerben bestreiten. Oder bei Vereinen wie dem HSV, die von einem großen Namen und dem Standort in einer der reichsten Städte Europas profitieren. Zwischen diesen beiden Polen würden kleinere Vereine, die solide wirtschaften, zerrieben werden, weil die Schere zwischen Arm und Reich dann in deutlich schnellerem Tempo auseinanderreißen würde. Daimler steigt eben beim VfB Stuttgart mit 40 Mio. Euro ein – und nicht beim SC Freiburg, der den VfB nach dessen Abstieg zumindest sportlich überflügelt hatte.

Das alles wissen auch SC-Sportdirektor Jochen Saier und Christian Streich, der beim Wort »Investor« allerdings noch aus ganz anderen Gründen Beklemmungen bekommt. Denn eines ist klar: Der Tag, an dem der Vertreter einer örtlichen Brauerei oder eines Versicherungskonzerns es so handhabt wie die Herren Kühne, Ismaik oder Duchâtelet und einfach mal öffentlich seine Meinung über Trainer oder Sportdirektor kundtut, wird der letzte Arbeitstag von Christian Streich als Bundesligatrainer sein. Bei der Aussicht, dass irgendwann die eingetragenen Vereine verschwunden sein werden und nur noch das Geschäftsmodell von RB Leipzig in der Liga vertreten ist, wird ihm schon jetzt ganz anders, auch wenn er hofft, das nicht mehr miterleben zu müssen: »Es kann schon sein, dass ich das Zeitliche gesegnet habe, wenn gar kein eingetragener Verein mehr dabei ist.«

Insofern ist es im wohlverstandenen Eigeninteresse des SC Freiburg, aktiv zu werden, solange man noch Pflöcke einhauen kann. So sieht es zumindest eine Gruppe von SC-Mitgliedern, die sich im Winter des Jahres 2016 zum ersten Mal traf und sich – einen Namen braucht man eben – »Mitgliederinitiative Einzigartiger Sport-Club Freiburg e.V.« genannt hat. Fast 200 Mitglieder hatte man bereits nach wenigen Wochen. Und die beratschlagten gleich beim ersten Treffen, was sie tun könnten, damit sie ihren Verein auch in ein paar Jahren noch wiedererkennen.

Sie haben sich auch Gedanken darüber gemacht, wie das, was für sie so selbstverständlich ist, nämlich dass der SC Freiburg ein ganz besonderer Verein ist, wohl überregional wahrgenommen wird. Klar, die Klischees von den freundlichen Menschen, der gelben Sonne und den grünen Tannen, die findet man auch in Flensburg oder Schweinfurt ganz sympathisch. Aber bei den Auswärtsspielen sind halt doch nur die immergleichen Südbadener im Gästeblock. So richtig Strahlkraft hat der nette SC Freiburg überregional nicht entfaltet, seit er 1993 erstmals die 1. Liga enterte. Daran hat sich nichts geändert, trotz des vage positiven Images des gesamten Klubs. Und trotz des Trainers, der auch nach dem tausendsten Interview noch wie ein Mensch wirkt und nicht wie ein Sprachcomputer, mit all seinen Stimmungsschwankungen und seiner für Hannoveraner sicher gewöhnungsbedürftigen Wortwahl. Doch selbst Hannoveraner würden wohl recht schnell Christian Streich nennen, wenn man sie fragen würde, welcher Trainer in der Branche wirklich eine Meinung zu den Themen inner- und außerhalb des Fußballkosmos hat, die Menschen eigentlich interessieren sollten.

Kritische Stimmen fehlen
Und wenn jetzt einfach mal der ganze Verein offensiv vertreten würde, was in unzähligen informellen Zirkeln – die es nun einmal gibt in einem eingetragenen Verein, der die Menschen in seiner Stadt bewegt – gesprochen und diskutiert wird? Man würde an Profil gewinnen, meinen sie bei der Mitgliederinitiative. »Wir sind überzeugt, dass die starke Positionierung und der Einsatz für einen gesellschaftsfähigen Fußball zu Kernwerten der ›Marke‹ Sport-Club Freiburg werden können«, heißt es in einer Erklärung der Gruppe. Zumal in Zeiten, in denen ein Verein, der auch mal über die Torauslinie hinausdächte, damit fast schon ein Alleinstellungsmerkmal hätte, wie sie finden: »Denn das ist es, was im deutschen Profifußball fehlt: Stimmen, die eine Diskussion über die Grenzen des Wachstums anstoßen. Stimmen, die die bedeutende Rolle des Fußballs in der Gesellschaft anerkennen und die aktuelle Entwicklung kritisch hinterfragen.«

Tatsächlich würden jedem Sportjournalisten ad hoc ein paar Dutzend Protagonisten einfallen, die man morgens um drei wecken könnte, und sie würden mit tränenverschleiertem Blick berichten, warum der hiesige Fußball so gnadenlos ins Hintertreffen geraten sei gegenüber all den Topligen von England über Japan bis China, die ganz andere wirtschaftliche Möglichkeiten hätten als die Hungerleider hierzulande. In Deutschland, diesem fußballerischen Entwicklungsland, das seinen Spielern nach wie vor Gehälter zahlen müsse, die kaum ein menschenwürdiges Auskommen ermöglichten. Wo ein Bobby Wood, der in seiner ersten Bundesligasaison sensationelle fünf Treffer erzielte, mit jämmerlichen 3 Mio. Euro Jahresgehalt abgespeist wird – ohne Prämien. Diese Litanei erzählen viele, viele Funktionäre, etwas eleganter verpackt, gerne auch in den üblichen Talkshows. Aber wen sollen die armen Redakteure der entsprechenden Formate als Gegenpart einladen?

Andreas Rettig überlegt sich sehr genau, wem er was sagt; Christian Streich ebenso. Außerdem trainiert der sonntags lieber seine Mannschaft, als in stickigen Fernsehstudios herumzusitzen. Und die anderen 50+1-Verfechter in der Branche (die es ja durchaus gibt), die haben für sich beschlossen, ihre Meinung nicht öffentlich zu äußern. Genau darin, in diesem an sich skandalösen Vakuum, sehen die SC-Mitglieder eine einzigartige Chance für ihren Verein, zumal sich viele Fangruppen damit begnügen, die prominentesten Vertreter der Kommerzialisierung zu benennen und – nicht selten völlig niveaulos – anzufeinden, sich aber nicht die Mühe machen, die Zusammenhänge aufzuzeigen, die die Hopps und Mateschitze erst auf die Bühne brachten.

»Während die wirtschaftlichen Interessen im Profifußball von vielen Akteuren vorangetrieben werden, ist die Gegenseite schlecht aufgestellt. Viele der deutschen Fußballfans stehen auf dieser Gegenseite und sehen die Entwicklung im Fußball kritisch. So sind beispielsweise 87 Prozent der deutschen Fußballfans für den Erhalt der 50+1-Regel. Einige aktive Fangruppierungen äußern deutlich ihren Unmut gegen die zunehmende Kommerzialisierung. Häufig verrennen sie sich dabei jedoch einseitig in Feindbilder wie Red Bull oder Dietmar Hopp. Durch unschöne Kritikformen und nicht konstruktive Herangehensweise wird einer ernsthaften Debatte mehr geschadet als genützt. Die Kritik an den Feindbildern geht oft an der eigentlichen Problematik vorbei«, heißt es seitens der Breisgauer Mitgliederinitiative weiter.

Träge sind auch die Fanszenen
Auch deshalb, wegen der Trägheit vieler Fanszenen, die der ihrer Lieblingsvereine kaum nachsteht, haben die Freiburger die Hoffnung fast schon aufgegeben, dass 50+1 bundesweit gerettet werden kann. Grund genug, finden sie, dass man zumindest beim eigenen Verein agiert, ehe man nur noch Rückzugsgefechte austragen kann, die von vornherein zum Scheitern verurteilt sind. Deswegen haben sie sich beim Sport-Club mal ihre eigene Satzung genau durchgelesen und dann noch ein paar Dutzend andere, um abwägen zu können, wie eine Satzung aussehen müsste, die sicherstellt, dass ihr Lieblingstrainer auch künftig allein über die Aufstellung fürs nächste Heimspiel entscheidet. »Manu hat sich da ziemlich reingefuchst«, schreibt ein Mitglied der Ultragruppe »Corillo« über ein anderes. »Der kennt jetzt die Satzungen aller Profivereine auswendig.« Klingt lapidar, heißt aber: viele hundert Stunden Arbeit.

Bei der kommenden Jahreshauptversammlung im Herbst 2017 wollen sie ihren Entwurf zur Abstimmung stellen – noch sind es schließlich die Mitglieder des SC Freiburg e.V., die ein Wörtchen mitzureden haben, wie es mit dem Verein weitergeht. Außerdem zeige das Beispiel des VfB Stuttgart, »dass langfristige Gedanken schnell zu Gunsten des kurzfristig verfügbaren zusätzlichen Kapitals zurückgestellt werden, wenn ein möglicher Investor mit einem Millionenbetrag vor der Tür steht«. Die von den Mitgliedern vorgeschlagene Satzungsänderung, so sie denn beschlossen wird, hätte zur Folge, dass selbst bei einer Ausgliederung keine Investoren einsteigen könnten. Nicht mehr, vor allem aber nicht weniger. Denn weniger als der Fortbestand der 50+1-Regel wäre nichts, wie auch der Freiburger Trainer findet. »Ein Verein gehört nicht einem Menschen, sondern den Menschen und Mitgliedern, die sich mit ihm identifizieren. Ein Verein ist kein Ort, um möglichst viel abzuschöpfen und zu werben, sondern ein Gemeinschaftsort. Der Mensch lebt nicht vom Brot allein, ohne Gemeinschaft ist er nicht überlebensfähig. Das Gemeinschaftserlebnis auf dem Fußballplatz steht über der vollständigen Kommerzialisierung. Bis jetzt muss man die DFL und den DFB loben, ihre Maßnahmen führten dazu, dass Deutschland so gut dasteht.«

Doch inzwischen wird 50+1 zu vehement bedroht, als dass man sich auf der Vergangenheit ausruhen könnte. Genau deshalb ziehen sie in Freiburg gerade die Visiere hoch. Fans und Verein haben dabei exakt das gleiche Ziel.

Der Volksverein

Bundesweit steigt das Misstrauen gegenüber Fans. Wenn sie sich in die Vereinsarbeit einbringen wollen, dauert es nicht lange, bis irgendein Funktionär davor warnt, der Verein drohe »gekapert« zu werden. Bei Dynamo Dresden können sie darüber nur staunen. Denn ohne seine Fans gäbe es den wichtigsten Fußballverein Ostdeutschlands schon lange nicht mehr. Immer, wenn der Verein am Boden lag, half ihm die Basis aus der Patsche: mit Kreativität, Arbeitszeit und Geld. Höchste Zeit für neue Einblicke in einen der charismatischsten Vereine Deutschlands. Und in eine Fanszene, der man Unrecht tut, wenn man sie nur negativ darstellt.

Wenn über die Fanszene von Dynamo Dresden gesprochen wird, fallen meist negative Attribute. Und oft genug haben die Dynamo-Fans die ja auch verdient. Da es an dieser Stelle vor allem darum gehen wird, was die Fans – und damit den Traditionsverein SG Dynamo Dresden – dennoch zu etwas ganz Besonderem im deutschen Fußball macht, muss das Negative hier am Anfang stehen. Der Symmetrie wegen. Und um nicht den gleichen Fehler zu begehen, den all die Dynamo-Basher auf der anderen Seite mit umgekehrten Vorzeichen machen. Den Fehler, die eine Seite des Januskopfes so ausführlich zu beschreiben, dass für die andere kein Platz mehr bleibt.

Also: Dynamos Fanszene hat auch in der Saison 2016/17 einiges von dem gezeigt, was man an ihr ablehnen muss. Die Szene scheint immer dann, wenn es ein paar Wochen ruhig und friedlich war, das Bedürfnis zu haben, noch mal klarzumachen, dass man böse und unangepasst ist. Das ist dann ein bisschen wie bei einem Kind, das schnell etwas umtritt, wenn die Oma es zu lange lobt. So war beim Heimspiel gegen 1860 München Anfang Mai 2017 in einer ziemlich sehenswerten Choreografie unter dem Motto »Das ist nicht Disneyland. Das ist der dunkle Osten« ein vermummter Streetfighter mit Baseballschläger als Erektionsersatz zu sehen. Passiert ist an diesem Abend übrigens nichts. Mal wieder nicht.

Allein deshalb war eigentlich klar, dass noch etwas passieren würde. Nur mit positiven Schlagzeilen kann man ja nicht aus einer Spielzeit herausgehen, wenn es der eigene Verein schon tut. Am 14. Mai, beim Auswärtsspiel in Karlsruhe, wurde also mal wieder das unsympathische Gesicht in die Kameras gehalten. Dabei fing eigentlich alles als ziemlich beeindruckende Demonstration dessen an, was die Dresdner Fanszene so besonders macht. Wenn am vorletzten Spieltag einer Saison, in der es um nichts mehr geht, 2.000 Menschen vom anderen Ende der Republik zu einem Spiel fahren, bei dem der Gegner längst abgestiegen ist und dessen Fanszene vom DFB für diese Partie ein kollektives Stadionverbot erhalten hat – dann kann es sich bei den 2.000 Leuten eigentlich nur um 2.000 Dresdner handeln. Dass die sich dann mit einem Fanmarsch zum Stadion in Szene setzten, ist nur verständlich und gängige Ultrafolklore. Doch das reichte dem Dynamo-Anhang an diesem Tag nicht, es musste schon ein kollektiver Marsch in Tarnfleckklamotten sein. Und natürlich musste man den nicht nur mit vielen Böllern und Rauch orchestrieren, sondern auch dafür sorgen, dass mehrere Polizisten ein Knalltrauma davontrugen, weil man Fackeln und Böller in deren Richtung warf. Natürlich musste man die Ordner am Eingang zum Gästeblock überrennen, um die Massen an Bengalos und grünen Rauchtöpfen ins Stadion zu bringen, die in der ersten Halbzeit gezündet wurden. Und natürlich wusste nach dem Spiel auch wieder niemand, wer die Leute gewesen waren, die einen Getränkestand überfallen und ausgeraubt hatten.

»Football Army Dynamo Dresden«
Und dennoch haben natürlich auch die meist eher bürgerlichen Dauerkarteninhaber auf der Karlsruher Haupttribüne – die hatte der DFB interessanterweise nicht mit einem Bann belegt – während des Spiels die ganze Zeit fasziniert in Richtung Gästekurve geblickt, wo 2.000 Leute kollektiv in Military-Klamotten hüpften und sangen und alle paar Minuten ein anderes sehr aufwendiges Transparent hochhielten. Gedacht war die Aktion ja auch vordergründig als optische Untermalung eines Transparents mit der Aufschrift »Football Army Dynamo Dresden«. Gegen wen sich diese angebliche Armee wendete, zeigte ein weiteres Transparent, das in der zweiten Halbzeit gehisst wurde und »Krieg dem DFB« verhieß. Auch das durchgestrichene DFB-Logo, das minutenlang von links nach rechts und von rechts nach links durch den Block getragen wurde, gefiel dem Karlsruher Publikum so gut, dass es laut applaudierte. Die vom Verband ausgesprochenen Kollektivstrafen empfindet man auch dort als Ungerechtigkeit. Als der Stadionsprecher den Überfall auf den Versorgungsstand durchsagte, ebbten die Sympathiebekundungen für die Gäste jedoch merklich ab.

Allerdings hatte die martialische Kleidung der Gästefans auch noch einen anderen Zweck, als die Opposition zum DFB zu signalisieren: Dynamos aktive Fanszene inszeniert sich liebend gerne als toughe Szene, der etwas fehlen würde, wenn die meisten anderen Fanszenen der Republik nicht mit einer Mischung aus Faszination und Angst über sie reden würden. Dass wie in Karlsruhe der Versorgungsstand im Gästebereich geplündert wird, scheint derweil zum Hobby einiger Dresdner Fans zu werden. Bereits beim vorangegangenen Auswärtsspiel in Fürth waren aus einem Kiosk Getränke gestohlen worden, das fand damals aber nur in der Lokalpresse Erwähnung. Doch diesmal war es mal wieder so weit – Dynamo-Geschäftsführer Ralf Minge musste statt der Leute, die sich lieber in der Anonymität verkrümeln, öffentlich zu Kreuze kriechen: »Die verletzten Polizeibeamten, Ordner, Mitarbeiter und Fans bitten wir im Namen des Vereins um Entschuldigung. Wir distanzieren uns als Verein klar von jeder Form von Gewalt und verurteilen auch Spruchbänder, die dazu aufrufen.«

Man kann sich gut vorstellen, wie Minge geseufzt hat, bevor die Erklärung ausformuliert wurde. Denn eigentlich gab es ja so viel Positives über Dynamo Dresden zu berichten. Und vieles davon auch dank des aktivsten Teils der Fanszene, von denen sich einige gerade wieder danebenbenommen hatten. Doch die 2.000 Auswärtsfahrer sind nur ein kleiner Teil der Dresdner Fangemeinschaft. Früher, als CDU und SPD noch stärker waren, definierte man eine Volkspartei als Partei, die alle Bevölkerungs- und Einkommensschichten anspricht. Wenn diese Definition stimmt und man sie auf den Fußball überträgt, ist Dynamo ein Volksverein. Zu den vielen Dingen, die an ihm sympathisch sind, gehört, dass er genau das auch bleiben will.

Es gab Zeiten, da haben Dynamo und seine Fans nebeneinander hergelebt. Man sah sich alle zwei Wochen beim Heimspiel, sonst hatte man nicht viel miteinander zu tun. Das hat sich gründlich geändert. »Die Fans und Mitglieder sind unsere Basis«, sagt Geschäftsführer Minge im persönlichen Gespräch. Ein Satz, der in der Stadionzeitung *Dynamo Kreisel* fast schon zur Beschwörungsformel wird: »Dynamo Dresden ist ein demokratischer, mitgliedergeführter Traditionsverein. Das ist unsere DNA«, heißt es in der Ausgabe zum 32. Spieltag der Saison 2016/17. Nun mag das alles ein bisschen dick aufgetragen scheinen. Und tatsächlich sagen Fußballfunktionäre ja gerne mal so etwas, wenn sie eine Basis beruhigen wollen, die bundesweit zunehmend das Gefühl hat, dass es auf sie im modernen Fußball nicht mehr ankommt.

Doch Minge belässt es nicht bei Rhetorik. Er möchte einem zunächst das Nachwuchsleistungszentrum des Vereins zeigen, einen ziemlich dezenten Bau am Messering, der von außen aussieht wie ein Schulgebäude. Die U17 trainiert seit einiger Zeit Cristian Fiél, ein Dresdner Ex-Profi wie der U19-Co-Trainer Lars Jungnickel oder der Leiter der »Dynamo Dresden Fußballschule«, Ralf Hauptmann. Der ist nicht nur Ex-Profi, sondern auch noch der Vater eines aktuellen Profis, Niklas Hauptmann. Immerhin, Matthias Lust, der aktuelle U19-Trainer, hat nie bei Dynamo gespielt, dafür bei einem halben Dutzend anderer Vereine. Doch obwohl er gebürtiger Schwabe ist, arbeitet er nicht bei der größten schwäbischen Exklave südlich von Prenzlauer Berg, am Leipziger Cottaweg, sondern bei Dynamo Dresden.

»Es war, als ob ich eine Spritze bekommen hätte«

Genau wie der zweite Schwabe im Bunde, Cristian Fiél. Als »Fielo«, wie sie ihn hier nennen, noch selber spielte, war er schnell Publikumsliebling. Wenn man ihn reden hört, über sich und Dynamo, dann wundert man sich darüber kein bisschen. Typen wie Fiél strahlen etwas aus, das sie vom Gros der anderen Profis unterscheidet, die in dem einen Sommer kommen und im nächsten gehen und von denen im übernächsten schon keiner mehr weiß, dass sie jemals beim eigenen Verein gespielt haben. Muss man noch erwähnen, dass Fiél einer war, der die Linie rauf- und runterrannte und keinen Ball verlorengab?

Doch das ist nicht das Entscheidende. Was Cristian Fiél zu einem Spieler machte, an den sich die Dynamo-Fans noch in vielen Jahren erinnern werden, ist, dass er sofort begriff, wo er da gelandet war. »Ich wollte hier nicht hin, nicht nach Dresden und schon gar nicht in die 3. Liga«, berichtet der Mann, der heute mit Baskenmütze auf einer Couch in dem Besprechungsraum sitzt, in dem Minge auch die Gespräche mit den jugendlichen Kickern führt, die bei Dynamo anheuern sollen. »Aber im Nachhinein war es mein Glück, dass ich nach meiner Zeit bei Alemannia Aachen kein anderes Angebot hatte.«

Fiél reiste 2010 nach Dresden, und als es bei Dynamo losging, knallten die Synapsen durch. »Es war, als ob ich eine Spritze bekommen hätte«, erinnert er sich. »Ich war vorher auch mal bei Union Berlin, das sind Wahnsinnsfans. Aber wenn du da fünf Spiele verlierst, dann ist es halt so. Hier, in Dresden, sind die persönlich beleidigt, die verstehen das nicht. Die verstehen das nicht, wenn du nicht alles gibst.«

Fiél ist ein emotionaler Mensch. Dass er junge Spieler motivieren kann, glaubt man sofort. »Einmal«, berichtet er und beugt den Oberkörper nach vorne, »einmal waren wir sportlich so gut wie tot, eigentlich fast schon abgestiegen und sind mit dem Bus zu einem Heimspiel gefahren, wie man halt zu einem Heimspiel fährt.« Doch dann merkte Fiél wieder einmal, dass er in Dresden spielt: »Hey, da waren die Straßen voll, alles voller Bengalos, und jeder hat uns angefeuert.« Unfassbar findet das Fiél, der zuvor schon u. a. in Bochum, Aachen und bei Union Berlin gespielt hatte. »So viele Menschen, die uns zeigen wollten, dass sie auf uns zählen. Und das, obwohl wir bis dahin eine echte Skandalsaison gespielt hatten.«

Es war die Fahrt zum Heimspiel gegen Bielefeld, manche Medien berichteten danach von einer Drohkulisse, die die Fans aufgebaut hätten, und offenbar war tatsächlich einigen Spielern nicht ganz wohl bei all den Emotionen, die sich da draußen Bahn brachen, bestätigt Fiél. »Es hat schon ein wenig komisch gerochen im Bus«, sagt er lachend. Von ihm und ein paar Kollegen ging der Geruch allerdings nicht aus: Adrenalin ist offenbar im Gegensatz zum Angstschiss geruchneutral. Ihn hat das ganze Drumherum nur zusätzlich motiviert. »Sorry, aber wer da nicht rausgeht und sagt: ›Jetzt wollen wir's wissen‹, der hat seinen Beruf verfehlt. Solche Fans machen es einem doch eigentlich viel leichter als Spieler«, sagt er. »Denn wenn du verstehst, dass du nur rausgehen und dein wirklich Bestes geben musst, dann hast du keine Probleme hier. Wenn du die richtige Einstellung hast, ist Dynamo Dresden das Beste, was es gibt.«

Von Fiél würde man als jemandem sprechen, der sich mit seinem Verein identifiziert. Das Problem daran ist, dass von »Identifikation« jeder Fußballspieler spricht, dem sein Berater erzählt hat, welches die wichtigen Begriffe der Selbstvermarktung sind. Aber Fans merken manchmal sehr schnell, wer wirklich weiß, wo er spielt. Cristian Fiél ist kein Typ, der einen Berater braucht, um zu wissen, bei welchem Verein er samstags kickt. Das merkt ein Journalist nach ein paar Sekunden, dann merken es Fans wahrscheinlich noch schneller.

»Tradition brauchst du hier nicht anzuschieben«, sagt er noch, bevor er zum Training muss. »Die ist da und wird jeden Tag gelebt. Das merkst du schon, wenn du einmal eine halbe Stunde durch die Stadt gehst.« Fiél gefällt das. Und als er hört, dass der Interviewer am Vortag in Nordhausen war, um das Spiel des ortsansässigen Regionalligisten gegen den BFC anzuschauen, ergänzt er: »Entschuldigung, aber wenn du nur ein klein bisschen Fußballromantik in dir hast, dann fehlt dir doch was, wenn auf deiner Autogrammkarte Wacker Nordhausen steht. Oder SV Sandhausen.«

Ralf Minge lächelt fast unmerklich, als er diese Sätze hört. Der Dresdner Sportdirektor wählt das Personal im Nachwuchsbereich schließlich nach mehreren Gesichtspunkten aus. Nach der fachlichen Qualifikation natürlich, aber eben auch ein kleines bisschen danach, ob sie das mitbringen, was man Fiél in jeder seiner Äußerungen anhört. Und mit Glück haben die Nachwuchskicker ja auch schon so viel von Dynamo mitbekommen, dass sich die Argumente der Konkurrenz relativieren. So gut wie RB Leipzig kann Dresden nämlich nicht bezahlen.

Ausgeprägte Diskussionskultur

Auch bei den Werbeeinnahmen sind Dynamo enge Grenzen gesetzt. Es gibt kaum überregionale Sponsoren, die meisten kommen aus dem Mittelstand. Die Leute sind in der Regel keine Unternehmer, die ihr Investment nach Punkten und Cash-Reflow abrechnen. Eher sind sie Fans, die ihrem Verein etwas Gutes tun wollen und stolz sind, wenn das Logo des eigenen Betriebs auf der Homepage prangt. Die großen Arbeitgeber der Stadt, VW oder auch SAP, machen einen Bogen um Dynamo, der Mittelstand bleibt. Das hat den Nachteil, dass die Einnahmen im unteren Zweitligasegment liegen. Aber es hat den Vorteil, dass die Sponsoren, die man hat, verlässlich sind und auch bei einem Abstieg bleiben.

Ralf Minge muss beim Schwärmen über »seinen« Verein jetzt aufpassen, dass man seine Aussagen nicht als Spitze gegen Bayer Leverkusen missversteht. Immerhin der Verein, bei dem er von 2000 bis 2006 und von 2010 bis 2014 gearbeitet hat. »Leverkusen hat mich auch emotional berührt«, sagt er. »Aber mit meiner Biografie kommst du aus der Nummer hier nicht raus. Das ist anstrengender hier, positiv wie negativ. Aber es ist immer Faszination.«

Minge, der im Landkreis Meißen großgeworden ist, war bereits lange Zeit Dynamo-Fan, ehe er mit 19 Jahren sein erstes Spiel in der ersten Mannschaft gemacht hat. Wer für den Verein gespielt hat, dessen Fan er ist, geht wahrscheinlich auch als Funktionär anders mit Niederlagen um. Und vielleicht geht er auch anders mit dem Geld des Vereins um. Ganz sicher aber kann er verstehen, dass Menschen, denen der Verein so viel bedeutet, wie das bei Mitgliedern und Dauerkarteninhabern der Fall ist, gerne darüber mitreden wollen, was mit ihrer Herzensangelegenheit passiert. Das sei auch ihr gutes Recht, denn sie seien schon mehrfach in Vorleistung gegangen. »Manchmal machst du mittags eine Pressekonferenz, nachmittags triffst du die aktive Fanszene oder die Ultras und abends hast du noch Sponsorentreffen.« Unnützer Ballast, würde man anderswo sagen, schließlich könnte man in der Zeit jede Menge einsame Entscheidungen treffen. In Dresden ist die ausgeprägte Diskussionskultur allerdings auch das Ergebnis der negativen Erfahrungen nach der Wende. Damals warf sich der vollkommen desorientierte Verein Blendern und Hasardeuren an den Hals und musste Insolvenz anmelden, nachdem ein halbseidener hessischer Bauunternehmer, Rolf-Jürgen Otto, Dynamo in den Abgrund geführt hatte. Seither achtet man hier umso genauer darauf, dass keine Sonnenkönige mehr heranwachsen.

Aber die Dinge, die der Basis wichtig sind, sind nicht die, die über Millioneneinnahmen oder Tabellenplätze entscheiden. Kein Mitglied und kein Fan maßt sich an, in den ureigenen sportlichen Bereich hineinzureden, über Transfers entscheidet auch bei Dynamo einzig und alleine die sportliche Leitung. Den Fans geht es um andere Dinge, um das, was den Verein ausmacht, was Spieler, Funktionäre und das Auf und Ab im Liga-Alltag überdauert. Es geht also um die Identität bei der Identifikation. Klingt abstrakt, hat aber mit solch simplen Dingen wie der Farbe der Trikots zu tun, bei denen die Marketingexperten der Vereine gerne mal die sogenannten Trendfarben empfehlen. Und sich dann wundern, wie stockkonservativ Fußballfans in diesem Punkt sind. »Wir werden nicht in unterhosenfarbenen Trikots spielen«, nennt Minge eines dieser »Basics«, die der Basis so wichtig sind. »Und nicht in Lila, auch nicht, falls hier mal Milka Sponsor sein sollte. Das ist aber auch nichts Schlimmes, das ist Tradition.« Eben.

Doch man lebt nun mal in Zeiten, in denen die Yuppies in Hamburg oder München stundenlang darüber diskutieren, was einen 1.000-Euro-Grill oder ein 50.000-Euro-Auto so besonders macht. Aber die gleichen Leute, die in eine Sinnkrise verfielen, wenn Mercedes den Stern auf der Kühlerhaube durch ein moderneres Symbol ersetzen würde, finden es albern, wenn ein Verein an seinem Wappen und seinen Farben festhält.

Minge, der als Teenager zum ersten Mal zu Dynamo ging, hätte sich in den 1970ern wohl nie ein lilafarbenes Trikot gekauft. 2017 täte das auch niemand, der bei Trost ist. Dynamo spielt, wenn es nicht anders sein muss, in Gelb-Schwarz. Und wenn sich jemand, der wie Minge 1960 geboren ist, mit jemandem unterhält, der 35 Jahre später auf die Welt kam und sich Ultra nennt, merkt man an vermeintlichen Banalitäten wie der Trikotfarbe eben schon mal, dass man gleich tickt. Zumindest in diesem Punkt. Gut möglich, dass das beim Älteren auch den Eindruck verstärkt, dass es mehr Gemeinsamkeiten als Trennendes gibt – selbst mit den Leuten, die im Gegensatz zu Minge Pyrotechnik toll finden.

Bisher hat die Basis, die sich seit ein paar Jahren wieder ernstgenommen fühlt, noch nie ein Vorhaben scheitern lassen, das den Verein wirklich weiterbringt. So wird Dynamo sein Trainingszentrum ins Ostragehege verlegen, eine der vielen Frei- und Grünflächen in der Dresdner Innenstadt. 2019 soll die Eröffnung sein. Dass der Status quo nicht haltbar ist, war auch den Fans klar. Auch wenn es schon ein lustiger Anblick ist, wenn jeden Morgen um kurz vor zehn ein kompletter Zweitligakader in Trainingsklamotten an der viel befahrenen Lennéstraße wartet – in der Hoffnung, dass mal ein Auto anhält und den Tross zum Trainingsplatz am gegenüberliegenden Großen Garten durchlässt. Dass die Fans den Umzug befürworten würden, lag also nah. Doch ins Ostragehege wollten sie eigentlich partout nicht. Das Areal ist die angestammte Heimat des deutlich kleineren Ortsrivalen DSC, dessen Fans angesichts der Umzugspläne des großen Nachbarn ebenfalls auf der Zinne waren.

Doch dann baute Minge »eine saubere Argumentation auf« – eine Formulierung, die er gerne benutzt. Man traf sich, tauschte die Pro- und Contra-Argumente aus und ließ auf der Mitgliederversammlung abstimmen. Und siehe da, es passierte etwas, das die Kinds, Hopps und Mateschitze der Liga wohl nie für möglich hielten: Eine überwältigende Mehrheit votierte im Sinne des Vorstands, 98 Prozent der Mitglieder winkten die Umzugspläne durch. »Und die aktive Fanszene war anwesend …«, schiebt Minge nach.

Wenn man seine Basis als Basis sieht und sie nicht als »Kunden« entmündigt, dauert es also vielleicht manchmal etwas länger, bis eine Entscheidung gefallen ist, doch dafür wird sie dann auch von allen mitgetragen.

Parallelen zu St. Pauli und Union Berlin

Funktionierende Demokratie also, und das bei einem Profiverein – das klingt tatsächlich zu idyllisch, um wahr zu sein, oder? Schließlich liest man doch so oft von den »alkoholgeschwängerten« oder »turbulenten« Mitgliederversammlungen, die bei Traditionsvereinen so an der Tagesordnung seien. Wer in den vergangenen Jahrzehnten ein paar Dutzend Jahreshaupt- und Mitgliederversammlungen von Profivereinen besucht hat, fragt sich allerdings, warum er bislang nur Versammlungen erlebt hat, die absolut diszipliniert verliefen, mal fast schon verdächtig konfliktfrei, mal mit vehementen Diskussionen, aber nie so, dass nicht am Ende Abstimmungen, Wahlen und Ergebnisse gestanden hätten, die die Mehrheitsmeinung abbildeten und von der Minderheit akzeptiert wurden.

»Unsere letzten Versammlungen waren völlig sachlich und strukturiert«, berichtet auch Minge. Weder Gebrüll noch Alkoholexzesse habe er miterlebt, das Anstrengendste seien »irgendwelche Exoten« gewesen, »die sich produzieren, weil sie die Satzung bis ins kleinste Detail kennen«. Wichtigtuer zumeist, wie man sie auch bei anderen öffentlichen Veranstaltungen, vom Diavortrag über die Galapagosinseln bis zum Nominierungsparteitag irgendeiner politischen Partei, trifft – und zu tausenden im Internet. Der aktiven Fanszene gehören diese harmlosen Querulanten bei Dynamos Mitgliederversammlungen indes nie an, schiebt Minge nach. Und nennt ein paar weitere Beispiele dafür, dass sich Fans und Vereinsmitglieder manchmal vereinsdienlicher verhalten können als so mancher Funktionär, der zwei Jahre später wieder weg ist.

Dabei ist die Einbeziehung der Basis kein nettes Entgegenkommen für eine anstrengende Mitgliedschaft und Fanszene, die sich selbst zu wichtig nimmt. Sie ist im ureigenen Interesse eines Vereins, den es ohne seine Fans vielleicht schon gar nicht mehr gäbe – da unterscheidet sich Dynamo Dresden keinen Deut von Union Berlin, dessen Fans die »Alte Försterei« in insgesamt 140.000 Stunden ehrenamtlicher Eigenarbeit umbauten. Oder vom FC St. Pauli, von dem es ansonsten doch so verschieden ist. »Es ist noch gar nicht so lange her, da hat die aktive Fanszene das Überleben des Vereins erst ermöglicht durch ihr Engagement«, sagt Ralf Minge. »Sonst wären wir heute schon längst platt.«

Da wäre zum einen das Benefizspiel gegen den FC Bayern im August 2015, das einen großen finanziellen Beitrag zu Dynamos Rettung leistete. Es kam damals überhaupt nur zustande, weil ein gewisser Jens Jeremies sich dafür bei Karl-Heinz Rummenigge und Uli Hoeneß eingesetzt hatte. Jeremies, 1974 in Görlitz geboren, spielte zunächst drei Jahre bei 1860 München, ehe er von 1998 bis 2006 bei den Bayern Dienst tat und zur Stammkraft in der DFB-Auswahl wurde. Doch die Verbundenheit zu seinem Heimatverein Dynamo Dresden (1986 bis 1995) blieb offenbar so stark, dass er zu dessen Gunsten ein Versprechen von Hoeneß einlöste, das der ihm nach dem 9. Mai 2001 gegeben haben soll. Jeremies hatte sich im Champions-League-Halbfinale gegen Real Madrid durchgebissen und das beste Spiel seiner Karriere gemacht – obwohl sein Knie so stark lädiert war, dass er eigentlich gar nicht hätte spielen dürfen. Dafür hatte er bei Hoeneß von da an einen Wunsch frei, den er schließlich mit dem Benefizspiel einlöste, bei dem die Bayern auf ein Antrittsgeld verzichteten und in ihrem Antwortschreiben an Dynamo auch erwähnten, dass dies »auf Wunsch von Jens Jeremies« geschehe. Bemerkenswerterweise stimmten neben den Vereinsgremien auch alle Fanvertreter für eine Verdopplung der Ticketpreise. Ein Stehplatz kostete also schlappe

29, ein Sitzplatz bis zu 90 Euro – alles für Dynamo. Genau wie bei den beiden Sonderumlagen, bei denen die Mitglieder fast einstimmig dafür stimmten, ihren eigenen Jahresmitgliedsbeitrag zu verdoppeln. Allein durch diese Aktion kamen noch mal 1,2 Mio. Euro in die Kassen. Eine beachtliche Summe, zu der auch mancher sein Scherflein beitrug, für den zehn Euro mehr oder weniger keine Kleinigkeit sind.

Von den Fans geliebt, vom DFB weniger
2012 verhängte der DFB mal wieder eine seiner auffallend harten Strafen gegen Dynamo und erklärte gleich das komplette Stadion zur Kulisse eines Geisterspiels. Doch selbst dann, als die Dresdner Fanszene ihrem Verein mal wieder maximal geschadet hatte, zeigte sie, wozu sie umgekehrt auch imstande ist: Um den Einnahmeausfall zu kompensieren, verkaufte man Tickets fürs Geisterspiel, die natürlich wertlos waren, weil man ja keinen Zutritt ins Stadion bekam. Dennoch erstanden mehr Fans die Tickets zum regulären Preis, als Menschen ins Stadion gepasst hätten: Über 41.000 Karten gingen weg. Dynamo machte also ein dickes Plus, und der Fanszene gelang ein ziemlich trotziges Signal in Richtung Frankfurt.

Da wäre aber auch noch der ideelle Faktor, denn um die Traditionspflege kümmern sich die aktiven Fans von Dynamo mit großer Energie. So wurde auf Initiative der Ultras im April 2017, beim Heimspiel gegen Fortuna Düsseldorf, erstmals ein sogenannter Traditionstag durchgeführt, bei dem nur Zaunfahnen und Trikots ins Stadion mitgebracht wurden, die vor dem Jahr 2000 entstanden waren – eine tolle Zeitreise. Gleichzeitig wurde die »Hall of Fame« des Vereins enthüllt, auch das hatte es in dieser Form in Deutschland noch nie zuvor gegeben. Hier präsentiert Dynamo jetzt die überlebensgroßen Fotografien der acht Dynamo-Ehrenspielführer Wolfgang Oeser, Hans-Jürgen Kreische, Dixie Dörner, Dieter Riedel, Eduard Geyer, Reinhard Häfner, Klaus Sammer und Hartmut Schade unter dem Dach der Haupttribüne. Gut sichtbar für die meisten Stadionzuschauer und durchaus auch ein Akt der Versöhnung zwischen den Generationen, denn mancher ehemalige Spieler, den die Gewalt- und Pyrofaszination einiger Ultras nervt, war jetzt Feuer und Flamme angesichts des Respekts, den die Jungen den Alten mit so viel Aufwand gezollt hatten. »Das alles«, resümiert Minge, »war auch eine Kraft, die wir gebraucht haben in den letzten Jahren.« Es klingt mit einem Mal überhaupt nicht mehr idealistisch. Sondern einfach nur sehr einleuchtend.

Natürlich gibt es nach wie vor viele Gründe, die Dresdner Fanszene problematisch zu finden. Dass zum Anhang eine stattliche Anzahl an Hooligans und rechtsgerichteten Fans zählt, ist Fakt. Fakt ist aber auch, dass tausende in Sippenhaft genommen werden, die als »ganz normale Fußballfans« wahrgenommen würden, wenn sie statt des gelb-schwarzen Trikots der Dresdner eines der Dortmunder Borussen anhätten, bei denen das Nazi-Problem ja auch ins Verhältnis zur Gesamtzahl der Fans gesetzt wird.

In Dresden und im Umland gelten die Heimspiele als Pflichtveranstaltungen – für den Rentner, der mit Rührung im Blick die Vereinshymne »12. Mann« mitsingt (»Ob um Punkte oder im Pokal – wir Fans sind da in großer Zahl«), bis zur Familie mit Kindern. Von dem jungen Mann mit den fast knielangen Dreadlocks und dem Shirt »Love Dynamo, hate racism«, der einem am Albertplatz in der alternativen Neustadt über den Weg läuft, bis zu dem gepflegten Herrn im Mantel, der genau dort aus der Linie 11 aus Bühlau steigt und sich sicher auch nicht daran stört, dass selbst im Nobelviertel Weißer Hirsch, durch das die Linie 11 fährt, an den Laternenmasten die Dynamo-Aufkleber prangen. Wie das nun mal so ist bei einem Volksverein mit »volkseigener« Sticker-Produktion.

Dass es bei den Spielen zuletzt weit weniger Vorfälle gab als bei Vereinen mit besserem Image, bestätigt zudem die Polizei. Seit dem Stadionumbau 2009 passiere kaum noch etwas, heißt es bei der Dresdner Polizei. Immer noch kommen allerdings viele kampfsportgestählte Männer zu den Spielen, die politisch Pegida näher stehen als dem demokratischen Spektrum. Doch im Gegensatz zu den 1990er Jahren, als rassistische Rufe noch an der Tagesordnung waren, bleiben die heute aus. Nicht nur, weil der Verein seit Jahren viel deutlicher Position bezieht als früher. Nicht nur, weil auch in Dresden die Mehrheit der Stadionbesucher findet, dass »Rassismus kein Fangesang« ist, wie auf der Anzeigetafel steht. Sondern vor allem, weil die enorm große Ultraszene des Vereins sich als »unpolitisch« erklärt, ein Begriff, der umstritten ist, im Kurvenalltag aber bedeutet, dass jeder Fan, der sich politisch äußert, gegen den Minimalkonsens verstößt – egal, ob er als Privatperson nun politisch rechts oder links tickt. Das »Keine Politik im Stadion«-Dogma führte auch dazu, dass der rechtsextreme Schlägertrupp »Faust des Ostens« aus dem Stadion komplimentiert wurde, schränkt aber zugleich Fans ein, die sich offensiver gegen rechts positionieren wollen.

Natürlich ist alles, was Dynamo in jüngster Vergangenheit macht, auch ein Signal in Richtung Leipzig. Selbstverständlich entstammen die starke Betonung eines echten Vereinslebens und die ernsthafte Pflege der Tradition der eigenen Überzeugung. Doch sie sind auch ein Mittel, um sich von einem Konkurrenten abzusetzen, der zuletzt mit jener Waffe punktete, die im Fußball langsam, aber sicher zur einzigen wirksamen zu werden droht: RB Leipzig hat sich mit sehr viel Geld einen Status erarbeitet, der – nachdem man anfangs einen zweistelligen Millionenbetrag durch den Kamin gejagt hat – nun von der 2. Liga direkt in die Champions League führte und zumindest im Großraum Leipzig sowie den angrenzenden Regionen in Thüringen und Sachsen-Anhalt tausende Sympathisanten hinter das Projekt geschart hat. Und da man sich von einem Konstrukt, das über schier unbegrenzte Geldmittel verfügt, einzig über das abgrenzen kann, was nicht mit Geld zu kaufen ist, blieb Dynamo nur dieser Weg. Es scheint ein Weg zu sein, der zumindest die eigene Basis noch enger an den Verein gebunden hat. Mehr als 18.000 Mitglieder vermeldete der Verein Mitte Juli 2017 – mehr als je zuvor in seiner Geschichte. Und weit mehr, als viele Erstligisten an sich binden können.

»Unfassbare« Angebote von der reichen Konkurrenz

Was man dadurch allerdings in den meisten Fällen nicht verhindern kann, sind die Mechanismen, die der Besitz von viel Geld auslöst. Und die erschweren nicht zuletzt dem Nachwuchsleistungszentrum von Dynamo jedes Jahr die Arbeit ein bisschen mehr. Dass RB Leipzig die talentiertesten Spieler aus dem Nachwuchs anderer Vereine abzuwerben versucht, ist nichts Neues. Dass es das mit sehr viel Geld und Annehmlichkeiten versucht, auch nicht. Neu ist, dass nun schon Spieler aus der U13 angegraben werden, wie ein Jugendtrainer berichtet. Eine höhere vierstellige Summe habe der entsprechende Jugendliche angeboten bekommen, einen Ausrüstervertrag, ein Stipendium und natürlich freies Wohnen im Jugendinternat. »Unfassbar«, dachte auch Ex-Profi Cristian Fiél, als ihm der Trainerkollege von dem Angebot berichtete. Und er hat sich selbst bei dem Gedanken ertappt, dass man solch eine Offerte natürlich annehmen müsse. Da sprach der Ex-Profi in ihm.

Dabei versucht Fiél im Alltag – wenn der Jugendtrainer in ihm spricht – ja selbst alles, um dagegenzusteuern. Er erzählt seinen Jungs immer wieder, wie viele Spieler aus dem aktuellen Profikader von Dynamo dem eigenen Nachwuchs – der in der U17 und in der U19 in der jeweils höchsten deutschen Liga spielt – entstammen, dass man bei Dynamo eben eine realistische Chance auf Einsätze hat, die Chance, ganz nach oben zu kommen. So wie es zuletzt Marvin Stefaniak und

Niklas Hauptmann gelang, die Stammspieler sind, und wie es schon demnächst Markus Schubert gelingen könnte, dem hochtalentierten U19-Keeper. Aber Fiél weiß auch, dass das alles keine Gewähr bietet, den Verlockungen des großen Geldes zu widerstehen: »Wenn der Junge keine Eltern hat, die einigermaßen normal sind im Kopf, dann wird es schwer, ihn dauerhaft hier zu behalten.«

Schwer, aber nicht unmöglich, denn zumindest bei den Spielern, die selbst Dynamo-Fans sind, ist da nämlich noch ein anderer Faktor, der sie an Dresden bindet: Sie wollen selbst einmal in diesem Stadion und vor diesen Fans spielen. Vielleicht ja auch, weil sie die Saison 2015/16 miterlebt haben, in der Dynamo als Drittliga-Meister aufstieg. Die Saison wurde in dem gutgemachten Film *Das ist unser Leben* festgehalten, an dessen Ende Mannschaftskapitän Michael Hefele bei einer Autofahrt zum Stadion seine Zeit bei Dynamo Revue passieren lässt: »Alles, was hier eingetroffen ist, habe ich mir als kleiner Junge erträumt. Du bist alles für die Fans, die sind so glücklich, wenn du einen Handshake oder ein Foto mit denen machst.« Man merkt Hefele, der sein Team vor den Spielen mit emotionalen Ansprachen hochgepeitscht hat, an, dass er es selbst nicht glauben kann, welchen Stellenwert Dynamo Dresden für seine Fans hat. »Ich bin nichts Besonderes, ein ganz normaler Junge aus Scheyern. Und die drehen hier völlig durch, weil du ein bisschen Fußball spielst.«

Der Dynamo-Virus hat glücklicherweise auch schon die Jungen infiziert. Denn einige der besonders talentierten Nachwuchsleute sind eingefleischte Dynamo-Fans. Justin Löwe zum Beispiel. Oder Markus Schubert, der deutsche U19-Nationaltorwart. Der hatte 2015 ein sehr gut dotiertes Angebot von RB Leipzig. Er hat es abgelehnt, mit einer bemerkenswerten Begründung: »Ich möchte in Dresden meine Ziele verwirklichen. Mein Traum ist es, irgendwann als Nummer eins im Tor vor dem K-Block im Dynamo-Stadion zu stehen.« Seinem Traum ist Schubert schon ein gehöriges Stück nähergekommen. Seit der Saison 2016/17 ist er Teil des Profikaders. Und die nächste Generation steht bereits in den Startlöchern: Am 4. Mai 2017 gewann die U17 von Dynamo Dresden den NOFV-Pokal gegen die U17 von Energie Cottbus. Solche Spiele finden in der Regel vor ein paar Dutzend einheimischen Rentnern und Eltern statt, nach Cottbus waren 100 Dynamo-Fans gefahren, um die drittälteste Nachwuchsmannschaft zu unterstützen. Als die das Finale gewann, hatte Cristian Fiél schon das gute Gefühl, in den Monaten zuvor einiges richtig gemacht zu haben. Als er dann hörte, dass seine Jungs bei der Siegesfeier die Lieder anstimmten, die sie aus dem K-Block kennen, wusste er es dann ganz genau.

No sleep at Millerntor

Die führenden Funktionäre des FC St. Pauli stammen allesamt aus der Fanszene, ohne Beteiligung der Mitglieder und Fans wird keine wichtige Entscheidung getroffen. Und auf dem Kiez ist man sich sicher, dass der Verein gerade deshalb wirtschaftlich so erfolgreich ist.

Wohl kaum ein Verein weckt so viele Assoziationen wie der FC St. Pauli. Viele davon haben mit Fans zu tun, mit einem stimmungsvollen Stadion, das eigentlich immer ausverkauft ist, egal ob der Gegner nun Heidenheim heißt oder FC Bayern München. Mit einem Totenkopf als Symbol, das sich mittlerweile selbst in den USA prächtig vermarkten lässt. Mit einer sehr politischen und sehr engagierten Fanszene, die zu kaum einem gesellschaftlichen Missstand nicht Stellung bezieht, und, und, und.

Kurzum: Das meiste, das die Menschen mit dem FC St. Pauli verbinden, fällt strenggenommen in den Bereich der Folklore. Zumindest für diejenigen, die das Wohl und Wehe eines Fußballvereins an Meistertiteln und gewonnenen Pokalendspielen festmachen. In der Hinsicht ist St. Pauli nämlich erfolglos seit 1910.

Doch offensichtlich hat sich die deutsche Fußballöffentlichkeit so an all die Klischeebilder von der »Paadie« am Millerntor gewöhnt, dass ein Aspekt weitgehend untergeht, der eigentlich auch den selbst ernannten Modernisierern im Fußball zu denken geben müsste: Der FC St. Pauli ist nämlich ein ausgesprochen professionell geführter Verein mit beachtlichen wirtschaftlichen Kennzahlen und einer Perspektive, um die er von den allermeisten Konkurrenten aus der 1. und 2. Liga beneidet werden dürfte. Und das alles, obwohl er ein klassischer Verein ist, bei dem die Mitglieder maßgebliche Entscheidungsbefugnisse haben. Und obwohl vom Sicherheitschef bis zum Finanzchef, vom Präsidenten bis zur Aufsichtsratschefin alle maßgeblichen Personen der Fanszene des Vereins entstammen.

Obwohl sie der Fanszene entstammen? Beim FC St. Pauli sind sie ganz entschieden der Meinung, dass ein *weil* hier angebrachter wäre. Gerade weil der FC St. Pauli ein Verein ist, der Verein bleiben will, ist er so erfolgreich. Und zwar nicht nur, was seine Ausstrahlung und seine Außendarstellung betrifft oder die Zufriedenheit der Fanbasis mit der Vereinsführung. Sondern, man höre und staune, auch, was die wirtschaftliche Effizienz angeht.

Zunächst einmal besitzt der FC St. Pauli sein eigenes Stadion – das unterscheidet ihn von vielen Konkurrenten. Er hat es unter ausführlicher Beteiligung der Fans selbst entworfen, selbst konzipiert und selbst gebaut. Seit dem 2015 abgeschlossenen schrittweisen Umbau steht an alter Stelle ein Stadion, das topmodern ist und dennoch vieles vom Charme des alten Millerntors bewahrt hat. Und: Nach wie vor gibt es 16.700 Stehplätze – mehr als in der Münchner Allianz Arena.

Durch den Stadionneubau und den Ausbau des Trainingszentrums an der Kollaustraße wird der Verein in den kommenden 20 Jahren noch etwas mehr als 30 Mio. Euro abbezahlen müssen. 2018 muss zudem eine Fananleihe in Höhe von 8 Mio. Euro zurückgezahlt werden – Spätfolgen einer Vereinspolitik, die vor allem im letzten Jahrhundert oft noch auf Pump betrieben wurde.

In den vergangenen fünf Jahren machte man stets zwischen 100.000 und 1 Mio. Euro Gewinn. In der Bundesligasaison 2010/11 waren es sogar 5,3 Mio. Euro. Die meisten anderen Klubs, gerade in der 2. Bundesliga, machen Verluste. Zudem verfügt St. Pauli über eine Eigenkapitalquote von 16 Prozent. Auch das ist absolut branchenunüblich. Und was noch wichtiger für die nähere Zukunft sein könnte: Nachdem man die Merchandisingrechte von einer Agentur zurückholte, kann der Verein seit 2015 endlich auch wieder von seiner Popularität profitieren und sein Image, das er wie kein anderer seinen Fans verdankt, in bare Münze umwandeln.

Die Merchandising-Gesellschaft beschäftigt 36 Festangestellte sowie rund 50 Aushilfen und erwirtschaftete 2015/16 einen Umsatz von 8 Mio. Euro, deutlich mehr als Stadtrivale HSV. Damit belegte der FC St. Pauli beim Merchandising Rang sechs in Deutschland. Kein Wunder, schließlich hat der Verein fast 20 Millionen Sympathisanten allein in Deutschland, 400 Fanklubs soll es weltweit geben – darunter einen in New York. Bücher über den Verein sind in mehreren Sprachen erschienen, es gibt hunderte Fans aus Skandinavien, England und Südeuropa, die alle zwei Wochen zu den Heimspielen fliegen. Und obwohl es einem St.-Pauli-Fan aus Edinburgh, Kopenhagen oder der Provence genauso wenig egal ist, ob das Heimspiel gegen Sandhausen gewonnen wird, wie einem aus Hamburg-Eimsbüttel oder Lüneburg – sie alle kaufen sich aus anderen Gründen die Tickets fürs nächste Heimspiel, unterschreiben aus anderen Gründen den Aufnahmeantrag für eine Mitgliedschaft und laufen aus anderen Gründen mit dem Totenkopf-Hoodie durch die Fußgängerzone ihrer Stadt. Auch das ist etwas, das die angeblichen Modernisierer nicht verstehen: Dass es Fußballfans eben ganz oft nicht um den Erfolg als Selbstzweck geht, dem alles andere untergeordnet werden müsste. Auf St. Pauli dürfte es jedenfalls kaum einen Fan geben, der gerne mit Hannover 96 und Martin Kind tauschen würde. Und 96 spielt in der Saison 2017/18 eine Liga über dem FC St. Pauli!

Es muss Mitte der 1990er Jahre gewesen sein, als Sandra Schwedler ihr erstes Auswärtsspiel des FC St. Pauli gesehen hat. Fanbusse wurden damals bereits vom Fanladen organisiert, vor allem aber vom Fanklub »Braun-Weiße Nordkurve«. Klaus & Klaus sangen davon, dass ein Pferd auf dem Flur stehe, der Apfelkorn kreiste zu Evergreens von Marianne Rosenberg oder Torfrock. Und inmitten von gut 20 eher traditionellen Fans, bei denen Aufnäher, Kutten und Schals hoch im Kurs waren, und 20 eher Totenkopf-affinen Jüngeren, die irgendwann den Busfahrer dazu nötigten, statt Klaus & Klaus die Ramones einzulegen, fielen die beiden Mädchen – Schwedler und eine Freundin – auf. Sie senkten das Durchschnittsalter erheblich und verdoppelten die Frauenquote auf acht Prozent. 20 Jahre und einige hundert St.-Pauli-Spiele später ist Sandra Schwedler Vorsitzende des Aufsichtsrats. Es ist die logische Wendung einer Fankarriere, die typisch ist für viele Biografien beim FC St. Pauli. Man mischt sich ein, man bringt sich ein. Und irgendwann ist man mittendrin im Verein.

Die Geburt der Gegenstimme

»Viele Fans haben nicht begriffen, dass sie Mitglied werden müssen, um etwas zu bestimmen«, wird Sandra Schwedler später sagen, als es um die Lethargie der deutschen Fanszene geht. Sie selbst hat das sehr wohl, und zwar nicht erst gestern. Schon 1997 wurde sie Mitglied im Verein, 1999 trat sie der neu gegründeten »Abteilung Fördernde Mitglieder« bei. Die hatte sich vor allem deshalb formiert, weil immer mehr Fans so mit dem Verein zusammengewachsen waren, dass sie ihm gerne einen Teil ihres Verdiensts an Beiträgen zukommen lassen wollten. Und nur völlig Ortsfremde wären auf die Idee gekommen, dass sie dafür nicht auch mitreden wollten.

»Das waren ja die Zeiten, als Kritik an der Vereinsführung noch eher ungewöhnlich war«, lacht Schwedler anno 2017, als sie sich an ihre erste, noch von Hans Apel geleitete Jahreshauptversammlung als Neumitglied zurückerinnert. Der ehemalige Verteidigungsminister und altgediente St.-Pauli-Fan aus dem Arbeiterstadtteil Barmbek hatte damals bei einer Abstimmung reichlich konsterniert in die Runde geguckt und ein

Novum festgestellt: »Ich sehe eine Reihe Gegenstimmen.« Die sollte es in den kommenden Jahren häufiger geben. Und mittlerweile sind Leute in der Vereinsführung, die es bedenklich fänden, wenn es anders wäre. So sieht es auch Aufsichtsrat Roger Hasenbein, ebenfalls einer, der am Millerntor seit Jahrzehnten als engagierter Fan bekannt ist. »Es ist jedenfalls eine der schönsten Zeiten, Funktionär beim FC St. Pauli zu sein. Früher ging's immer nur darum, Schaden zu minimieren, den Verein zu retten«, sagte er der *Hamburger Morgenpost* im Juli 2016. »Seit ein, zwei Jahren sind wir in der glücklichen Lage, den Verein nach vorn zu entwickeln.«

Als Sandra Schwedler Ende 2014 in das Gremium gewählt wurde, das sie kurz darauf zur Vorsitzenden machte, stand der Verein auf dem vorletzten Rang der Zweitliga-Tabelle. Und dennoch macht sich Schwedler keine Illusionen: »Hätte es nicht geklappt mit dem Klassenerhalt, hätte jeder gesagt: Warum haben die denn nicht mal jemanden machen lassen, der Ahnung von der Materie hat?«

Schließlich ist sie nicht die Einzige, die der links geprägten Gegengeraden-Subkultur des Vereins mit seinen zahlreichen Auffächerungen entstammt und in den Aufsichtsrat gewählt wurde. Sönke Goldbeck kommt von der AG Stadionbau, Strafverteidiger Gerrit Onken ist Mitglied eines Anwaltskollektivs, das Hausbesetzer, Globalisierungsgegner und andere Mitglieder der linken Szene vertritt. Sozialarbeiter Roger Hasenbein und Karsten Meincke vom »Fanclubsprecherrat« sind ebenfalls profilierte Linke. Die aktive Fanszene, jahrelang als aufmerksame und hartnäckige Opposition ein rotes Tuch für zahlreiche Präsidien, ist auf die operative Seite gewechselt.

Schwedler muss selbst lachen, wenn sie daran denkt, wie sie ihre ersten Fußballspiele als Klubofzielle auf der Haupttribüne des gastgebenden Vereins verbrachte. Und wie sie immer wieder irgendwelchen Offiziellen die Sicht versperrte, weil sie gar nicht anders konnte, als dauernd aufzuspringen und ihre Mannschaft im Stehen anzufeuern. Beim Fußball zu sitzen ist ja eigentlich auch wie zu Architektur zu tanzen, um mal ein berühmtes Zitat der Popkultur zu paraphrasieren.

Die Leute aus den Fanklubs, die Leute von der Gegengeraden, die Ultras auf der Südtribüne, sie alle finden es gut, dass ihre Offiziellen so ticken, wie sie ticken. Aber das offizielle Fußballdeutschland, das schaut mit einer Mischung aus Faszination und leicht überheblichem Stirnrunzeln auf die Hamburger. Und haben sie nicht recht mit ihrer Skepsis, ob »solche Leute« einen Verein führen können? Schwedler lacht, als ihr diese Frage gestellt wird. »Aber natürlich! Ich glaube sogar, dass es falsch wäre, Leute mit Wirtschaftskompetenz in den Gremien zu haben, die mit dem Verein an sich nichts anfangen können.« Schwedler ist seit Jahren Aktivistin im bundesweiten Fanbündnis »ProFans« und kennt die Fanszenen vieler Vereine sehr genau. »Ich glaube, es gibt in jeder Szene der größeren Vereine Leute aus allen Berufen«, sagt sie. »Auch Leute, die Firmen führen.« Schön blöd, wenn man all das Potenzial brachliegen lasse, findet sie.

Auch der Präsident des FC St. Pauli bringt dieses Potenzial mit. Finn Oke Göttlich, der Mann, der die Spiele immer noch 45 Minuten lang auf der Gegengeraden verfolgt, ehe er seinen Repräsentationspflichten auf der Haupttribüne nachkommt, hat schon als Schüler ein St.-Pauli-Fanzine herausgebracht, *PiPa Millerntor* hieß das. Heute arbeitet er im Verband unabhängiger Musikunternehmen. Genauer gesagt ist er dessen Vorstandsvorsitzender. Man muss es also wohl ernstnehmen, wenn dieser erfolgreiche Unternehmer betont, wie sachkundig und kompetent die Diskussionen in den von Fans organisierten Arbeitsgruppen wie denen zum Stadionumbau abliefen. »Das Arbeitslevel dieser Gremien ist auf einem Niveau wie bei anderen Unternehmen die Vorstandsebene. Auch wenn manchmal utopische Forderungen kommen und zuweilen kleine Formulierungen reichen, um große Empörung hervorzurufen.«

Göttlich behauptet, die Mitarbeit der Fans habe die Kosten des Stadionumbaus gesenkt. »In der Planungsphase waren die Mitglieder manchmal sogar vernünftiger als die Funktionäre«, bilanziert er. »Es waren viele anstrengende Sitzungen dabei. Aber in denen wurden viele Fragen aufgeworfen, die wiederum viele Ideen aufgebracht und auch Geld gespart haben.«

Noch mal »Weltpokalsiegerbesieger«? Unmöglich

Natürlich kann sich Göttlich noch an den 6. Februar 2002 erinnern, den Tag, an dem der FC St. Pauli den amtierenden Weltpokalsieger FC Bayern München mit 2:1 bezwang und das mit »Weltpokalsiegerbesieger«-Shirts tüchtig vermarktete. Dass ein doch ziemlich kleiner Verein den größten schlägt, war schon damals außergewöhnlich – natürlich. Die Kluft zwischen den Bayern und den anderen deutschen Erstligisten ist seither noch größer geworden. So groß, dass der 41-jährige Göttlich sich nicht wundern würde, wenn er in seinem Leben keinen Sieg mehr gegen das deutsche Alphatier erlebte. »Dass St. Pauli Bayern schlägt, wird immer unwahrscheinlicher«, sagt er. »Und das ist ja offensichtlich auch so gewollt. Dass die Schere auseinandergeht, ist ja ein steuerbarer Prozess, der durch die Gesellschafter der DFL veränderbar wäre.« Doch die Gesellschafter der DFL, also die Profivereine, haben mehrheitlich andere Interessen als eine möglichst große Ausgeglichenheit der Ligen. Zumindest gilt das für diejenigen Gesellschafter, für die das internationale Geschäft – seien es Champions League und Europa League oder aber die Auslandsvermarktung – wirtschaftlich längst schon wichtiger ist als die Liga. Dass die DFL da stark auf die Zugpferde der Liga setze, sei normal, findet Göttlich. Schließlich werde ihr Vorstand dafür bezahlt, möglichst viel Geld zu erlösen. Wogegen ja auch niemand etwas hätte, wenn dieses Geld nicht so ungleichmäßig verteilt würde.

Denn im Grunde, meint Göttlich, regeln nur noch zwei Instrumente den Profifußball: Auf- und Abstieg einerseits und das Fernsehgeld andererseits. In Zeiten, in denen die ersten beiden Ligen in Deutschland zu etwa 90 Prozent ausverkauft seien, lasse das Ticketing keine Umsatzsprünge mehr erwarten, und das gelte auch für das Sponsoring. »Du findest ja auch bei uns am Millerntor kaum noch einen Zentimeter an Banden oder sonstige freie Flächen, die du nutzen könntest.« Auch im Bereich Merchandising sei die Spitze erreicht, so Göttlich: »Der Fan ist maximal ausgemolken.«

Der einzige Sektor, in dem noch Gewinnzuwächse erzielt werden könnten, seien die internationalen TV-Einnahmen und der Verkauf der Eigentumsrechte des Klubs, und das sei ein Dilemma: »Denn damit nährst du das System, das wegführt vom Fan. Und du vergrößerst die Kluft zwischen oben und unten noch mehr.« Eigentlich, so Göttlich, gingen die Leute aber doch zum Fußball, um sich überraschen zu lassen, weil sie nicht wissen, wie es ausgeht, wie Sepp Herberger einmal sagte.

»Das hat natürlich auch mit Eskapismus zu tun, mit dem Bedürfnis, sich davon abzulenken, was sie unter der Woche unter ihren Chefs erleben.« Festgemauerte Hierarchien zum Beispiel. »Bald ist es aber so, dass sie im Fußball das Gleiche erleben wie auf der Arbeit.« Nämlich festgemauerte Hierarchien. Dieselben fünf, sechs Vereine machen das internationale Geschäft unter sich aus. Meister werden die Bayern, die natürlich nie mehr gegen St. Pauli verlieren. Und die Vereine steigen ab, die zuvor aufgestiegen sind. Oke Göttlich hat ein Wort für diese Entwicklung gefunden: »Das ist eine einzige Verlangweilungsspirale.«

Viele denken nach – aber jeder für sich
Wer dem Boss von St. Pauli länger zuhört, gewinnt den gleichen Eindruck, den man oft bekommt, wenn man mit den reflektierteren Ver-

tretern der Branche spricht: Es gibt gerade auch in den Vereinen und zum Teil auch in den Verbänden viele, die sehr grundsätzlich über die Zukunft des Fußballs nachdenken.

Doch selbst Oke Göttlich widerspricht nicht, als er mit der Einschätzung konfrontiert wird, dass die Liga den Entwicklungen im globalen Fußball eher passiv gegenüberstehe. Nicht dass sie nicht probieren würde, einen möglichst großen Anteil am Kuchen zu ergattern. Den Kampf ums Fernsehgeld führen Reinhard Rauball, Christian Seifert und Co. genauso engagiert wie den Wettbewerb um die Auslandsvermarktung und das internationale Geschäft. Was aber kommt dabei heraus, wenn die Manager auf ihren Treffen über die Aussichten der Liga sprechen, darüber, wie sie spannend gehalten werden kann, wie die Zukunft von Vereinen aussehen soll, deren Perspektive eher nicht in Spielen gegen Real Madrid oder Paris St. Germain liegt?

Göttlich schaut sein Gegenüber jetzt sehr eindringlich an und lächelt ein wenig. »Die Bundesliga tut sich sehr schwer, gemeinsame Ziele und Strategien zu formulieren«, sagt er. Es gebe bisher nicht einmal ein Forum, in dem solche Fragen erörtert würden. »Wollen wir, dass die Vereine von Konzernen und Investoren gekauft und Fantasiesummen gezahlt werden, oder machen wir uns Gedanken, wo wir herkommen und hinwollen?« Keine blöde Frage, doch solche Themen würden eben höchstens mal informell zwischen Kollegen diskutiert, aber nie in größerer Runde.

Göttlich zeigt indes auch Verständnis. Schließlich sei der Ligaalltag zu einem großen Anteil Tagesgeschäft; ein Manager, der schon morgen entlassen sein könne, stecke eben alle Energie in die wenigen Monate seiner Amtszeit – in der Hoffnung, sie dadurch zu verlängern. Und die DFL als übergeordnete Instanz? »Der Geschäftsführer der DFL tut das, was er tut, weil genau das der Job ist, für den er bezahlt wird. Da ist es vollkommen logisch, dass es immer nur um ›höher, schneller, weiter‹ gehen kann. In dem Spannungsfeld zwischen internationaler Wettbewerbsfähigkeit und Integrität des Wettbewerbs ist derzeit das Pendel eben auf Ersteres und damit nicht auf die Seite des satzungsgemäßen Auftrags ausgeschlagen. Das haben die Gesellschafter mehrheitlich so entschieden.«

Wenn Göttlich über die DFL spricht, klingt das nicht vorwurfsvoll, eher nachdenklich. »Schneller, höher, weiter« ist schließlich allzu oft auch das Leitmotiv in den Büros des FC St. Pauli. Dass seit einigen Jahren in England ein Geldregen ohnegleichen herrscht, bleibt nicht ohne Auswirkungen auf das Geschehen hierzulande. Je mehr Vereine aus der 1., 2. und 3. Liga zum Teil äußerst mittelmäßige Spieler auf die Insel transferieren (und dafür oft den fünffachen Preis dessen bekommen, was ein Transfer innerhalb Deutschlands bringen würde), desto mehr Geld kommt auch in Deutschland an. »Wir merken hier selbst, wie schnell man anfängt, mit Geld um sich zu werfen«, sagt Göttlich. »Das zusätzliche Geld, das die Klubs durch die TV-Verwertung und die Transfersummen aus anderen Ländern einnehmen, kommt von oben in den Trichter rein. Das birgt die Gefahr, dass man deutlich risikoaffiner wird, weil man glaubt, das Geld sei ohnehin aus dem Kreislauf wieder rauszuholen.« Das aber sei eine Illusion. »Bei den Vereinen bleibt von dem vermeintlichen Geldsegen so gut wie nichts hängen, das kommt oben in die Maschine rein, landet aber als durchlaufender Posten bei Spielern und Beratern.« Was sich jedoch sehr wohl durch das ganze Geld ändere, sei die Beziehung zwischen Fans, Spielern und Vereinen. »Die Gehälter werden weiter steigen, die Spieler noch häufiger wechseln. Sprich: Die Kluft zwischen den Leuten, die Fußball schauen, und den Spielern auf dem Feld wird weiter wachsen.«

Auch am Millerntor gehört Heucheln zum Geschäft

Göttlich schaut völlig ernst, als er nun eine Frage in den Raum wirft, die im ersten Moment absurd klingt. Wenn ein Spieler doch so viel wert sei, dass schon eine Muskelzerrung mit dem damit verbundenen Ausfall für eine Begegnung sich auf die Bilanzsumme einer ganzen Spielzeit niederschlagen könne, müsse man die Spieler dann nicht in noch dickere Watteschichten packen? »Können wir überhaupt noch mit dem hohen Gut ›Spieler‹ per Zug zum Auswärtsspiel fahren?«

Nur wenige Wochen, nachdem Oke Göttlich diese Frage in den Raum gestellt hat, wird das Pokalspiel zwischen den Sportfreunden Lotte und Borussia Dortmund unter Verweis auf die Witterungsverhältnisse abgesagt. Dank der geplanten Live-Übertragung, die nun ebenfalls ausfallen muss, sieht ein Millionenpublikum einen fraglos leicht morastigen Rasen, auf dem einige Schneeflocken liegen. Man muss jetzt keine Wasserschlachten längst vergangener Weltmeisterschaften bemühen, nicht die Zeit vor den Rasenheizungen, als jahrelang im Winter orange Bälle nebst 22 Bundesligaspielern zu sehen waren. Man darf aber durchaus feststellen, dass 15.000 Zuschauer, die bereits im Stadion weilten, kein Argument dafür waren, das Spiel anzupfeifen, ebenso wenig wie die Tatsache, dass auch der Drittligist auf dem gleichen Untergrund hätte spielen müssen. Die Partie wurde abgesagt – weil die völlig hypothetische Aussicht, dass sich ein Aubameyang, Bürki oder Reus verletzen könnten, stärker wog.

Umso perverser, dass ein paar Wochen später ein Dortmunder Spiel in der Champions League stattfinden musste, obwohl die Mannschaft einen Tag zuvor nur knapp einem Sprengstoffanschlag entkommen war und verständlicherweise ganz andere Gedanken als ein Fußballspiel im Kopf hatte. Als Parabel auf den heutigen Fußball taugen die beiden Dortmunder Partien allerdings sehr gut. Noch wichtiger als das hohe Gut Profifußballspieler ist dann doch das Geld. Zumindest, wenn es in solchen Dimensionen fließt wie in der Champions League.

Vielleicht sollte man an dieser Stelle aber auch noch einmal eine Banalität wiederholen: St. Pauli ist kein antikapitalistisches Paradies, das war es noch nie. Auch bei St. Pauli dürfen Fans das traditionsreiche Fanturnier nicht mehr auf dem heiligen Stadionrasen austragen, auch bei St. Pauli wird im Jugendbereich gesiebt, bis die Besten in der U23 ankommen, ja, bei St. Pauli sind die Ticketpreise sogar besonders hoch. Und auch der Umgang mit der Tatsache, dass man Under Armour als Ausrüster gewann, war zuweilen ein wenig heuchlerisch. Als Kritik daran aufkam, dass der US-Konzern auch Jagdequipment liefert und das US-Militär ausrüstet, hätte man eine offene Diskussion über die aufgeworfenen Fragen führen können. Über das Militär beispielsweise oder über die Frage, ob Jagd – in der Under-Armour-Werbung, die vielen St.-Pauli-Fans übel aufstieß, posierte eine Jägerin vor einem getöteten Hirsch – denn moralisch wirklich verwerflicher ist als die Massentierhaltung, aus der die Stadionwürste entstammen.

Und man hätte einmal mehr die Frage aufwerfen dürfen, wie man im Profifußball überleben soll, wenn der ethische Anspruch so hoch ist wie der, der an Under Armour gestellt wird. Doch stattdessen schickte man eine Delegation nach Illinois, die überraschenderweise mit den Erkenntnissen nach Hamburg zurückkam, die man dort gerne hört: Under Armour sei gegenüber den Argumenten aus Hamburg nicht nur überaus aufgeschlossen, ja im Vergleich zu anderen Sportartiklern verhalte man sich auch deutlich ethischer, was das unerfreuliche Thema der Produktionsbedingungen angehe. Von Experten wie der »Christlichen Initiative Romero«, die gegen die unmenschlichen Produktionsbedingungen in der Textilindustrie Asiens angeht, wird das mit guten Argumenten als Blödsinn abgetan. Under Armour sei kein bisschen ethischer als Puma, Nike oder Adidas.

Einigermaßen grotesk auch, wie der FC St. Pauli die Tatsache verkauft, dass er für den US-amerikanischen Markt einen separaten Online-Shop eröffnet hat, in dem der Totenkopf Konjunktur hat. Dass man damit Geld verdienen will, schien offenbar zu profan, weshalb Geschäftsführer Andreas Rettig darin »in gewisser Weise auch eine Anti-Trump-Haltung« dokumentiert sah, und der Geschäftsführer der FC St. Pauli Merchandising GmbH & Co. KG., Bernd von Geldern, betonte: »Wir wollen in den USA auch in dunkler Zeit unsere Werte hochhalten.« Nur blöd, dass Under-Armour-Boss Kevin Plank ein großer Trump-Fan ist und in den USA kaum eine Gelegenheit auslässt, das zu betonen. Wie gesagt: Ein bisschen ärgerlich ist weniger der Under-Armour-Deal als solcher, sondern der Versuch mancher Funktionäre, das auch noch in die heile linke Welt einzubetten.

Spagat zwischen Kommerz und Werten
Dass man allein schon durch die Teilnahme am deutschen Profifußball Kompromisse machen muss, stellt auf St. Pauli dankenswerterweise niemand in Abrede. »Wir machen jeden Tag viele Dinge, die mit Fußballromantik nichts zu tun haben«, sagt Göttlich und spricht von einem »täglichen Balanceakt auf der Schwelle zwischen kommerziellen und nichtkommerziellen Entscheidungen«. So sieht es auch Andreas Rettig, der seine Aufgabe als Geschäftsführer und Sportchef als »einen Spagat zwischen Kommerz und dem Erhalt von Werten und Haltung« definiert und nach langen Jahren bei diversen Profivereinen sowie der DFL mittlerweile regelrecht angefixt wirkt vom FC St. Pauli. Dessen Spirit hat er inzwischen so verinnerlicht, dass ehemalige Weggefährten um seine Jobperspektive bangen. »Wenn der bei St. Pauli geht, kriegt er in der Branche nichts mehr«, sagt einer. »Dazu hat er sich zu unbeliebt gemacht.«

Doch trotz des unabdingbaren Spagats zwischen den kommerziellen und den ideellen Interessen ist beim FC St. Pauli die Herangehensweise an die gesamte Vereinspolitik anders als bei den meisten Konkurrenten. Die Forderungen der Fans werden nicht als lästige Störmanöver von Menschen gesehen, die keine Ahnung davon haben, worauf es im Fußball des 21. Jahrhunderts wirklich ankommt. Stattdessen betrachtet man Fans als Menschen, deren Ideen man vielleicht nicht immer unreflektiert übernehmen kann, die aber die gleichen Ziele haben wie die Vereinsführung. »Andere Fußballoffizielle haben für sich die Entscheidung getroffen, es geht nur noch über den kommerziellen Weg, in allen Bereichen. Das finde ich falsch«, sagt Göttlich. »Wir gehen stattdessen den schwierigeren Weg des Miteinanders von Wirtschaftlichkeit und Fankultur, weil sonst der Fußball nicht mehr das ist, was ihn ausmacht.«

Investoren, das sagt auch Rettig, kämen nicht infrage, wenn sie Renditeerwartungen mit ihrem Engagement verbänden. Denkbar wäre ein Investor nur, »wenn der Investor ein Mäzen ist, ihnen also ein ›Return on Sympathie‹ ausreicht, und alle Gremien damit einverstanden wären«, so Rettig Ende 2016 auf *Bild.de*. Da aber genau die Gewinnerwartung einen Investor von einem Sponsor unterscheidet, schließt Rettig damit einen Investor de facto aus. Denn welcher Investor würde aus einem anderen Motiv investieren als dem, dass er für einen Euro irgendwann mal mehr als einen Euro zurückbekommt? Außer Red Bull natürlich, das aus reiner Liebe zum Sport agiert, wie dort allen Ernstes behauptet wird.

Wer Präsident auf St. Pauli ist, muss immer wieder um Vertrauen werben, immer wieder nachweisen, dass man sich auf sein Wort verlassen kann. Er muss damit rechnen, dass er mitten in der Nacht WhatsApp-Nachrichten zur Vereinspolitik bekommt und dass er beim Elternabend der Söhne auf die Ticketpreise angesprochen wird. Man kann davon ausgehen, dass nicht jeder St.-Pauli-Funktionär das zu jeder Tages- und Nachtzeit angenehm findet. Aber im Moment trifft man am Millerntor niemanden, der es anders besser fände. Vielleicht läuft es ja gerade deshalb so gut beim FC St. Pauli.

Gelebte Demokratie

Was einen Verein zu einem Verein macht, kann man vielleicht nirgendwo besser beobachten als beim FC St. Pauli mit seinen dutzendfachen Verästelungen, der Initiative für Geflüchtete, den G20-Gegnern, den Stadtteilaktivisten. Doch zu solch einem vielfältigen Verein gehört weit mehr als die diversen Betätigungsfelder für die oft recht ähnlich sozialisierten Mitglieder der Fanszene zwischen 20 und 50 Jahren.

Da wäre zum Beispiel noch der »Alte Stamm«, ein Zusammenschluss älterer Mitglieder und ehemaliger Spieler, der sich einmal im Monat im Klubheim trifft und meist einen Funktionär oder ehemaligen Spieler zum Gedankenaustausch einlädt. Viele von ihnen waren schon am Millerntor, als die Zuschauerzahlen des FC St. Pauli 1.500 nicht überschritten und die meisten der heutigen Stammgäste noch lange nicht geboren waren oder zum HSV gingen. Da prallen manchmal auch konträre Meinungen aufeinander. Als sich der »Alte Stamm« Anfang März 2017 traf, hatte kurz zuvor eine Banneraktion der St.-Pauli-Ultras für Aufsehen gesorgt. »Schon eure Großeltern haben für Dresden gebrannt« und »Gegen den doitschen Opfermythos« stand auf Transparenten, die zum Heimspiel gegen Dynamo Dresden gezeigt wurden.

Einen Anlass dafür gab es nicht. Weder gab es in Dresden oder irgendwo sonst in der Republik in jenen Tagen einen revanchistischen Aufmarsch, noch hatte sich die Dresdner Fanszene zuvor in irgendeiner Weise politisch positioniert. Die Aktion folgte offenbar lediglich der bestechenden Logik, dass Dynamo-Fans wohl schon irgendwie das Gleiche seien wie Pegida-Anhänger, vermischt mit der These, dass jedes Opfer der Bombardierung Dresdens auch »Täter« war. Also eine ganz und gar schwachsinnige Aktion, die auf einer doppelten Pauschalisierung beruht. Es sei denn, man denkt, der rechtsextreme Opfermythos sei am besten durch einen Tätermythos zu kontern, der auch Babys und Antifaschisten zu Verantwortlichen für das Verbrechensregime der Nazis macht.

Offenbar sah das auch der »Alte Stamm« so, denn der schrieb auf der Vereinshomepage über die »dämlichen Banner auf der Südtribüne« und bat darum, »vorher das Gehirn einzuschalten«. Und dann wurde es inhaltlich: »Viele von uns haben den Zweiten Weltkrieg als Kinder noch in Erinnerung, und in Hamburg sah es nicht viel besser aus als in Dresden, sie [die Kinder, d. Verf.] konnten auch nichts dafür.« Das war nun wieder eine Einlassung, die für rege Diskussionen in der St.-Pauli-Fanszene sorgte. Diskussionen, wie sie viele Macher im Bundesliga-Business einfach nur lästig finden. Dabei gibt es ein schönes griechisches Wort dafür. Es heißt »Demokratie.«

Sterbenslangweilige Allianz Arena

Der VFC Plauen war am Ende. Seit dem Neustart sind langjährige Fans an den Schalthebeln, denen Fußball gerade dann Spaß macht, wenn sie die meisten Menschen beim Auswärtsspiel kennen. Sie haben dem Oberligisten erst mal Realismus verordnet und integrieren ein Team aus Geflüchteten. Es könnte also etwas entstehen im Vogtland – wenn nicht so viele Menschen ihr Geld lieber den Bayern oder RB Leipzig geben würden als dem VFC.

Volker Herold ist Mitte dreißig und ein Fossil. Nicht, was Musikgeschmack oder Freizeitverhalten angeht. Aber sein Verständnis von Fußball, das hat dieser Tage nicht unbedingt Hochkonjunktur. In der Fußballneuzeit, über die er immer wieder den Kopf schüttelt, springen Kinder aus Gera und Groß-Gerau wie selbstverständlich in Real-Madrid- und Bayern-Trikots herum. Aber den Weg zum Stadion ihres Heimatvereines finden sie nicht ohne fremde Hilfe. Kein Wunder, denn ihre Eltern meinen ihr Sky-Abo, wenn sie von sich behaupten, dass sie am Wochenende Fußball gucken.

Schon als Fan eines Zweitligavereins kann es einem ja so gehen, dass vermeintliche Fußballfans nicht wissen, in welcher Liga der eigene Verein spielt. »Bielefeld? Ach, die sind in der 2. Liga? Man bekommt ja nicht so mit, was in den unteren Ligen passiert.« Es wird dann höchste Zeit, schnell so zu tun, als müsse man ganz plötzlich auf Toilette. Als Fan des VFC Plauen muss man bei entsprechenden Fragen noch viel weiter ausholen, vielleicht sogar so weit, bis man tatsächlich auf Toilette muss. »Oberliga«, muss man dem Ignoranten antworten. »Oberliga Nordost, Süd«. Aber das reicht noch nicht. Man muss nachschieben, dass das die fünfthöchste Spielklasse ist.

Gepriesene Tradition, tumbe Neuzeit. So einfach wäre diese Geschichte zu erzählen, wenn der VFC Plauen so etwas wäre wie Lok Leipzig oder Rot-Weiss Essen. Ein altersschwacher Riese, dem immer noch tausende beim Sterben zusehen wollen, weil sie der Hoffnung nachhängen, dass irgendwo unter all der Asche ein Phönix vor sich hin pennt.

Doch der VFC, gegründet 1903, ist zwar fraglos ein Traditionsverein, aber eben einer, der nie im Rampenlicht stand. Kein Phönix, eher der Spatz in der Hand. Fans von Lok, mit denen der VFC in der Saison 2015/16 noch die Spielklasse teilte, haben Geschichten von früher zu erzählen, als es gegen die Großen des DDR-Fußballs und manchmal gar gegen europäische Topklubs ging. Beim VFC fallen die Heldengeschichten im kleineren Karo aus. In einem dieser Karos steht ein Erstrundensieg im DFB-Pokal gegen Alemannia Aachen. In einem anderen finden sich Spiele gegen Dresden oder Aue, bei denen jeweils mehr als 8.000 Zuschauer den Weg ins Vogtlandstadion fanden. Das ist für Plauen fast schon so etwas wie die große weite Fußballwelt. Ebenso wie der 92-fache bulgarische Nationalspieler Krassimir Balakow, der mal kurzzeitig als sportlicher Berater und Spieler zum VFC kam. Für den bestritt Balakow ein Spiel, nun ja. Aber man könnte eben auch sagen: Er bestritt das letzte Punktspiel seiner ruhmreichen Karriere beim VFC – und genau so wird die Geschichte in Plauen ja auch kolportiert.

Inkompetenz, Dünkel, Vetternwirtschaft
Man kann es nicht anders sagen: Der Vogtländische Fußball-Club Plauen (zwischenzeitlich: BSG Motor Wema) ist weit davon entfernt, das Aushängeschild der Region zu sein. Das liegt zum kleinen Teil an eigenen Fehlern und zum größeren schlicht an der geografischen Lage. Fußballerisch liegt Plauen eingezwängt zwischen Chemnitz, Zwickau und Aue, das sie hier nur den »Schacht« rufen, das die Plauener Kids aber als veritabler Zweitligist weit mehr interessiert als der eigene Verein. Nach Nürnberg sind es auch nur zwei Stunden. Und dann wäre da noch der Zuschauermagnet schlechthin: Wenn am Wochenende die gelb-schwarz gekleideten Fußballfans in den Bahnhöfen im Vogtland in die Züge drängen, sind es eben nicht die Anhänger des gelb-schwarzen VFC, sondern die von Dynamo Dresden.

Auch die Situation in Plauen selbst kommt dem VFC nicht zupass. Er ist einer von sage und schreibe 15 Fußballvereinen in der Stadt. Mindestens so zahlreich sind die wechselseitigen Animositäten. Zudem ist die Oberliga ein Spannungskiller erster Güte. Es gibt nur einen Aufsteiger. Wenn der mit einem vielversprechenden Vorsprung enteilt ist, geht es für alle Vereine, die nicht gerade abstiegsgefährdet sind, nur noch um die goldene Ananas. Und dennoch: In der Nische, die es für den VFC dann trotz all der Widrigkeiten über Jahrzehnte hinweg gab, hatte man sich gemütlich eingerichtet. Von 1996 bis 2000 spielte der Verein immerhin vier Jahre lang in der Regionalliga, damals noch die dritthöchste Spielklasse. Von den Auswärtsspielen in Babelsberg oder Lübeck zehren viele noch heute, die jetzt nach Barleben und Sandersdorf müssen. Danach ging es bis 2015 immerhin durchgehend viertklassig weiter. 1.500

Zuschauer kamen meist schon zu den Spielen. Wenn ein prominenter Gegner kam, auch mal 4.000. Auswärts trafen sich die immergleichen 100 bis 200. So hätte es weitergehen können. Wenn, ja wenn die Verantwortlichen am 1. Dezember 2014 nicht Antrag auf Insolvenzverwaltung hätten stellen müssen. Schuld war die in den Regional- und Oberligen so beliebte Mischung aus Inkompetenz, Dünkel und Vetternwirtschaft, der einige der damaligen Verantwortlichen jahrelang frönen konnten, ohne dass allzu viele Menschen kritische Fragen gestellt hätten.

Pöbelmails werden ignoriert
Damals brauchte der Verein buchstäblich jeden Euro, um in der darauffolgenden Saison wenigstens in der Oberliga weitermachen zu können. Jeder, der im Saisonfinish eine Eintrittskarte kaufte, tat also ein gutes Werk. Das war das eine. Es ging aber auch darum, noch einmal ein Zeichen zu setzen – auch eines an die Sponsoren –, dass eine Stadt mit 66.000 Einwohnern einen Viertligisten als Bereicherung empfindet. Doch das Zeichen blieb aus. Zum letzten Heimspiel der Saison kamen nur 700 Plauener – die gut 800 Zwickauer Anhänger im Gästeblock hatten in der Fremde ein Heimspiel.

Niederschmetternd war das vor allem für diejenigen, die sich schon Wochen zuvor auf den Kopf gestellt hatten, um eine Suppe auszulöffeln, die ihnen andere eingebrockt hatten: all die ehrenamtlich arbeitenden Ordner, die Leute, die die Facebook-Seite neu gestalteten und die allerlei gute Ideen für die Zukunft hatten. Leute wie Herold oder Eric Holtschke, der in Prag und Plauen lebt, im Vorstand des VFC ist und nun auf SPD-Ticket für den Bundestag kandidiert. Als Mirko Kluge, der sich in Plauen für Geflüchtete einsetzt, mit einer entsprechenden Bitte auf den Verein zukam, dauerte es nicht lange, bis die Flüchtlingsmannschaft »1903 % Respect« gegründet war. Die Spieler sind alle Mitglied im Verein und dort immer besser integriert. Pöbelmails, die Holtschke bekommt, ignoriert er da liebend gerne.

Überhaupt hat der deutlich verjüngte Vorstand den Neustart gut hinbekommen. Mit viel Mühe und Idealismus hat er es geschafft, dass das Insolvenzverfahren eröffnet werden konnte und der Verein nicht gleich getilgt werden musste. Das ermöglichte überhaupt erst den Neustart in der Oberliga. Seither befindet sich der Verein in der Konsolidierungsphase. 2015/16 landete man auf Rang zwölf und war damit nicht so ganz zufrieden. In der Saison darauf war es Platz neun, die Richtung stimmt also.

Seit Januar 2016 haben sie einen Trainer, den sie am liebsten länger behalten würden. Nico Quade, vorher beim FSV Zwickau tätig, ein kantiger Typ, dessen Stärken Herold wie folgt beschreibt: »Mitreißende Ansprache, fachlich hervorragend. Was er macht, hat einfach Hand und Fuß.« Tabellenplatz neun ist nah am Optimum dessen, was mit der jungen Mannschaft zu schaffen ist. Denn bei allem Ehrgeiz – eine Rückkehr in die 4. oder gar 3. Liga kann höchstens ein mittelfristiges Ziel sein. »Wir wollen oben mitspielen und den Leuten guten Fußball zeigen«, sagt Herold. »Aber von der Infrastruktur her können wir uns keinen Aufstieg leisten«. Es sind realistische Töne, die die meisten VFCer zu schätzen gelernt haben. Große Ankündigungen, die kurz darauf zerplatzen, haben sie vorher zu lange gehört.

Die Vorbehalte dem Verein gegenüber kann Herold nur allzu gut verstehen, es ging ihm ja jahrelang selbst so. Was er nicht so gut verstehen kann, ist, dass es so lange dauert, bis die Plauener ihre Skepsis aufgeben. Dass sie ohne mit der Wimper zu zucken ein teures Sitzplatzticket bei den Bayern oder RB Leipzig kaufen oder auf dem Weihnachtsmarkt vier, fünf Glühwein trinken, ihm dann aber im Brustton der Überzeugung versichern, sie hätten doch keine fünf Euro übrig, um sich ein Ticket für den VFC zu kaufen. »Für uns ist das fatal«, sagt Herold, »denn von den Sponsoren hören wir, dass es ab einer Zuschauerzahl von 1.000 aufwärts für sie erst interessant wird, sich bei uns zu zeigen.«

Immerhin hat der VFC nun wieder so etwas wie ein Vereinsleben. Im Sommer 2016 wurde Thomas Sesselmann mit großen Feierlichkeiten verabschiedet, er war über 30 Jahre lang beim VFC als Mannschaftsleiter und Torwarttrainer. Dass er 2008 ein Angebot von RB Leipzig ablehnte und lieber in Plauen blieb, macht ihn für viele noch sympathischer. Zu seinem Abschied kamen auch alte VFC-Recken wie Marco Hölzel und Christian Reimann. Der VFC hat immerhin eine Fanszene, die diesen Namen verdient, er hat eine kleine, aber engagierte Ultraschar, ein rühriges Fanprojekt. Und die üblichen Konflikte zwischen Jüngeren und Älteren. Viele, die schon seit Jahrzehnten dabei sind, haben mittlerweile geheiratet und gehen zum Teil lieber mit denen nach dem Spiel was essen, die schon vor 30 Jahren geheiratet haben. Die wenigen ganz Jungen pflegen derweil einen Ultra-Lifestyle.

Kürzlich hat Herold einen Mittwochabend in München verbracht, er hat sich Bayern gegen Hertha angeschaut. Für eine Currywurst und eine Cola zahlt man in der Allianz Arena 7,80 Euro. Herold hat sich gewundert, wie viele Leute sehr viel Geld in so einem Stadion lassen und danach davon schwärmen, wie toll der Tag gewesen sei. Ihm selbst war irgendwann so sterbenslangweilig, dass er den Schlusspfiff regelrecht herbeigesehnt hat.

Der Dreisatz der Stagnation

Rot-Weiß Oberhausen ist ein pulsierender Traditionsverein. Aber er hat kaum noch eine Chance, die Regionalliga wieder zu verlassen. So viel Geld, wie man haben muss, um im Wettrennen mit den Neureichen bestehen zu können, hat RWO nicht. Doch der charismatische Präsident wundert sich nicht nur über die Verbände, sondern auch über die angeblichen Fußballromantiker in den Fankurven der Erstligisten. Dass die den Kampf »gegen den modernen Fußball« dort führen, wo eine Working-class-Attitüde nur inszeniert wird, versteht er nicht.

An der Wand hängen Schwarz-Weiß-Bilder aus vergangenen Tagen. Es waren Tage, an denen in Oberhausen noch Pokale in die Luft gehalten wurden. RWO spielte jahrzehntelang in der 2. Liga und in den 1970ern auch mal vier Jahre in der Bundesliga. In den guten alten Zeiten, als noch bei Wind und Wetter gekickt wurde und noch kein Mensch wusste, was ein VIP-Raum sein sollte. In den Zeiten, in denen es Lachs und Kaviar nur an Weihnachten bei den reichen Verwandten im Essener Süden gab. Ältere Menschen würden den einen oder anderen Protagonisten aus dieser Zeit auf den Bildern hier wiedererkennen: Manfred Burgsmüller, Wolfgang Kleff, Ditmar Jakobs. Auch aktuelle Bundesligaspieler wie Christopher Nöthe, Gideon Jung oder Max Meyer findet man an der Wand. Auch sie sind von Rot-Weiß Oberhausen aus in die 1. und 2. Liga gewechselt.

Lachs und Kaviar gibt es hier im VIP-Raum von RWO übrigens gar nicht: nicht nach dem Spiel und nicht jetzt, etwa eine Stunde vor Anpfiff der Partie der ersten Mannschaft gegen die U23 von Borussia Mönchengladbach. Stattdessen gibt es eine Salatbar und Nudeln mit Gemüse oder Gulasch. Nach einem Glas Wein fragt kaum einer, hier gehört zum Fußball das Pils vom Fass. Und die VIPs, die vielen Klein- und wenigen Großsponsoren des Vereins, benehmen sich auch nicht wie eine Ansammlung von Wichtigtuern, sondern wirken wohltuend normal. Als draußen das B-Jugendspiel zwischen RWO und Bochum angepfiffen wird, zieht es viele raus auf die Terrasse zum Zugucken. Auch das ist ein gutes Zeichen: Es geht um Fußball.

»Nach Essen und Aachen haben wir den größten VIP-Raum der Regionalliga West«, sagt Hajo Sommers. »Aber hier ist alles handfester, es gibt nicht so viel Geschabbel und keine Logen.« Geschabbel ist Ruhrpott-Deutsch und zeigt, dass manches besser im Dialekt auszudrücken ist. Wer das anders sieht, möge »Geschabbel« mit »affektiertes Gehabe« übersetzen. Sommers ist Präsident von RWO, und es wäre wohl leicht, diesen Mann in die gängigen Ruhrgebietsklischees zu pressen, in die »Hömma«- und »Wat«-Endlosschleife, die man aus manchem Kabarettprogramm kennt. Doch die aktive Ruhrgebietsverherrlichung (»Anderswo is auch scheiße«), wie sie mittlerweile schon auf T-Shirts gedruckt wird, ist von ihm genauso wenig zu bekommen wie die dazugehörige Rhetorik von der »ehrlichen Arbeit« und den »ehrlichen Menschen«.

Aber wer ihn reden hört, ahnt, dass ihm die Mentalität hier durchaus liegt. Sommers ist in Oberhausen aufgewachsen, er ging schon als Kind mit dem Vater zu RWO, er arbeitet noch heute hier, »weil sich das so ergeben hat«. Und vielleicht auch ein kleines bisschen, weil es anderswo eine Sprach- und Mentalitätsbarriere gäbe. Sommers drückt sich präzise aus, facettenreich, ironisch. Aber wenn er berichtet, dass er vor elf Jahren Präsident wurde, obwohl er keine Reichtümer einbringen konnte, sagt er: »Ich komme ja aus der Kultur und habe einen nackten Arsch.« In Bochum oder Oberhausen redet man so. Warum auch nicht?

Man kann sich schon denken, dass er sich selbst nicht für einen ausgemachten Vollidioten hält. Doch als er gefragt wird, ob er als Leiter eines Theaterbetriebs nicht prädestiniert gewesen sei für den Präsidentenjob, sagt er: »Ich war wohl der Einzige, der kein Parteibuch hatte und keine Leichen im Keller.« Seither haben Hajo Sommers und Rot-Weiß-Oberhausen viel gemeinsam erlebt: drei Jahre 2. Liga, zwei Jahre 3. Liga und nun schon das fünfte Jahr in Folge Regionalliga. Seit er 2007 ans Ruder kam, hat er viele seiner damaligen Vorstellungen über Bord werfen müssen. »Mein Traum war immer ein Rot-Weiß, bei dem es scheißegal ist, ob wir 4. Liga spielen, bei dem die Leute trotzdem kommen, am besten 5.000. Weil es nicht um Titel und Pokale geht, sondern darum, sich einen schönen Nachmittag mit unseren Jungs zu machen.«

Sommers muss selbst lachen, als er das sagt. Lange her. Heute ist er schon damit zufrieden, wenn er ein kleines bisschen von dem herüberretten kann, was ihn damals angetrieben hat, wenn das Familiäre nicht gänzlich den Bach runtergeht. Bevor er später auf die Haupttribüne geht, hält er einen kleinen Schwatz mit ein paar Hooligans, ein paar Stadionverbotlern und mit anderen Dauerkartenbesitzern.

Ohne »den Scheiß von hinten« würde Sommers etwas fehlen
Grob geschätzt jeder Zehnte der 1.000 Dauerkartenkunden grüßt ihn oder wechselt ein paar Worte. Familiär ist es hier also schon. »Und wenn ich gleich auf meinem Platz sitze, weiß ich, was ich mir wieder für einen Scheiß von hinten anhören darf«, sagt er. Sein Tonfall verrät, dass ihm ohne den Scheiß von hinten echt was fehlen würde. Aber Sommers ist halt auch nachdenklicher geworden nach all den Jahren. »Das alles finde ich gut hier«, sagt er. »Und ich mag auch unsere Spieler. Aber muss man deswegen Präsi sein? Das frage ich mich seit einer Weile …« Es ist eine Frage, die nicht ohne Antwort blieb. In zwei Jahren will Sommers sein Amt zur Verfügung stellen. Er will dann sagen können, dass er es unter den gegebenen Umständen schlechter hätte machen können. Irgendwie ist es halt wie bei Bertolt Brecht und dem guten Menschen von Sezuan: Ideale sind eine feine Sache, aber nicht, wenn man sie in einer Welt umsetzen will, in der andere die Bedingungen diktieren.

Der Alltag als Verantwortlicher bei Rot-Weiß Oberhausen bedeutet dann auch nicht nur die Verwaltung des Mangels – damit ließe sich leben. Er bedeutet einen pragmatischen Umgang mit lauter Dingen, die jemand wie Sommers eigentlich radikal ablehnt:

Eigentlich, findet Sommer, sollten Jugendliche möglichst lange Fußball spielen, ohne dabei vom großen Geld abgelenkt zu werden. Doch in der Realität muss er längst auch einem 14-Jährigen schon einen Vertrag anbieten, damit RWO wenigstens ein paar Euro kriegt, wenn er als 16-Jähriger nach Schalke oder Dortmund wechselt. »Kinderhandel«, nennt Sommers das. Und weiß von Vereinen zu berichten, die schon Zehnjährige mit Geld und Geschenken locken.

Eigentlich fände es Sommers gut, wenn die Jugendspieler in den eigenen Verein hineinwachsen, ein Verhältnis zu den Trainern aufbauen, zu den Leuten auf der Geschäftsstelle, wenn sie die Profis kennenlernen und im Idealfall sogar verstehen, dass auch die Reinigungskraft zum großen Ganzen dazugehört. Doch in der Realität weiß er, dass »vielleicht zwei Jungs in unserer U19 ein Herz für den Verein haben. Alle anderen wollen das Kleeblatt auf der Brust nur möglichst schnell loswerden und nach Schalke oder sonst wohin wechseln.«

Eigentlich ist es in der ersten Mannschaft nicht viel anders. »Wenn einer kommt und ein paar Hunderter mehr zahlt, sind die meisten heute noch weg.« Sommers versucht dagegenzuhalten und einen Stamm von fünf, sechs Spielern zu binden, damit die Fans auch nach der Sommerpause noch jemanden wiedererkennen.

Und weil sie bei RWO wissen, wie schnell die Spieler und ihre Beine dennoch weg sind, haben sie auch in Steine investiert. Sie haben eine schmucke Fankneipe gebaut, ein Nachwuchsleistungszentrum, es gibt jetzt auch Kunstrasenplätze. Es sind die Dinge, auf die Sommers stolz ist. Denn ein bisschen von dem, was er sich unter Fußball vorstellt, hat er ja doch voranbringen können, trotz all der Sachzwänge.

Alles schön und gut, vor allem mittelfristig, aber was zählt, vor allem in den Augen der Fans, ist halt der Tabellenstand der ersten Mannschaft. Und da reicht es 2016/17 wieder nicht zum Aufstieg. Doch eigentlich müsste Sommers darüber fast froh sein, denn weil RWO mit 15 Zählern Rückstand auf die Tabellenspitze überwinterte und selbst die kühnsten Optimisten nicht damit rechneten, dass man noch mal vorne angreifen würde, hat man im Winter nicht mal die Lizenz für die 3. Liga beantragt. Die Kosten von bis zu 40.000 Euro fürs Testat hat man sich so auch gespart. Nicht auszudenken, was passiert wäre, wenn RWO die Siegesserie, die man im Frühjahr startete, fortgesetzt und Viktoria Köln noch eingeholt hätte. Man hätte den reichen Rheinländern dann dennoch den Vortritt lassen müssen.

Während im Hintergrund die Oberhausener B-Jugend ein Gegentor kassiert und die Vorfreude aufs Spiel der ersten Mannschaft steigt, seufzt Sommers: »Eigentlich wäre alles gut. Ein Sponsor mehr mit 500.000 Euro im Jahr, dann sind wir hier alle glücklich …« Doch die meisten Sponsoren, die in Aachen, Essen, Wattenscheid oder Oberhausen die Hoffnung neu entfachen würden, kaufen lieber in Schalke und Dortmund ein paar Quadratmeter freie Werbefläche, als auf die Brust eines Regionalligisten zu gehen. Der Teufel scheißt eben immer auf den größten Haufen. Und das bleibt nicht ohne Folgen: RWO hat gerade seine zweite Mannschaft abgemeldet – natürlich aus Kostengründen. Und mit einem elend schlechten Gewissen, denn dass man beim Nachwuchs als Letztes sparen sollte, wissen sie ja eigentlich. Doch auch der ist eben dran, wenn man anderswo schon bis zum Limit gegangen ist.

Eigene Fehler

Dabei ist natürlich auch Rot-Weiß Oberhausen nicht nur das Opfer einer Dynamik, die die großen Haufen jedes Jahr noch größer macht. Im letzten Zweitligajahr 2010/11 wurde der stets so vernünftig wirtschaftende Verein unvernünftig. Im Winter, als sich der Abstieg bereits drohend am Horizont abzeichnete, wollte man sich mit aller Macht dagegenstemmen und verpflichtete noch ein paar teure Neuzugänge. RWO stieg trotzdem ab. Nur dass es jetzt 2 Mio. Euro Schulden hatte. »Plötzlich hatte jeder auf der Geschäftsstelle drei Handys«, erinnert sich Sommers. »Das Personal war weg, aber die Handyverträge, die konnte man nicht kurzfristig kündigen.«

Sommers und RWO haben damals den Fehler gemacht, den die meisten Zweitligisten machen: Sie bilden keine Rücklagen in den Zeiten, in denen die TV-Einnahmen noch fließen. »Von den damals 4 Mio. Euro an Fernsehgeldern solltest du tunlichst 2 Mio. beiseitelegen«, weiß Sommers heute. Ein Gebot der wirtschaftlichen Vernunft, sagen sie bei den Verbänden. Und sie haben ja recht.

Aber kann man es einem Verein wirklich verübeln, wenn er mit aller Kraft nach dem Seil greift, das ihn vorm Absturz in die Tiefe retten soll? Auch wenn man weiß, dass ein Seil reißen kann, greift man ja danach. Zumindest, wenn die Alternative ist, in einen Abgrund zu fallen, aus dem man nicht mehr herauskommt. Durchschnittlich 7,9 Mio. Euro haben die Zweitligisten in der Saison 2016/17 an Fernsehgeldern bekommen. Die Absteiger bekommen in der 3. Liga nur noch etwas mehr als 700.000 Euro. Weniger als ein Zehntel. Irgendwie ist es dann ja doch nachvollziehbar, wenn man 2 Mio. Euro mehr ausgibt in der Hoffnung, ein paar Monate später nicht 7 Mio. Euro weniger zur Verfügung zu haben.

So war es auch bei RWO, wo man zu viel Geld ausgab, um dem Abstieg in die 3. Liga zu entgehen. Doch der war nicht mehr zu vermeiden. Und nun hatte man in der 3. Liga nicht mehr genug Geld, um wenigstens dort die Klasse zu halten. RWO stieg nur ein Jahr nach dem Zweitliga-Abstieg erneut ab, diesmal in die Regionalliga. Und dort ist man immer noch. Mit einer klaren Zielvorstellung – und dem noch klareren Wissen, dass man eigentlich keine Chance hat. »Die 2. Liga ist das Ziel, das du hast, damit es überhaupt weitergeht«, sagt Sommers und lächelt. »Du musst dabei nur ausblenden, dass dazwischen noch die 3. Liga kommt.«

Dass sich zwischen den Ligen in Deutschland jeweils eine Lücke auftut, liegt in der Natur der Sache. Die Oberliga ist schwerer zu finanzieren als die Verbandsliga, die Regionalliga schwerer als die Oberliga und so weiter. Aber was sich zwischen der 2. und der 3. Liga auftut, ist keine Lücke mehr, sondern der Marianengraben unter den Gräben. Sommers findet das auch, aber er lässt die Gelegenheit zum Lamento verstreichen. Die Aufstiegsregel für die Regionalliga, die schmalbrüstige Unterstützung für die 3. Liga, all das nennt er schon eine »Unverschämtheit«, aber er würde es doch gerne im größeren Zusammenhang sehen, denn in der Oberliga und in der Landesliga, da sei es »ganz böse«. »Der große deutsche Fußball«, sagt Sommers, »der lebt davon, dass irgendein Bekloppter in der Landesliga 100.000 Euro gibt. Und dass ebendieser Landesligist dann den nächsten Reus oder den nächsten Sané ausbildet. Dann ist der weg, spielt ganz oben, und die Verbände stellen sich hin und sagen: Guckt mal, welche Talente wir hier großziehen.«

So ähnlich sieht das auch Claus-Dieter Wollitz, der Trainer des Nordost-Regionalligisten FC Energie Cottbus, dem die Unterfinanzierung der Liga so sehr an die Nieren ging, dass er sich im Frühjahr 2017 via *Lausitzer Rundschau* Luft verschaffte: »Der DFB interessiert sich dafür, dass die Nationalelf funktioniert, dass viel Geld eingespielt wird und dass hohe Geldstrafen ausgesprochen werden«, sagte er. Und weiter: »Was bei der Nationalmannschaft geleistet wird, ist sensationell. Aber wie der DFB die kleinen Vereine unterstützt, ist an Lächerlichkeit nicht zu überbieten.« Da das die meisten Fußball-Funktionäre so sähen (zumindest die unterhalb der beiden DFL-Ligen), man aber bislang immer alles brav geschluckt habe, müssten nun schärfere Geschütze aufgefahren werden, so Wollitz. »Ich fordere die Regionalligisten auf – nicht nur Nordost, sondern alle fünf Staffeln –, komplett in den Streik zu gehen und den Fußball zu revolutionieren. Wenn einer nicht mehr antritt, dann fangen die Herren mal an, darüber nachzudenken, was hier eigentlich los ist«, sagte er. Seine Worte lösten ein großes Medienecho aus, das aber – wie es eigentlich immer ist, wenn über wirkliche Reformen im deutschen Fußball diskutiert werden soll – schnell abflaute, weil zu wenige Funktionäre Wollitz öffentlich beisprangen. Dabei teilt hinter meist vorgehaltener Hand wohl so ziemlich jeder Regionalliga-Manager und -Trainer die Sicht des Cottbusser Coachs: »Ich möchte einfach, dass diese Liga mehr lebt und interessanter wird. Im Moment macht man diese Liga total kaputt. Aber das interessiert den DFB nicht.«

»Ein ganz krankes Geschäft«

Dass Wollitz in der Sache recht hatte mit seiner Kritik, wird in den fünf Regionalligen fast unisono so gesehen. Der Cottbusser Trainer hat das Problem exakt beschrieben, ist aber bei den Lösungsversuchen ein wenig übers Ziel hinausgeschossen. Das findet auch Sommers (»So einfach geht's nicht«), der natürlich weiß, dass die Vereine vertraglich dazu verpflichtet sind, am Spielbetrieb teilzunehmen, was einen Streik, wie er von Wollitz vorgeschlagen wurde, ausschließt. Aber musste die Debatte, die Wollitz ja vor allem anstoßen wollte, deswegen wirklich so schnell versanden? Ein paar größere Meldungen, zwei, drei abwägende Äußerungen aus der Branche, und schon war das Thema wieder in Vergessenheit geraten.

Sommers wundert das nicht. Er hält es schließlich sowieso für eine Illusion zu glauben, es gebe so etwas wie Solidarität im Fußball: »Wenn einer wegstirbt, klatscht der Rest«, sagt er. »Denn dann spielst du selbst ja höher. Fußball ist da ein ganz krankes Geschäft.«

Dabei wäre es eine gute Idee, wenn zumindest die Regionalligisten, die höhere Ziele haben, lernen würden, mit einer Stimme zu sprechen. Denn ein Großteil der Probleme, die sie plagen, sind strukturelle Probleme, die alle treffen. Finanziell, rechnet Sommers vor, ist die Regionalliga »ein einziges Desaster«. Die Zuschauerzahlen sind im Heim- wie im Auswärtsbereich zumeist sehr überschaubar – und damit die Einnahmen, die bei RWO etwa ein Fünftel des Etats ausmachen. Die Unentwegten, die kommen immer, selbst gegen Wiedenbrück, Verl oder wie heute gegen die zweite Mannschaft von Borussia Mönchengladbach. Weniger als 1.517 Zuschauer (gegen Verl) werden es im Niederrheinstadion nie, aber mehr als 2.500 eben auch nicht. Es sei denn, der große Rivale aus Essen kommt gerade vorbei – gegen RWE kamen fast 5.600 Zuschauer. Dann ist ausnahmsweise auch mal im Gästeblock etwas los. In der Regel bräuchte der allerdings gar nicht erst geöffnet zu werden. Denn weder Sprockhövel noch die Düsseldorfer »Amateure« bringen eine nennenswerte Zahl Anhänger mit. Den daraus folgenden Dreisatz der Stagnation referiert Sommers in aller gebotenen Sachlichkeit: »Wenige Zuschauer, deshalb wenig Medienpräsenz und deshalb wenige Sponsoren.« Besagter Dreisatz wäre allerdings ein deutlich geringeres Problem, wenn Waffengleichheit herrschen würde. Denn Essen oder Aachen haben ja genau die gleichen Probleme, wenn sie gegen Verl und Gladbach II spielen.

Doch eine solche Waffengleichheit gibt es in den Regionalligen nicht, sagt Sommers: »Um halbwegs mithalten zu können, brauchst du einen Etat, der konkurrenzfähig sein muss mit dem der U23 von Köln, Dortmund, Gladbach, Schalke, Düsseldorf, wie sie alle heißen.« Vereine, die ihre Etats nicht einmal ausweisen müssen, die aber den von Essen, Aachen, Oberhausen oder Wuppertal um ein Vielfaches überschreiten dürften.

Man wäre gerne dabei gewesen, als der quasi gebürtige RWO-Fan Sommers 2007 Präsident wurde. Wie dachte er damals über die Zusammenhänge im Fußball? Heute jedenfalls sagt er: »Fußball ist Geld und sonst nichts, und zwar ab der Kreisliga C und ab der U12.« Und natürlich erst recht in der Regionalliga West. Aber was wäre denn nun, wenn der nächste Scheich nicht in München oder Liverpool anklopft, sondern im nördlichen Ruhrgebiet, bei Rot-Weiß Oberhausen? Sommers überlegt einen Moment. Ein Zögern, nur kurz. »Ich würde den nehmen. Das kann dann vielleicht sogar Spaß machen, wenn das nicht so eine komplette Hohlbratze ist.«

Schon seine Sicht der Gegenwart könnte unverklärter kaum sein. Doch was die Zukunft des Fußballs angeht, macht sich Sommers gleich gar keine Illusionen. »Rot-Weiß Oberhausen heißt in zehn Jahren irgendetwas wie ›Schrauben-Müller-Oberhausen‹«, vermutet er. Es sei unausweichlich, dass die Vereine alles zu Geld machen müssten, selbst wenn das so niet- und nagelfest sei wie ein Stadion. »Du machst alles, um Kohle zu kriegen, weil du sie brauchst«, sagt Sommers. Es ist ein Satz, der auch von Junkies auf Entzug stammen könnte. Und weil Heroin auf Dauer ebenfalls nicht so wahnsinnig gesund sein soll, hat das alles auch Konsequenzen für das Vereinsleben. Einen Verein, wie ihn sich Sommers vorstellt, als Zusammenschluss von Menschen, die die Liebe zum Sport und den Vereinsfarben zusammenführt, der kann unter diesen Vorzeichen nämlich nicht existieren. »Man kann das Rad ja offenbar wirklich nicht mehr zurückdrehen«, sagt Sommers. »Aber dieses System wird sich selbst ruinieren. Es wird künftig eine 1. und eine 2. Liga geben und darunter nichts mehr.«

Was das für Rot-Weiß Oberhausen bedeutet, ist Sommers sonnenklar. Der Verein wird das Rennen mitmachen, trotz allem geht es ja irgendwie nicht anders. Aber wenn die Fußballer am Ziel sind, wird die Vereinsführung dafür sorgen, dass nicht der 1904 gegründete Verein die Zeche dafür zahlt, dass die Kicker an der Nadel hängen. »Falls wir mal aufsteigen, gliedern wir die Profiabteilung aus«, sagt Sommers. »Ganz einfach, weil du das nicht überlebst und sonst den Gesamtverein gefährdest.«

Jetzt klingt er nicht mehr wie ein Junkie auf Entzug. Sondern wie ein Junkie, der in seinem Abschiedsbrief die Familie bittet, nicht zur Beerdigung zu kommen, weil da solche zwielichtigen Gestalten herumhängen.

Sezuan und der reale Chinese
Mit Bertolt Brecht lassen sich große Teile dessen, was im Fußball passiert, erstaunlich gut beschreiben – aber eben nicht alles. Schade eigentlich, denn zu gerne lesen die Leute Geschichten von den Bösen da oben, denen die Bedauernswerten da unten schutzlos ausgeliefert sind. »Gegen den modernen Fußball«, plakatieren die Ultras und tun das ironischer-

weise im 21. Jahrhundert meist in der 1. und 2. Liga, den wohl am meisten modernisierten, durchkapitalisierten Ligen, die man sich nur vorstellen kann. Ein Witz, findet Sommers. »Da gibt es viel Geschrei, ohne jede Konsequenz. Die Fans wollen den ehrlichen Fußball, rennen aber zu Schalke und Dortmund, was mit ehrlichem Fußball mal gar nichts zu tun hat, außer dass die Vereine das entsprechende Image verkaufen.« Schalke vermarktet eine Attitüde, und die ach so kritischen jungen Fußballfans sonnen sich auch in einer Attitüde, die wohl irgendwie rebellisch sein soll. Doch der Bundesligafußball, der funktioniert nicht mit Kumpelnostalgie und dem Geplapper von der »Maloche«, von der ein Großschlachter so viel versteht wie Daimler-Chef Dieter Zetsche vom Gabelstaplerfahren.

»Fußball ist ein Massenevent, es geht um samstägliche Unterhaltung. Unterhaltung, die spannend sein muss, das heißt erfolgreich«, so Sommers. Die große Bühne müsse es deshalb sein. »Leider kommen zu uns nicht die, die immer schreien: ›Ich will Ascheplatz und Bratwurst.‹ Das wundert mich aber sehr, weil wir uns eigentlich in den letzten Jahren so aufgestellt haben, dass die kommen könnten. Mit unserem alten Stadion, mit humanen Preisen.« Echter Fußball, hätte man früher gesagt.

Und die Ultras denken ja durchaus an ein Szenario wie bei RWO, wenn sie den vermeintlich authentischen Fußball vom »modernen«, zu Tode vermarkteten abgrenzen. Doch auch sie sind oft Kinder ihrer Zeit, für die Kaffee Starbucks heißt und Einkaufen Amazon. Sommers hat in den vergangenen Jahren in der Oberhausener Innenstadt eine interessante Beobachtung gemacht, die gut zu all dem passt, wie er findet: »Warum gehen alle zu McDonald's oder dem Groß-Chinesen und dem Steakhouse mit 800 Plätzen – anstatt zum Italiener an der Ecke?« Aus dem gleichen Grund, warum es auch im Fußball die ganz große Bühne sein muss, bei der ein Image keine Substanz benötigt, um im Wir-gegen-die-Spiel identitätsstiftend zu sein.

Schalke gegen RB, hochgejazzt zu »ehrliche Arbeit« gegen Big Business. Jemand wie Sommers lacht sich da tot. Doch es ist ein bitteres Lachen, denn die Fernseh- und Wochenendgewohnheiten der Menschen im nördlichen Ruhrgebiet, die haben eben unmittelbaren Einfluss auf die Einnahmen in seinem Verein. Und auf die Stimmung bei den RWO-Spielen. »Die überwiegende Zahl der Schalke-, Bayern- und Dortmund-Fans war nie im Stadion«, sagt Sommers. »Die sind vielleicht sogar Mitglied, aber das Spiel schauen sie im Fernsehen. Und dort sieht das Spiel immer besser aus als in Wirklichkeit, denn der Bildausschnitt ist da, wo der Ball ist. Und wenn du dann nicht mal selbst gespielt hast, dann guckst du Fußball wie du Fernsehfußball guckst.« So etwas wie Frustrationsbereitschaft gebe es kaum noch. »Ich muss mir im Stadion ja immer anhören, wie schlecht wir spielen«, lacht Sommers. »Die Leute haben gestern noch Ronaldo gesehen und heute RWO und stellen fest: Was für ein Unterschied!«

Wenn man Hajo Sommers richtig versteht, hängt seine Zufriedenheit mit RWO nach wie vor nicht primär davon ab, ob gegen Gladbach II nun gewonnen wird oder die Partie remis ausgeht, auch wenn ihm der heutige 3:1-Sieg natürlich gut in den Kram passt. Doch was ihn mit seinem Verein verbindet, reicht tiefer zurück als die Stärken und Schwächen der jeweiligen Mannschaft. Was ihm zu schaffen macht, ist das Gefühl, dass immer mehr Leute auf der Tribüne neben ihm ganz anders ticken, dass für sie Sieg oder Niederlage darüber entscheiden, ob sie das nächste Mal wieder ins Stadion gehen. Oder ob sie nicht doch lieber zu Hause bleiben und sich BVB gegen Mainz auf Sky angucken. Zu gerne würde Sommers den ganzen Skeptikern dennoch was Schönes zurufen. Dass RWO im nächsten Jahr aufsteigt, zum Beispiel. Aber er ahnt, dass das wieder nichts werden wird. »Dazu brauchst du den Scheich oder einen reichen Privatmann wie bei Viktoria Köln.«

Die Vernunft wohnt in der Kurve

Während Viktoria Köln sich von einem Millionär aushalten lässt, versuchte Carl Zeiss Jena so verzweifelt, aus der Regionalliga aufzusteigen, dass man sich einem Investor ausgeliefert hat. Weil der den Verein jederzeit vernichten kann, wollen ihn die Fans wieder loswerden. Und zeigen dem Verein ganz nebenbei, wie man nachhaltig wirtschaftet.

»Fahnen-Klaus« ist seit ein paar Wochen der prominenteste Fan von Viktoria Köln. Das liegt zum einen daran, dass er in ein paar Kölner Medien etwas zum anstehenden Aufstiegs-Relegationsspiel gegen den FC Carl Zeiss Jena sagen durfte und deshalb heute auch von vielen gegrüßt wird, die zum ersten Mal im Stadion sind. Und zum anderen daran, dass es im Liga-Alltag im Fanblock nicht unbedingt mehr Fans gibt, als »Fahnen-Klaus« Schals um beide Handgelenke gebunden hat: 42 sind es. Die Konkurrenz ist also überschaubar.

Klaus lehnt heute am Geländer unterhalb der Haupttribüne. Ausgerechnet zum wichtigsten Spiel des Jahres wurden die Viktoria-Fans aus ihrem angestammten Block auf der Gegengeraden vertrieben. Dort – und nicht nur dort – sind heute stattdessen die gut 4.000 Fans der Thüringer. Und die zelebrieren hier in Köln nach allen Regeln der Kunst die Tatsache, dass das heutige Auswärtsspiel für sie ein Heimspiel ist. Allein aus Gründen der Ökobilanz hätte man beide Partien in Jena austragen müssen, hatten ein paar Jenaer Fans auf Facebook gewitzelt.

»In Europa kennt euch keine Sau«, rufen sie heute schon vor dem Anpfiff in Köln-Höhenberg. Was stimmen mag; schlimmer aus Sicht des rechtsrheinischen Vereins ist aber, dass ihn auch in Köln keine Sau zu kennen scheint. 1.052 Fans kamen im Schnitt in der Regionalligasaison 2016/17 zu Viktorias Heimspielen, und das in einer Spielzeit, in der man von Beginn an vorneweg marschiert war. 1.052 Zuschauer, das ist nur etwas mehr als die Hälfte des Liga-Durchschnitts. Zu Alemannia Aachen kamen im gleichen Zeitraum 6.500 Fans pro Spiel. Zu Rot-Weiss Essen fast 8.000.

Dementsprechend verdattert schauen die heute gut 2.000 Anhänger der Kölner drein, als in der 21. Minute die Hölle losbricht – und in der 28. und der 67. noch mal. 3:0 steht es zu diesem Zeitpunkt für den FC Carl Zeiss, dessen Spieler in Dezibelzahlen abgefeiert werden, die mancherorts in der Bundesliga nicht erreicht werden. Beim ersten Treffer patzt der Kölner Keeper, und als Jenas Stürmer Timmy Thiele den Ball ins Tor hebt, ist aus dem Jubel der Fans noch die ungläubige Überraschung herauszuhören, die beim zweiten und dritten Treffer von wildem und purem Triumph übertönt wird. Und der kommt gleich aus zwei Himmelsrichtungen: Die komplette Gegengerade ist in Jenaer Hand, und obwohl das eigentlich gar nicht erlaubt war, haben 1.000 Jenaer auch Tickets für die Haupttribüne bekommen. Zum einen, weil nur einer von zwei Jenaer Postleitzahlbezirken bei der Bestellung gesperrt war. Und zum anderen, weil viele Jenaer Fans seit den 1980er Jahren gute Kontakte nach Mönchengladbach pflegen, wo einige hilfreiche Geister die Tickets auf ihren Namen geordert haben.

Mit Hans Meyer per du
Nun hätte auch der FC Carl Zeiss nichts dagegen, wenn im Liga-Alltag ein paar mehr Zuschauer kommen würden. Um die 3.900 waren es im Schnitt in dieser Spielzeit. Das ist bei Gegnern wie Fürstenwalde und dem Berliner AK sehr ordentlich, aber eben auch nicht sensationell. Doch heute zeigt sich mal wieder, was der Unterschied ist zwischen einem Verein wie der SV Elversberg oder Viktoria Köln einerseits – und einem wie Carl Zeiss Jena andererseits. Die Thüringer, die fast 4.000 Mitglieder haben, dreimal DDR-Meister waren und 1981 im Finale des Europapokals der Pokalsieger standen, können Massen mobilisieren, wenn es – wie heute in Köln – wirklich darauf ankommt. Dann reisen junge Gymnasiasten, die die DDR nur aus dem Geschichtsbuch kennen, ihrem Verein hinterher, aber auch die Herren mit den grauen Schläfen, von denen jeder Peter Ducke, wohl den Besten, der je im FCC-Trikot gespielt hat, schon als Spieler persönlich kannte, zumindest aber sein Trikot mit der Rückennummer 9 trägt und mit Hans Meyer seit Jahrzehnten per du ist. Zumindest sagen sie das nach dem dritten Bier am Fanhaus.

Ein Verein mit großer Vergangenheit unterscheidet sich von einem ohne eine solche dadurch, dass auf jeden Fan, der im Liga-Alltag Flagge zeigt, drei bis vier kommen, die aktiviert werden können, wenn einmal im Jahr ein wirklich außergewöhnliches Spiel ansteht. Bei Retortenklubs ist das anders. Dorthin strömen alle, wenn es sportlich gut läuft. Doch die stille Reserve, die bilden ausschließlich Menschen, die die Gelegenheit nutzen wollen, mal Bayern oder den BVB live zu sehen, ohne sich in München oder Dortmund um Tickets bemühen zu müssen.

Zurück nach Köln, wo es natürlich auch einen Verein gibt, der die Massen bewegt: den FC. Mancher von dessen Anhängern hat Viktoria als Zweitverein auserkoren und schaut heute interessiert zu, ob Köln neben der ebenfalls nicht sonderlich massenkompatiblen Fortuna bald einen zweiten Drittligisten haben wird. Dafür, zum gemütlichen Sonntagsnachmittagskick ohne Schlange am Bratwurststand, ist die Viktoria auch gut geeignet. Heimelig ist es hier, familiär, selbst heute ist hier nichts Schrilles, nichts Überdrehtes, nichts Übervermarktetes zu spüren. Das Stadion ist nicht schicker als das von Wattenscheid, Pirmasens oder Lüneburg. Drittligatauglich wäre es jedoch allemal. Für die Presse und die VIPs hat man heute ein Zelt eingerichtet, aber offenbar die Temperaturen unterschätzt. Weit über 30 Grad herrschen bei der Pressekonferenz – bedauerlicherweise auch in den Cola-Flaschen, denn der Kühlschrank funktioniert nicht.

Und richtig, auch Viktoria Köln ist eigentlich ein Traditionsverein, einer wie Victoria Hamburg oder der OSC Bremerhaven oder Bayern Hof – eben ein Verein mit einer jahrzehntelangen Tradition in der Oberliga, von 1978 bis 1981 war man sogar in der 2. Liga. Bilder von Hennes Weisweiler und Erich Ribbeck, die hier genauso spielten wie St.-Pauli-Manager Andreas Rettig, hängen ja auch deshalb an der Zeltwand, um zu untermauern, dass man sehr wohl eine Geschichte im Fußball hat. Nur eben eine bescheidene, keine, die mit irgendwelchen Heldenlegenden in der 1. oder 2. Liga aufwarten kann.

Der piefige Veedelsklub wird gepampert

Das Image, das der Verein in den vergangenen Jahren angeheftet bekommen hat – das Label als neureiches Millionärsspielzeug –, das hat er sich allerdings tatsächlich in der jüngeren Vergangenheit hart erarbeitet. 2010 hatte der Vorgängerverein SCB Viktoria Insolvenz anmelden müssen, beim Nachfolgeklub, dem FC Viktoria, schwingt seit 2011 Franz-Josef Wernze das Zepter. Der Chef einer Unternehmens- und Steuerberatungsgruppe brachte praktischerweise gleich ein paar Spieler von dem Verein mit, den er vorher mit viel Geld unterstützt und bis in die 5. Liga, die NRW-Liga, gehievt hatte: dem TSV Germania Windeck. Seit Wernze bei Viktoria eingestiegen ist, ist aus dem kleinen, piefigen Veedelsklub ein Verein geworden, den sie bei all den Traditionsvereinen in der Regionalliga West – von Aachen bis Oberhausen, von Wuppertal bis Essen – hassen wie die Pest. Nicht nur, dass Wernze die Millionen, die sie alle selbst nicht haben, mal eben so aus dem Ärmel schüttelte. Nein, er konnte es sich sogar leisten, erst mal ein paar Millionen in den Sand zu setzen, indem er jahrelang ausrangierte Erst- und Zweitligaprofis zu hohen Bezügen ans rechte Rheinufer lotste, ehe er die Erfahrung machte, die die meisten Big Spender in den Ligen drei bis fünf irgendwann machen, nämlich, dass Qualität Tore schießt. Nicht große Namen.

Klar ist aber auch, dass selbst Traditionsvereine fast schon gezwungen sind, in ein unkalkulierbares Risiko zu gehen, wenn sie sich nicht mit einer Dauerexistenz unter Dorfvereinen begnügen wollen. »Die Regionalliga ist eine Liga, aus der man aus eigener Kraft und der Kraft von lediglich regionalen Sponsoren kaum rauskommt«, sagt Christoph Niering, der Mann, der als Insolvenzverwalter den erneuten Exitus von Alemannia Aachen betreut: »Darum muss der Verein irgendwann mal fragen, was kann er anders gestalten, und wenn es um eine Investorenlösung geht, dann eine, die auch belastbar ist.« Denn obwohl Alemannia Aachen dem Vernehmen nach einen Spieleretat von gerade einmal 1 Mio. Euro hatte, waren es auch die Personalkosten, die den Traditionsverein in die erneute Insolvenz getrieben haben. Viktoria soll im Vergleich zur Alemannia zeitweise den vierfachen Spieleretat gehabt haben. In einer Liga, in der gerade die großen Zuschauermagneten finanziell herumkrebsen, ist Wernzes Viktoria, dieser so bodenständig wirkende Verein, damit zum Symbol des Turbokapitalismus geworden. Profitum, so zitiert der Bonner *General-Anzeiger* den Präsidenten des Bonner SC, Dirk Mazurkiewicz, sei »in dieser Liga auf Dauer nicht zu finanzieren. Es sei denn, man hat einen Mäzen alter Prägung wie Franz-Josef Wernze bei Viktoria Köln.«

Zwei Tore schießt Viktoria dann doch noch gegen Jena, der Rest sind verhaltener Jubel bei den wenigen Anhängern, die üblichen Durchhalteparolen seitens der Funktionäre und jede Menge Ärger über einen Schiedsrichter, der sich zumindest im ersten Durchgang tatsächlich ein wenig von der Atmosphäre auf den Rängen beeinflussen ließ – und eher für die Auswärtsmannschaft pfiff. Auch die Viktoria-Fans wirken, als hätten sie sich bereits auf ein weiteres Jahr in der Regionalliga eingestellt. »Schade für die Fans, die schon die Busfahrt fürs Rückspiel gebucht haben«, sagt ein älterer Anhänger mit Viktoria-Schal und macht sich auf den Weg zur Vereinsgaststätte »Zur Merheimer Heide«, die man schon von der Haupttribüne aus sieht. Ein paar andere Viktoria-Fans gehen lieber noch ein paar Meter weiter zum Griechen »Sokrates« um die Ecke, der sich auch auf Pizzen zu verstehen scheint. Die mit Spinat, Peperoni und Gyros heißt »Pizza 1. FC Köln«.

Fünf Tage später wird ein älterer Herr, dessen Dialekt ihn unschwer als Rheinländer entlarvt, im Jenaer Hotel die Schultern zucken und sagen: »Gewonnen und doch verloren.« Der 1:0-Sieg seiner Viktoria im Rückspiel am Vorabend hat nicht gereicht, stattdessen waren es die Jenaer, die nach einem 94-minütigen Kampfspiel den Aufstieg in die 3. Liga feiern durften. Der Rezeptionistin, die den Viktoria-Fan trösten will, nimmt er schnell den mitleidigen Blick: »Das hat schon alles so seine Ordnung. Ihr habt hier einen ganz tollen Verein mit ganz tollen Fans.«

Fans verbrüdern sich – gegen den DFB
Tatsächlich kam es am Vorabend zu einigen rührenden Szenen. Kaum war der Schlusspfiff ertönt, stürmten tausende Jenaer Fans auf den Rasen, feierten sich, den Aufstieg und das Leben. Erst spät in der Nacht wird die Stadt ein wenig abkühlen, nach einer stundenlangen Feier und einem Freudenzug der Ultras, bei dem viele bunte Pyros die Nacht erhellten. Was im Stadion Stunden zuvor passierte, ist allerdings noch bemerkenswerter als die ausgedehnte Siegesparty. Es passt so gar nicht in das Weltbild derer, die Fußballfans nach den aus dem Ruder gelaufenen Relegationsspielen in Braunschweig und München nur noch als potenzielle Straftäter sehen. Immer mehr Jenaer Fans schauten in Richtung Gästekurve, wo abgetrennt von einer Polizeikette die etwa 100 Viktoria-Fans traurig vor sich hinguckten und warteten, bis sie ihren Block verlassen durften. Kurz darauf kam es zu vielen freundlichen Gesprächen am Zaun, Schals und nette Worte wurden ausgetauscht, und bei einem Thema herrschte große Einigkeit: Das Relegationssystem ist einfach großer Mist. »Ich habe jetzt keine Meinung zu Viktoria Köln«, wird später ein Fan der Jenaer sagen. »Aber wie die sich jetzt gerade fühlen, kann ich absolut nachvollziehen.«

Es war nicht das erste Mal in diesen Tagen, dass sich Fans verbrüderten. Der hochgradig ungerechte Aufstiegsmodus, den die Fans aus Jena, Köln, Meppen, Haching, Elversberg zum ersten und die aus Mannheim sogar schon zum zweiten Mal unmittelbar hintereinander erlebten, schweißte zusammen. Die Fankurve, die »Scheiß DFB« oder »Fußballmafia DFB« anstimmte, wusste, dass auch die Haupttribüne mitsingen würde – und die gegnerische Kurve. So auch in Jena, wo sich selbst die Funktionäre solidarisch zeigten. Trainer Mark Zimmermann hatte Mitleid mit den Kölnern: »Sie haben eine überragende Saison gespielt und es trotzdem nicht geschafft. Ich drücke ihnen die Daumen für das nächste Jahr.«

Ansonsten konnten sich die Menschen in Jena endlich mal wieder selbst feiern. Man merkte, dass auch vier Jahre Regionalliga diesen Verein nicht untergekriegt haben. Fans aus so gut wie allen Bundesländern waren zur erhofften Feier des Tages nach Jena gekommen, dutzende ehemalige Spieler auch. Darunter Torsten Ziegner, der ja hauptberuflich den künftigen Ligakonkurrenten aus Zwickau trainiert, Henning Bürger oder Bernd Schneider, der nach all den Jahren in Leverkusen nach dem Karriereende sofort seine Zelte dort abbrach und zurück nach Jena zog. Nun saß er mit Sonnenbrille auf der Haupttribüne. Bernd Schneider, der 81-fache Nationalspieler, war einer von tausenden im Fantrikot.

»Unbeugsam und unverkäuflich«

Wenn Schneider von seinem Platz aus nach rechts schaute, fiel sein Blick auf ein Transparent mit der Aufschrift »Unbeugsam und unverkäuflich«. Die Jenaer Ultras hatten es vor ihre Kurve gehängt. Gerade am Tag des größten Erfolgs seit Jahren wollten sie daran erinnern, dass sich auch ihr Verein einem Investor ausgeliefert hatte: dem Belgier Roland Duchâtelet, der auch die Mehrheit der Anteile an weiteren europäischen Profiklubs in England, Spanien, Belgien und Ungarn hält, darunter Charlton Athletic und bis 2015 Standard Lüttich. Beim FCC erwarb er – bewilligt von einer überwältigenden Mehrheit bei der Mitgliederversammlung Ende 2013 – mit seiner Company Staprix NV für 2 Mio. Euro 49,98 Prozent der stimmberechtigten Anteile der FC Carl Zeiss Jena Spielbetriebs GmbH. Die restlichen Anteile hält weiterhin der FC Carl Zeiss Jena e.V., der vorher alleiniger Anteilseigner war.

Bereits 2007 war die GmbH ausgegliedert worden. Damals wollte man sich einem reichen Russen andienen, der offenbar vor allem zahlreiche Spieler aus dem osteuropäischen Raum in Jena zu platzieren gedachte, um sie von dort aus in Europa weiterzuverkaufen. Der Investor, dem das damalige Präsidium bereits den roten Teppich ausgerollt hatte, zog allerdings sein Angebot zurück, als einige Medien dessen Geschäftsgebaren publik machten und die DFL ihr Veto einlegte. Der nächste Investor, Roland Duchâtelet, stellte sich geschickter an. Ihn werden sie in Jena nicht so schnell wieder los wie den Russen, der seine Spieler damals zu viert in einem Auto nach Thüringen schickte. Duchâtelet weiß das und tritt dementsprechend selbstbewusst auf

Schon im Spätsommer 2016 gab es die erste öffentliche Forderung des Investors, die man eigentlich nur als Erpressungsversuch verstehen konnte. Für den Fall seines Ausstiegs, den er aufgrund von Meinungsverschiedenheiten mit Präsidiumsmitgliedern »angedroht« hatte, forderte Duchâtelet die Rückzahlung seiner Anteile an der Spielbetriebs GmbH und der von ihm geleisteten Darlehen; beides hätte sich auf 2,65 Mio. Euro summiert. Auch sonst gab sich der Investor entgegen seinen Ankündigungen, keine Vereinspolitik betreiben zu wollen, sehr forsch. Im August 2016 forderte er den Rücktritt missliebiger Funktionäre, gestand den Mitgliedern aber gnädigerweise zu, sie könnten ja andere Kandidaten wählen, er mache ihnen da keine Vorschriften. Mit Trainer Volkan Uluc war er weniger großzügig. Auch ihn wollte er abgelöst sehen, mit der interessanten Begründung, er selbst präferiere »eine andere Spielphilosophie«. Kurzum: Auch der Jenaer Investor reagiert also kräftig mit in den sportlichen Bereich hinein. Und das, obwohl er zuvor immer wieder betont hatte, dass er genau das nicht tun werde.

Darüber, ob das Motto »Unbeugsam und unverkäuflich« zutrifft, ließe sich streiten. Denn auch die Jenaer Ultras sind ja gewissermaßen eingeknickt: Ihre ursprüngliche Ankündigung, die Spiele des FCC akustisch und optisch zu boykottieren, wenn der Investor die Macht erlangt, haben sie letztlich aufgegeben. Dennoch: Es sind weiterhin die Ultras, die über den Tag hinaus denken und sich eine sorgenfreie Zukunft für ihren Verein nur dann vorstellen können, wenn er unabhängig und frei in seinen Entscheidungen ist. Bemerkenswerterweise haben sie im Gegensatz zu so vielen Funktionären im bezahlten Fußball erkannt, dass man bereit sein muss, auf kurzfristigen sportlichen Erfolg zu verzichten, wenn der Preis dafür die eigene Unabhängigkeit ist.

Die Stimme der Vernunft: die Ultras
Nur vier Tage nach dem Aufstieg in die 3. Liga kommt ein Schreiben vom Fanzusammenschluss »Südkurvenrat«, das keinen Zweifel daran lässt, dass die Abhängigkeit vom Investor beendet werden müsse, wenn der Verein nicht sehenden Auges vor die Wand gefahren werden soll. Man wolle nicht als »Spielverderber wahrgenommen werden«, schreiben sie. »Aber es ist auch der passende Zeitpunkt, die Augen richtig weit aufzumachen und den Erfolg mit einem nachhaltigen Plan und auf gesunden Füßen zu sichern.« Und dann nennen sie beunruhigende Fakten. Zum Beispiel, dass jeder Euro, der aus Belgien in Form von Darlehen an den FCC geflossen sei, letztlich nur die Liquidität, also die pure Abwendung der Zahlungsunfähigkeit, abgesichert habe. »Zur Wahrheit gehört aber auch, dass wir die zurückliegenden Spielzeiten im Grunde allesamt nicht einmal hätten zu Ende spielen können, wenn nicht jeweils sechsstellige

Summen, aufgeteilt auf regelmäßige kleinere Beträge, frischer Darlehensgelder aus Belgien geflossen wären.«

Völlig zu Recht stellen sie daraufhin fest, dass jeder einzelne Euro, der geflossen ist, und jeder, der weiter fließt, die fatale Abhängigkeit von Duchâtelet vergrößert. Und damit die Gefahr, frontal vor die Wand zu fahren. Man lebe auf Pump, dies allerdings weithin unbemerkt von der Öffentlichkeit, die schon längst Alarm geschlagen hätte, wenn die Summen zu gleichen Konditionen bei einer Bank abgerufen worden wären. »Ob nun Bank oder privates Unternehmen: Zinsen sind Zinsen, Fälligkeit ist Fälligkeit, Schulden sind Schulden.«

Konsequenterweise mahnt der »Südkurvenrat« Sparsamkeit an: Es gelte schon jetzt, die Rücklagen zu bilden, mit denen man sich 2023, bei Fälligkeit der Darlehen, aus der Abhängigkeit von Duchâtelet freikaufen könne, um so den Bankrott der GmbH zum 1. Oktober 2023 zu vermeiden. Zu diesem Zeitpunkt wäre die Rückzahlung des Darlehens fällig, und zwar in einer Höhe, die der FCC nur in dem Fall aufbringen könnte, wenn er dann in den höheren Sphären der 2. Liga spielen würde – ein ungedeckter Scheck auf die Zukunft also. »Wir haben das alles prophezeit«, sagt Toni Schley, einer der Initiatoren des »Südkurvenrats« und Mitglied der Ultra-Gruppierung »Horda Azzuro«, heute. »Aber damals haben uns viele von denen ausgebuht, die heute sagen: ›Ich glaube, ihr hattet doch recht damals.‹«

Bereits jetzt an 2023 zu denken, sei deshalb viel wichtiger als die von manchem Euphoriker ausgerufenen Pläne, nun in der 3. Liga mit einem weitaus höheren Etat durchzustarten. »Die 3. Liga wirft noch lange nicht so viel Geld ab, dass urplötzlich die Liquidität abgesichert ist, von der Bildung von Rücklagen für die bald fälligen Rückzahlungen ganz zu schweigen. Es muss aber jetzt intensiv daran gearbeitet werden, diese Rücklagen zu bilden und kein Alibi-Vertrauen mit Roland Duchâtelet vorzugaukeln. Neue und teure (v. a. in Gehaltsfragen) Spieler sind daher schon mal per se so gut wie unmöglich.«

Fans, die zu Realismus und solidem Wirtschaften mahnen, während Journalisten, Meinungsmacher und Ex-Spieler einem Rausch zu verfallen drohen und dabei nur die kommenden Wochen im Blick haben – auch das passt nicht im Geringsten zu dem Bild, das sich die Öffentlichkeit von Fußballfans macht. Doch es ist die tief verinnerlichte Haltung der aktiven Fanszene, die schon 2015 – zusammen mit dem damaligen Präsidium – in Frontstellung zum Aufsichtsrat geriet, der höhere Ausgaben gefordert hatte. »Nachhaltigkeit statt Brechstange. Vernunft statt

Risiko. Der Aufsichtsrat muss neu besetzt werden!«, stand seinerzeit auf einem Transparent, das die Ultras bei einem Auswärtsspiel in Berlin präsentierten.

Konstruktive Ideen statt bloßer Verweigerung

Genauso zutreffend wie die Analyse der Mechanismen beim eigenen Verein ist die Bestandsaufnahme des »Südkurvenrats«, wenn es um die großen Zusammenhänge geht. Denn die Abhängigkeit, in die sich Vereine wie Viktoria Köln oder der FC Carl Zeiss Jena begeben haben, wurde ihnen insofern aufgezwungen, als für sportlichen Erfolg in der Regionalliga im Grunde so viel Geld nötig ist, dass man es aus eigener Kraft mit seriösem Wirtschaften nicht verdienen kann. Genau deshalb begeben sich immer mehr Vereine in die babylonische Gefangenschaft von mal mehr, mal weniger dubiosen Investoren – und werden schizophrenerweise genau dafür wiederum vom DFB bezichtigt, nicht seriös zu wirtschaften. Dazu noch einmal der »Südkurvenrat«: »Es ist kein Geheimnis, dass der DFB vor einem großen systemischen Fehler die Augen verschließt oder zumindest achtlos zusieht. Reihenweise (namhafte) Klubs gehen unterhalb der 2. Liga von Jahr zu Jahr schlimme wirtschaftliche Risiken ein und sind von finanzieller Stabilität weit entfernt. In dieses Haifischbecken tauchen wir jetzt noch tiefer ein, und das im übertragenen Sinne mit zusammengebundenen Beinen.«

Dass die Ultras den Stimmungsboykott wieder aufgaben, war vielleicht nicht sonderlich konsequent; doch die Strategieänderung weg von der bloßen Verweigerung hin zur Opposition mit langem Atem und eigenen konstruktiven Ideen, die trug schnell Früchte. Auch vereinsintern. Denn selbst manch älterer Fan, der die Jungen auf der turbulenten Mitgliederversammlung noch als Nörgler und Querulanten beschimpft hatte, lobte ein paar Monate später das Engagement der Ultras für ihren Verein. Die hatten sich nämlich im Herbst 2014 mit Mitgliedern, Sympathisanten und Vereinsmitarbeitern zum sogenannten Kreativzirkel zusammengeschlossen, um neue Ideen zu entwickeln, wie man den Verein finanziell nach vorne bringen könnte. Und das durchaus mit dem Hintergedanken, dass jeder Euro an Eigenkapital den FCC gegenüber einem Investor stärkt, der sich damals eine Klausel hatte absegnen lassen, wonach er bei »fehlender Kooperation« einzelner Vereinsgremien oder Präsidiumsmitglieder die Zusammenarbeit jederzeit auch vorzeitig beenden und seine Darlehen zurückfordern kann. Schon merkwürdig, dass solch eine Klausel von Vereinsseite überhaupt unterschrieben wurde.

Und da der FCC im verständlichen Bemühen aufzusteigen Jahr für Jahr 500.000 bis 800.000 Euro von Duchâtelet als Darlehen nahm, wäre jeder Ausstieg des Investors – verbunden mit der sofortigen Pflicht zur Rückzahlung aller Gelder – wohl gleichbedeutend mit der umgehenden Insolvenz des Vereins. Sprich: Seit seinem Einstieg hat Duchâtelet den Verein jeden Monat ein Stück mehr in der Hand. Oder wie Toni Schley sagt: »An dem Tag, an dem er sein Geld zurückfordert, sind wir massiv im Arsch.« Spätestens, wenn der Verein bis dahin nicht so viel Geld beiseitegelegt hat, um die Darlehen bedienen zu können. Und erst recht, wenn der Verein dann nicht gelernt hat, nur das Geld auszugeben, das er selbst erwirtschaftet hat. Die Ultras sind da sehr skeptisch: »Dieser Verein hat immer die Tendenz, sich von diesen ganzen unrealistischen Erwartungen im Umfeld treiben zu lassen.« Wie so viele andere Klubs in der 3., 4. und 5. Liga.

Es galt also zu handeln, und der Kreativzirkel handelte. Da wäre zum einen die Mitgliederoffensive, die auch den Ultras besonders am Herzen lag. Denn jeder Euro aus Mitgliedsbeiträgen stärkt den eingetragenen Verein gegenüber der Spielbetriebs GmbH, in die sich Duchâtelet eingekauft hat. Außerdem kommt jeder Euro der Nachwuchsarbeit zugute. Und die halten die Ultras für das eigentliche Tafelsilber des Vereins. Von knapp über 3.000 Mitgliedern wuchs die Zahl der FCC-Beitragszahler durch alle möglichen kreativen Aktionen, die vor allem die Ultraszene durchführte, auf fast 4.000 an – binnen zehn Monaten traten sage und schreibe 873 neue Vereinsmitglieder ein. Ende 2018 will man bei 5.000 sein. »Gut zu bewerben« sei dieses Ziel auch deshalb, findet Schley, weil man dann doppelt so viele Mitglieder wie Lokalrivale Rot-Weiß Erfurt hätte.

Wacken auf der Brust

Auch das Merchandising entwickelt sich prächtig, seit es der Verein in Eigenregie übernommen hat. Erstens, weil es in Jena nicht wenige gibt, die dem Vorgänger nicht über den Weg trauen. Zweitens, weil ein Zwischenhändler entfällt. Und drittens, weil ein Mitglied der Ultraszene nun in der Merchandisingabteilung beschäftigt ist und man mit Chris Förster einen Geschäftsführer hat, der im Laufe der Monate gelernt hat, dass aus der Fankurve und aus der Mitgliedschaft jede Menge guter Ideen kommen – und das auch noch umsonst. Dass im Merchandising Wundersames passiert ist, dürfte übrigens jeder gemerkt haben, der sich mal einen Bleistift oder ein Trikot kaufen wollte. Denn seit einiger Zeit kann man sich mit vielen Fanartikeln des FCC doch tatsächlich auf die Straße trauen – zuvor wirkten sie eher wie die wahr gewordenen Träume von pauschalreisenden älteren Semestern.

Die Thüringer Metalcore-Band *Heaven Shall Burn* war bereits kurzzeitig selbst auf der Brust, fungiert weiter als Sponsor, macht die Werbefläche auf den Jerseys nun allerdings für NGOs frei: In der Saison 2016/17 war es »Sea Shepherd«, 2017/18 wird es die »Wacken Foundation« sein, die talentierte Musiker fördert. Der Wacken-Stierkopf auf der Brust eines Drittligisten – es war abzusehen, dass es Trikot-Bestellungen von Metalheads aus allen Kontinenten regnen würde. Und so kam es auch. Wenn Leute, die wissen, was man trägt, Dinge entwerfen, die getragen werden sollen, ist das eben schon von Vorteil. Auch aus dem Catering gibt es höhere Umsätze zu vermelden. Kurzum: Die »Unbeugsam und unverkäuflich«-Kampagne, die die Ultras nach der verlorenen Abstimmung initiierten, ist ein voller Erfolg. »Wir wollen den Verein stark machen«, sagt Schley. »Ihn raus aus der Bettlerrolle holen und ihm begreiflich machen, dass man das Geld manchmal nur aufheben muss, bevor man andere damit beauftragt, sich selbst zu bereichern.«

Dabei ist für die Jenaer Ultras das Engagement für die Eigenständigkeit des Vereins untrennbar mit dem für ihre eigene Identität verbunden – das eine geht nicht ohne das andere. Genau deshalb war es für die »Horda« undenkbar, klein beizugeben, als Pläne publik wurden, die Jenaer Fans nach einem erfolgten Stadionumbau statt wie bisher im Süden des Stadions im Norden anzusiedeln. Für die Ultras ist eine Kurve identitätsstiftend, auch im ganz konkreten Sinne. »Hier kommen seit Generationen die blau-gelb-weißen Anhänger zusammen, organisieren sich, zeigen fulminante Choreografien und stehen wie ein zwölfter Spieler unüberhörbar hinter ihrem Team«, heißt es auf ihrer Homepage.

Jenas Fans haben deshalb einen architektonischen Gegenentwurf präsentiert. Es ist kein schlechtes Konzept, das finden auch die Lokalpolitiker. Nur käme es eben teurer, je nach Berechnung bis zu einem hohen sechsstelligen Betrag. Genau diese Differenz soll das »crowdFANding«-Projekt einspielen, das das Fraunhofer-Institut so spannend findet, dass es die Bemühungen wissenschaftlich begleitet. Die Grundidee: europaweit Geld für Anliegen einzelner Gruppen zu sammeln, die alleine zu klein wären, um größere Summen einzunehmen. »Die Fanszenen haben erkannt, dass sie diese Vernetzung auch für ihre eigenen Anliegen nutzen können, wenn sie Erfolg haben wollen«, sagt Schley, der zusammen mit zwei Kollegen auch bei der Europameisterschaft 2016 in

Frankreich Geld gesammelt hat. In Marseille, Lyon und Saint-Étienne hat er für sein Anliegen geworben, ein Abstecher führte ins schweizerische Lausanne. Er und die beiden anderen Mitglieder der »Horda Azzuro« haben dort auf Einladung befreundeter Fangruppen für ihr großes Ziel getrommelt und um Spenden gebeten. Trotz des geplanten Stadionumbaus wollen sie an alter Stelle Fan sein: »Südkurve bleibt«, fordern sie.

Ein Fanklub steuerte 1.981 Euro bei, eine Reminiszenz an das Jahr, in dem der FCC im Europapokalfinale der Pokalsieger stand. Auch aus der Schweiz, aus Brasilien und Japan floss Geld. In der deutschen und europäischen Ultraszene herrschen zwar diverse Rivalitäten und Feindschaften, doch die internationale Vernetzung von europaweit mehreren zehntausend Ultras ist riesig. Zusammen mit 80 anderen Leuten aus dem harten Kern der Kurve, den »Botschaftern«, war Schley deshalb auf Werbetour für »crowdFANding«, ein Jahr bevor im Sommer 2017 auch Mainzer Fans mit dieser Methode für ein Fanhaus sammelten. Bei den Bochumer Ultras waren sie, auch in Fürth und Cottbus kamen ihre Pläne gut an. Die Spenden sprudelten nur so, auch aus Darmstadt, Leipzig, Zürich und Osnabrück – oder aus Saint-Étienne und Lausanne. Anders wären wohl auch kaum an die 135.000 Euro zusammengekommen. Und tatsächlich gab es im März eine einstweilige Einigung mit Polizei, Stadt und Verein: Die Fans können erst mal im Süden bleiben, unterschreiben aber eine Selbstverpflichtung, die unter anderem ein eigenes Ordnerkonzept und andere Zugangswege vorsieht. Das Geld aus dem »crowdFANding« wird mit verbaut.

»Manche Mitglieder würden ihre eigene Oma verkaufen«

Schley wertet das als vollen Erfolg und fasst sicherheitshalber noch mal zusammen, was ihm noch wichtiger ist als ein paar Euro mehr oder weniger: Es ist das Selbstverständnis junger, selbstbewusster Fußballfans, für die ihr Verein weit mehr ist als die Summe der gerade handelnden Personen. Und weit mehr als die Aussicht, vielleicht noch einen guten Spieler verpflichten zu können, wenn man bei der entscheidenden Mitgliederversammlung an der richtigen Stelle die Hand hebt. »Wir sind die erste Generation, die es gewohnt ist, mitzubestimmen, wie der Alltag im Stadion ist«, sagt Schley. »Unsere Väter konnten oder wollten das nicht. Und die nächste Generation wird das erben, was wir verzapft haben.«

Wenn es dann noch etwas zu erben gibt, denn Schley ist recht pessimistisch, was die kommenden Diskussionen über Ausgliederungen angeht: »Es wird überall, wo Abstimmungen über Ausgliederungen anstehen, so sein, wie es bei uns und in Stuttgart war: Ultras können diese Ausgliederungen nicht verhindern, sie können sie allerhöchstens verzögern.« Warum das so ist, weiß Schley auch: »Die kriegen die Leute, indem sie Ängste bedienen und weiter schüren.« Schley hat sich die Debatten in Hamburg, Stuttgart, Osnabrück und anderswo ganz genau angeschaut, und er meint, ein Muster zu erkennen. Zum einen seien die Kampagnen von professionellen PR-Agenturen orchestriert, da habe man als einzelnes Vereinsmitglied oder als Ultraszene kaum eine Chance, mit seinen Argumenten durchzudringen. Und zum anderen sei die Argumentation perfide: »Es heißt dann: Wir kommen nur dorthin zurück, wo wir mal waren, wenn wir uns für Investoren öffnen – in Hamburg und Stuttgart erinnert man dann an die Meisterschaft von irgendwann mal. Und bei uns an die Europapokaltage.«

Dass das immer verfängt, hat Schley bei der eigenen Mitgliederversammlung des FCC erfahren. »Da haben wir gemerkt, dass manche Mitglieder buchstäblich ihre eigene Oma verkaufen würden, wenn es dem sportlichen Erfolg dient.« Das würden die Jenaer Ultras nicht tun. Aber nach dem geglückten Aufstieg feiern sie noch ein bisschen auf dem Stadiongelände. Und zünden zu vorgerückter Stunde in der Stadt noch den einen oder anderen Bengalo an. Eine gelungene optische Untermalung der Freudengesänge. Das finden zumindest sie. Und das finden die Passanten in der Stadt, die mit »Jenaaaa«-Rufen oder emporgereckten Daumen auf die Party der Ultras reagieren.

Apocalypse wow!

Manche Medien haben derart Spaß am Thema »Fangewalt«, dass sie selbst dann darüber berichten, wenn gar nichts passiert ist. Eine traurige Erkenntnis für Carl Zeiss Jena, dessen Aufstieg ein mehrstündiges Fußball-Highlight war.

Wer liest, was tags darauf manche Medien berichten, kann nur fassungslos sein. Auch und gerade, wenn er selbst Journalist ist und an dem besagten Tag von zwölf Uhr mittags bis spät abends an den Orten des Geschehens war. Denn der geradezu rührend friedlich gefeierte Drittliga-Aufstieg von Carl Zeiss Jena im Juni 2017 wurde skandalisiert. Manche Zeitung schrieb von »hunderten« Krawallmachern, der *Sportbuzzer* erhöhte auf »tausende«. In Wahrheit gab es keinen einzigen, aber wen interessieren solche Nuancen, wenn Fanrandale gerade en vogue sind?

Wenn Fans ein paar Grashalme ausreißen und sich in den Tabakbeutel stopfen, könnte man das als niedliche Souvenirjagd beschreiben. Oder eben als schweren Vandalismus, dem ein »Platzsturm« vorangegangen sei. Wenn tausende zusammen mit ihren Spielern auf dem Platz feiern, ließe sich das als ausgelassenes Fest darstellen. Wer der Wahrheit die Ehre erweisen will, könnte die Geschehnisse auch als Gegenentwurf zur tatsächlichen Randale bei den Relegationsspielen zur 1. und zur 2. Liga schildern. Zumal die rund hundert Viktoria-Köln-Fans schwer gerührt waren, als sie von Jenaer Fans getröstet wurden und man sich schnell einig war in der Ablehnung des fragwürdigen Aufstiegsmodus. Man kann das alles aber auch weglassen, weil es nicht zum Randale-Drehbuch passt.

Ein genauerer Blick auf die scheinbar apokalyptischen Vorfälle lohnt sich. Es gab »23 Verletzte«, liest man als Beleg für die behaupteten »Randale«. Das waren Jena-Fans, die sich beim Überklettern der Zäune zum Beispiel kleine Hautrisse zugezogen hatten, wegen derer sie den Sanitäter ihres Vertrauens um ein Pflaster baten. Solche Tragödien passieren auf den Kinderspielplätzen und Fahrradwegen der Republik jeden Tag tausendfach, ohne dass die Polizei daraus Pressemeldungen stricken würde. Nun zu den hunderten, respektive tausenden Krawallmachern, die sich in der Stadt produziert haben sollen: Tatsächlich gingen einige Fans abends mit bengalischen Feuern durch die Stadt und feierten den

Aufstieg. Ein paar junge Leute, die fröhlich durch die Straßen zogen – so haben es offenbar auch Anwohner und Passanten erlebt. Nicht einmal ein Großmütterlein, das abends um 23 Uhr aus ihrem Fenster in der Innenstadt geguckt hätte, hätte anders reagiert als die Nachtschwärmer mit oder ohne Fußballbezug, die in der lebendigen Unistadt abends noch unterwegs sind und anderntags beim Einkaufen erzählen, dass da ein paar junge Leute fröhlich singend in der Stadt unterwegs waren. Und so ist es glücklicherweise ja auch durch viele Videoaufnahmen belegt.

Ist es also nicht allmählich an der Zeit, dass einige Journalisten anders über vermeintliche Fanrandale berichten, als sie das bisher tun? Dass sie begreifen, dass Polizei und Fans jeweils ihre eigene Sicht auf die Vorfälle haben, die sich ganz oft widerspricht? Dass die selektive Wahrnehmung und die Tendenz zur Verharmlosung das Übel der Fanseite sind, während die andere Seite zu Übertreibung und Skandalisierung neigt? Die Grundregel journalistischen Arbeitens, wonach man immer auch die Gegenseite anhören soll, sollte nicht nur dann gelten, wenn Fußballfans der Polizei vorwerfen, sie habe grundlos mit Pfefferspray oder Knüppeln hantiert, sondern auch, wenn die Vorwürfe – wie in Jena – in die entgegengesetzte Richtung gehen und es keinen neutralen Augenzeugen gibt, der diese bestätigen könnte.

Ansonsten wird aus einem fröhlichen Abend mit all den Emotionen, die Fußball für viele Menschen zu einem einzigartigen Sport machen, in der medialen Verzerrung etwas ganz anderes. Jeder, der die erwähnten Berichte liest, kann dann nicht anders, als den Kopf über die vermeintlichen Gewalttäter zu schütteln und den Scharfmachern zuzustimmen, die abends in der nächstbesten Talkshow Schloss und Riegel für die bösen Fans fordern. Er weiß ja nicht, dass nichts, aber auch gar nichts von dem, was viele Medien vor seinem geistigen Auge heraufbeschworen, auch in Wirklichkeit passiert ist.

Sicherheitsgipfel als Wahlkampfhilfe

Natürlich ist es kein Zufall, dass die Meldungen über die vermeintlichen schlimmen Vorfälle in Thüringen wenige Stunden nach Ereignissen aufkamen, die wirklich Grund zur Sorge boten. Sowohl beim Relegationsspiel Braunschweig gegen Wolfsburg als auch vor allem bei 1860 München gegen Regensburg haben sich Fans schwer danebenbenommen. In Braunschweig stürmten gut 200 auf den Platz, einige davon versuchten in Richtung Gästekurve zu gelangen. In München sorgten frustrierte Löwen-Anhänger für eine 13-minütige Spielunterbrechung, als sie das

Fangnetz hinter dem Tor aus der Verankerung rissen und über mehrere Minuten Stangen und herausgetretene Sitzschalen auf den Platz warfen. Vollkommen indiskutabel, auch wenn der Frust der Fankurve von allen im Stadion geteilt wurde, weil eine erkennbar lustlose Löwen-Mannschaft über 90 Minuten nicht einmal so tat, als wolle sie dieses Alles-oder-nichts-Spiel erfolgreich gestalten. Indiskutabel, weil Menschen hätten verletzt werden können – durch die Sitzschalen im Zweifelsfall sogar schwer. Indiskutabel, weil jedem Löwen-Fan hätte klar sein müssen, dass danach eine Debatte entflammen würde, die keinem Fußballfan in keinem Stadion des Landes recht sein kann. Eine Debatte, die – wie immer in den letzten Jahren – von Polemik geprägt sein würde. Und von einer gravierenden Ahnungslosigkeit.

Nach dem desaströsen Fanmarsch der Dresdner Fanszene in Karlsruhe im Mai 2017 hatte sich sogar Thomas de Maizière bemüßigt gefühlt, das Mikrofon zu ergreifen. Der Bundesinnenminister zählt eigentlich nicht zu den Scharfmachern in der deutschen Politik. Dennoch blieb seine verstörende Forderung, auffällig gewordene Fans gehörten »hinter Schloss und Riegel«, auch von denen unkommentiert, die ansonsten jede Aussage eines Unionspolitikers zerpflücken. Vielleicht auch das aus Wahlkampfkalkül? Die abgestandensten Law-and-order-Versatzstücke wird in den Wochen danach jedenfalls die SPD-Fraktion im baden-württembergischen Landtag von sich geben. Im Zehn-Punkte-Plan des stellvertretenden Fraktionsvorsitzenden Sascha Binder finden sich darüber hinaus gut und gerne zehn Punkte, an denen er beweist, dass er von der Materie nicht die geringste Ahnung hat. »Der massive Einsatz von Pyrotechnik, Gewalt gegen Personen und Sachbeschädigungen in öffentlichen Verkehrsmitteln mit Kosten im sechsstelligen Bereich haben ein verheerendes Bild abgegeben«, schreibt Binder beispielsweise und tut so, als ob Ereignisse wie beim Spiel VfB Stuttgart gegen den KSC im April 2017 zum Liga-Alltag gehören.

Angesichts einer Großen Koalition der Scharfmacher muss man dankbar über kompetente Fachpolitiker wie Jürgen Walter (Grüne) sein, der Besonnenheit anmahnt. Und über den Landespolizeichef Gerhard Klotter, der im Ausschuss darauf hinwies, dass die Verletztenzahlen beim als friedlich geltenden Festival »Southside« proportional viermal so hoch seien wie beim Fußball. Überhaupt hätten sich die Hardliner von CDU, SPD und AfD mal fragen können, welche Straftat in Karlsruhe verübt worden sein soll, auf die in Deutschland eine Gefängnisstrafe steht. Und man hätte auch fragen können, wer genau ins Gefängnis soll, wenn die Polizei keine einzige Personalie aufgenommen hat. Ein Bundesinnenminister, der Gefängnisstrafen für Ordnungswidrigkeiten fordert und so gut wie keinen Widerspruch erntet? So etwas gibt es nur, wenn es um Fußballfans geht.

Doch leider findet man gerade unter den Innenministern viele, die mit dem Thema Politik machen. Teils sicher aus aufrichtiger Sorge, teils aber auch aus schlichtem Kalkül. Anders ist die auffällige Häufung von hysterischen Politikeräußerungen in Wahljahren kaum zu erklären. Und anders ist auch nicht zu erklären, warum sowohl CDU-Mann Thomas Strobl in Baden-Württemberg als auch Boris Pistorius von der SPD in Niedersachsen just im Wahljahr 2017 und just inmitten der Saure-Gurken-Zeit zu groß angekündigten »Sicherheitsgipfeln« in ihre Hauptstädte luden. Substanz war da nicht zu erwarten, weshalb nicht nur Fanorganisationen, sondern selbst die DFL diesen Showtreffen fernblieben. Was hängen blieb, dürfte den Politikern allerdings vollkommen reichen: Es ist das Bild eines Politikers, der sich kümmert und vom Vereinspräsidenten bis zum Verbandsvertreter alle an die Kandare nimmt, die mit gesenktem Haupt in sein Ministerium pilgern.

Kein Wunder also, dass in diesem Klima der öffentliche Druck auf Vereine und Verbände enorm ist. Der 1. FC Kaiserslautern sah sich im Mai 2017 zu einer ausführlichen Distanzierung via ellenlanger Presseerklärung genötigt, nachdem bei einem Heimspiel Pyrotechnik abgebrannt worden war. Bei Eintracht Braunschweig machte der Stadionsprecher am letzten Spieltag 2016/17 eine Durchsage, weil ihm die Karlsruher Fans zu unflätig den DFB beschimpften. Und bei Dynamo Dresden reiht man Maßnahme an Maßnahme, um dem DFB zu signalisieren, dass man dessen Forderung, »alles zu tun«, umsetzt. Ob allerdings in der Otto-Fleck-Schneise in Frankfurt oder am Großen Garten in Dresden irgendjemand weiß, wie genau sich verhindern lässt, dass sich 2.000 Menschen Tarnfleckklamotten besorgen? Oder gar, welcher Gesetzesparagraf Verkleidungen verbietet, die manche als geschmacklos empfinden?

Gelangweilt vom Ultra-Lifestyle

Kritische Fragen müssen sich allerdings auch diejenigen Journalisten gefallen lassen, die sich berufen fühlen, meist aus großer räumlicher und inhaltlicher Distanz über die Ereignisse im Stadion zu berichten. Denn natürlich waren es in München keine Eisenstangen, die auf den Platz flogen, so etwas bekäme man seit Jahrzehnten in kein Stadion mehr hinein. Es waren ausgehöhlte PVC-Stangen, wie sie Ultragruppen benutzen, um Fahnen und Doppelstockhalter zu stabilisieren. Das wäre nicht nur leicht zu recherchieren gewesen, es war auch leicht zu sehen. Sowohl im Stadion selbst als auch im Fernsehen erkannte man bereits an der Flugbahn, die der von selbst gebastelten Papierflugzeugen ähnelte, dass es sich um extrem leichte Wurfgeschosse handeln musste. Wie also kam diese Ente in die Welt, die mal wieder für zusätzlichen Horror sorgte, für ein weiteres Anwachsen des Feindbilds Fußballfan? Nach solchen Berichten kann man es ja niemandem verdenken, wenn er Fans, die dutzende Stangen aus Stahl werfen, alles Schlechte der Welt wünscht.

Um nicht missverstanden zu werden: Was in München passiert ist, gibt genügend Stoff für Diskussionen darüber, was sich manche Fans anmaßen, mit welcher Überheblichkeit sie sich das Recht herausnehmen, einen Spielabbruch zu provozieren, wie sie sich über das hinwegsetzen, was die große Mehrheit im Stadion will, vor allem aber: wie sie in Kauf nehmen, Menschen schwer zu verletzen. Wer so etwas tut, kann kaum noch damit rechnen, dass man sich für ihn einsetzt.

Wie es auch völlig indiskutabel ist, was beim erwähnten baden-württembergischen Derby im April 2017 passierte. Mehrfach wurde von Karlsruher Anhängern Leuchtspurmunition so auf den Platz geschossen, dass sich zweimal fast eigene Spieler verletzt hätten. Anscheinend gezielt wurde zudem eine Rakete in den Nachbarblock gefeuert. Der stumpfsinnige Hass galt also offenbar auch dem Stuttgarter Familienpublikum, das dort saß. Selbst im Umfeld des FC St. Pauli tut sich in den letzten Monaten Bedenkliches. Und hier sind nicht die schwachsinnigen Schmähplakate bei den Spielen gegen Nürnberg oder Dresden gemeint, sondern die Tatsache, dass mehrere Dutzend St.-Pauli-Fans im April 2017 ein Spiel des von HSV-Fans gegründeten HFC Falke am Millerntor nutzten, um dessen Anhänger zu überfallen.

Interessante Parallele: Weder die Leuchtspurattacken von Stuttgart noch der feige Überfall in Hamburg wurden von denjenigen Ultras begangen, denen die Aktionen prompt in die Schuhe geschoben wurden. Vielmehr tummeln sich seit einiger Zeit an den Rändern der Hauptgruppen junge Fans, die der klassische Ultra-Lifestyle zunehmend langweilt. »Das waren die Jungen«, »kein Spirit mehr«, »nur noch Stress im Kopf« und immer wieder »Da haben wir keinen Einfluss drauf«, klagen Ultras, die schon länger dabei sind. Und wirken dann ähnlich hilflos wie manche Politiker und Polizeifunktionäre.

Wenn die Ultra-Kultur zusehends unter Druck gerät, hat das viel mit einer hysterisierten Öffentlichkeit zu tun und mit Politikern, die ihre fehlende Detailkenntnis gerne durch möglichst brachiale Forderungen kaschieren. Schuld daran ist aber auch eine völlig falsch verstandene Solidarität. Denn nicht die Kurven sind das Problem, sondern die Tatsache, dass 99 Prozent sich nicht von dem einen Prozent distanzieren, das tatsächlich problematisch ist. Wenn sich das nicht ändert, werden allerdings alle die Folgen tragen.

Jede Silvesterfeier ein Gewaltexzess?
Natürlich ist Fangewalt keine Erfindung der Medien oder publicitysüchtiger Politiker, wie einige Ultra-nahe Zines gerne behaupten. Doch über das, was wirklich besorgniserregend ist, wird öffentlich tatsächlich selten gesprochen. Da wäre zum einen eine Hooliganszene, die mancherorts schon in der zweiten Generation floriert. Rund um die Stadien tritt sie kaum noch in Erscheinung. Da aber eben dort die Kameras stehen, bekommt die Öffentlichkeit nicht viel von ihr mit. Doch so wahr es ist, dass viele Hooligans sich bewusst von politischen Aktionen fernhalten, weil sie nicht vom (partei-)politischen Establishment vereinnahmt werden wollen, so wahr ist es auch, dass Hooligans bei vielen gegen Flüchtlinge gerichteten Demonstrationen und Ausschreitungen eine tragende Rolle gespielt haben, in Freital und in Heidenau genauso wie im Ruhrgebiet. Wenn sein Gewaltmonopol in Frage gestellt wird, müsste das den Staat eigentlich stärker alarmieren als Pyrotechnik – tut es aber offenbar nicht. Wie bislang auch keine erhöhte Betriebsamkeit festzustellen ist, nachdem im Januar 2016 in Leipzig-Connewitz eine Mischszene aus Neonazis, Krawalltouristen und Hooligans (die ein Drittel des Schlägertrupps stellten) eine Spur der Verwüstung hinterlassen hat.

Auch unabhängig von der politischen Agenda ist die Hooliganszene zuletzt wieder aktiver geworden. »Wald- und Wiesen-« oder »Ackerkämpfe«, wie sie in der Szene heißen, also verabredete Schlägereien in Wald- oder Industriegebieten, haben heute viel höhere Teilnehmerzahlen als vor einigen Jahren. Nicht, weil die in die Jahre gekommene Hoolszene sich vergrößert hätte. Sondern weil immer mehr Jungspunde, die sich selbst der Ultraszene zurechnen würden, zu gerne mitmachen. Die Fitnessstudios und MMA-Schuppen sind voll mit fußballaffinen jungen Leuten, die ihren Körper nicht alleine deshalb aufpumpen, um im Freibad Eindruck zu schinden. Es ist eine spannende Frage – nicht zuletzt für die (Haupt-)Gruppen selbst –, ob Ultras auch dann noch Ultras sind, wenn sie sich wie Hooligans benehmen.

Interessanterweise wird genau darüber allerdings so gut wie nie berichtet. Und das wohl aus dem einfachen Grund, dass die verabredeten Schlägereien in der Regel außerhalb der öffentlichen Wahrnehmung stattfinden und nur Eingeweihte zu Schaden kommen. Wo kein Kläger, da kein Richter. Und was man nicht gesehen hat, kann man nicht beschreiben.

Dafür wird Pyrotechnik in einem Maße kriminalisiert, das man nicht nachvollziehen muss. Die Pro- und Contra-Argumente sind sattsam bekannt. Tatsächlich gibt es nur wenige Fälle pro Saison, bei denen sich Fans verletzt haben. Man kann aber auch jeden verstehen, der dem entgegenhält, dass selbst wenige Fälle ein paar zu viel sind. Zumal die Hardliner in Sachen Pyrotechnik zuletzt gute Contra-Argumente geliefert haben. Wenn wie in Stuttgart (aus der Karlsruher Kurve) oder in Magdeburg (aus der Frankfurter Kurve) Leuchtspur auf Menschen geschossen wird, unterminiert das auch die Argumentation jener, die sich dafür einsetzen, Pyrotechnik kontrolliert abzubrennen. Wie in der Gewaltfrage, scheint es auch hier ein Problem zu sein, dass der Nachwuchs an den Rändern der Hauptgruppen sowie eventfixierte Trittbrettfahrer zuweilen nicht an morgen denken und dabei auch den Verhaltenskodex der Gruppe missachten. Wenn es auch in 99 Prozent der Fälle stimmen mag, dass Pyrotechnik »nicht die Hand verlässt«, wie es fast alle Ultras unterschreiben würden, so hat sie es in der Rückrunde der Saison 2016/17 eben doch ein paarmal getan. Und auch die angeblich geächteten Böller waren öfter zu hören, als Trommelfellen lieb sein kann.

Das ändert aber nichts an der bizarren Schieflage der Debatte. Denn mit »Gewalt« im eigentlichen Sinn hat das Abbrennen von Pyrotechnik nun wirklich nichts zu tun. Doch genau diesen Begriff benutzen DFB- und Polizei-Vertreter gerne, wenn sie über Bengalo und Co. sprechen. Und diesen Begriff benutzen auch manche Journalisten. So auch die Berichterstatter aus (in diesem Fall wohl eher: »über«) Jena, die als Beleg für die angeblichen »Gewalttäter«, respektive »Randale«, in der Jenaer Innenstadt lediglich anführten, dass Pyrotechnik gezündet wurde. Nach dieser Logik ist jede Silvesterfeier ein einziger Gewaltexzess.

Und genau deshalb müssen sich Funktionäre, selbst wenn sie ansonsten so besonnen argumentieren wie Rainer Koch, auch fragen lassen, wie sie es mit der Verhältnismäßigkeit der Mittel halten, wenn sie fordern, dass »der Bengalo in der Hand« als Straftat und nicht als

Ordnungswidrigkeit zu behandeln sei. Es gibt in dieser Frage kein empirisches Datenmaterial, aber schätzungsweise geht es bei neun von zehn Meldungen, die in der Öffentlichkeit den Eindruck verfestigen, dass die Gewalt im Fußball immer schlimmer werde, eigentlich um Pyrotechnik. Und zwar fast immer um Vorfälle, bei denen Pyrotechnik gezündet wurde, es aber weit und breit keinen Verletzten gab.

Es ist also letztlich die Debatte um Pyrotechnik, die das öffentliche Klima in einem Maße beeinflusst, dass Law-and-order-Parolen im Fußball schon fast zum guten Ton gehören. Wären die gängigen Forderungen (»volle Härte des Gesetzes«, »hinter Schloss und Riegel«, »keine Gnade«) nicht die Reaktion auf Ereignisse rund um ein Fußballspiel, sondern Beiträge zu einem Thema wie Jugendgewalt, Freigang im Strafvollzug oder Migration, kämen sie einem sofort absurd und regelrecht hysterisch vor. Wie wäre es eigentlich, wenn DFL und DFB sich mal endlich zu der Erkenntnis durchrängen, dass das Thema Fußballgewalt in weiten Teilen eine Phantomdebatte ist, allerdings eine, die genau das beschädigt, was sie selbst »Produkt« nennen? Hinter den Kulissen sieht man das doch – bei der DFL, nicht beim DFB – tatsächlich genauso. Nur Mut. Und wenn es dafür auch mal Applaus aus den Fankurven gibt, muss das in dem Fall kein Grund zur Besorgnis sein.

11.000 »Gewalttäter Sport«

In einem Land, in dem in den meisten Großstädten Polizisten hinter vorgehaltener Hand sehr deutlich sagen, dass sie viel mehr Energie und Personal darauf verwenden müssten, um Bandenkriege und Milieu-Parallelgesellschaften etwas wirksamer bekämpfen zu können, und in dem man sich bei Delikten wie Einbrüchen oder Diebstählen de facto längst aus der Strafverfolgung zurückgezogen hat, könnte einem die Debatte um Pyrotechnik schon reichlich verschroben vorkommen. Wenn nicht bereits die Debatte über die tatsächliche Gewalt eine Frage aufwerfen würde, um die sich auch weite Teile der Öffentlichkeit herumdrücken: Wer glaubt denn wirklich, dass gewaltbereite Jugendliche kein Problem mehr sind, wenn sie aus dem Umfeld des Fußballs entfernt werden? Verschwinden die von der Oberfläche des Globus, oder gehen sie nicht eher in die nächste Disco? Gewalt ist kein Fußballphänomen, diese Binsenweisheit scheint man hin und wieder zu vergessen.

Kein Wunder also, dass bei einer solch vermeintlich großen Gefahr auch mit dem dicken Kaliber zurückgeschossen wird. In der Fläche und punktuell. Nehmen wir einmal die Datenerfassung, zunächst die sogenannten SKB-Dateien, die von denjenigen Polizisten (»szenekundigen Beamten«) gepflegt werden, die am Spieltag möglichst nah an den Fanszenen dran sein sollen. Gespeichert wird in ihnen offenbar so gut wie alles, was man über eine Person weiß, inklusive Daten zum beruflichen und privaten Umfeld eines Fans. Zudem werden Persönlichkeits- und Bewegungsprofile erstellt, selbst die Cafés, in die er oder sie gerne geht, werden festgehalten. Nun mag so etwas bei potenziellen Attentätern oder anderen gefährlichen Menschen vielleicht angebracht sein, doch im Fußballkontext werden sehr scharfe Schwerter deutlich früher gezückt.

Auch wer sich noch nie einer Personalienfeststellung unterziehen musste, kann hier landen. Sprich: Man muss sich gar nichts zuschulden kommen lassen, um hier gespeichert zu werden. Für Nordrhein-Westfalen, wo nicht weniger als 6.500 Personen erfasst sind, antwortete die Landesregierung auf eine Anfrage der Piraten-Fraktion: Um in der Datei zu landen, reiche es aus, »bei Sportveranstaltungen anlassbezogen in Erscheinung getreten« zu sein. Das ist nun wirklich keine große Hürde. Darüber hinaus erfährt man in der Regel nicht einmal, dass man erfasst wurde. Es besteht nämlich keine Auskunftspflicht. »Solche Dateien widersprechen sämtlichen rechtsstaatlichen Prinzipien und sind ein schwerer Verstoß gegen das Recht auf informationelle Selbstbestimmung der Betroffenen«, erklärte Piraten-Politiker Frank Herrmann, dessen Fraktion sich in ihrer einzigen Legislaturperiode im nordrhein-westfälischen Landtag sehr um die Erkenntnis verdient gemacht hat, dass Bürgerrechte auch für Fußballfans gelten. »Bei der Polizei scheint sich ein Datensammel-Wildwuchs breitzumachen, der dringend besser kontrolliert werden muss.«

Allerdings sind die SKB-Dateien nur die Kellerkinder der weitaus opulenteren Datei »Gewalttäter Sport«, die sich ebenfalls zu einem Monstrum ausgewachsen hat, dessen rechtsstaatliche Berechtigung viele Politiker und Juristen in Frage stellen. Wenn es nach der Bundestagsabgeordneten Monika Lazar (Bündnis 90/Grüne) ginge, würde die 1994 ins Leben gerufene Datei ihr 25-jähriges Bestehen allenfalls dann erleben, wenn sie deutlich schrumpft. Durch die Antwort der Bundesregierung auf eine Kleine Anfrage ihrer Fraktion im März 2017 fühlt sich die grüne Obfrau im Sportausschuss jedenfalls in ihrer Einschätzung bestätigt: »Die derzeitige Datensammelwut bringt keinen Deut mehr Sicherheit, verstößt aber massiv gegen die Grundrechte tausender Fußballfans.«

Tatsächlich werfen einige Antworten, die das Innenministerium auf die insgesamt 39 Fragen der Parlamentarier gab, Fragen auf. Schon der bloße Umstand, dass im Dezember 2016 immer noch 10.907 Personen in der Datei erfasst waren, die von der Zentralen Informationsstelle Sporteinsätze (ZIS) im NRW-Innenministerium geführt wird, überrascht. Doch offenbar muss ein Fan auch nicht unbedingt gewalttätig sein, um in diese Datei aufgenommen zu werden. Neben »Verdächtigen«, »Beschuldigten« und »Verurteilten« würden auch Personen geführt, »weil bestimmte Tatsachen die Annahme rechtfertigen, dass die Betroffenen anlassbezogene Straftaten von erheblicher Bedeutung begehen werden«, heißt es in der Antwort des Innenministeriums. »Bestimmte Tatsachen« – es gab sicher auch schon Formulierungen, unter denen man sich mehr vorstellen konnte.

Für Lazar ist auch diese vage Formulierung ein Beweis dafür, dass »allein schon der Name der Datei irreführend« ist. »Wie die Bundesregierung zugeben musste, sind in der Datei bei Weitem nicht nur Gewalttäter gespeichert. Es kann schon eine Personalienfeststellung reichen, um dort zu landen.« Das sei genauso skandalös wie die Tatsache, dass Personen, die einmal in der Datei geführt werden, nicht automatisch gestrichen werden, wenn ein ordentliches Gericht ein Ermittlungsverfahren eingestellt hat.

Jürgen Lankes, Leiter der ZIS, bewertet die Zahlen anders. Zwar treffe es zu, dass schon die Erfassung durch »präventivpolizeiliche Maßnahmen« oder eben eine Personalienfeststellung zur Speicherung führen könne, doch würden die 14 Bundesländer, die die Gespeicherten nicht automatisch informierten, Auskunft erteilen, ob man gespeichert sei oder nicht. Zudem betont er den Rückgang »um etwa 1.000 Personen im Vergleich zum Dezember 2015« und verweist darauf, dass die Zahlen eine positive Entwicklung widerspiegelten: »In den vergangenen Jahren ist eine rückläufige Tendenz erkennbar, sowohl bei den Personen als auch bei den Anlässen.« Noch einmal also, und zwar untermauert mit der Autorität der offiziellen Polizeistatistik: Die Gewalt im Fußball ist rückläufig.

Doch so erfreulich dieser Rückgang ist, es werden immer noch viel zu viele Personen gespeichert, die sich offensichtlich nichts zuschulden haben kommen lassen. Allein das ist skandalös. Politisch, also für die Diskussion um die angeblich so ausufernde Fangewalt, ist die Zahl fatal. Denn wer liest, dass fast 11.000 Menschen in einer Datei erfasst sind, die Gewalttäter beinhaltet, muss ja den Eindruck bekommen, es handle sich bei den deutschen Fußballstadien um hochgefährliche Orte. Und genau das glauben auch Millionen von Menschen, die eines gemeinsam haben: Ihr Bild von Fußballfans ist ein von den Medien vermitteltes, die entweder – journalistisch sauber – über die erwähnten Polizeizahlen informieren und versuchen, diese in einen Zusammenhang zu stellen, oder aber – und leider gibt es dafür nach wie vor Beispiele – journalistisch unsauber auf Angst- und Panikmache setzen.

Hausdurchsuchung wegen »Hurensohn«

Auch deshalb besteht für den ehemaligen Sicherheitschef des DFB und jetzigen Präsidenten von Kickers Offenbach, Helmut Spahn, ein eklatantes Missverhältnis zwischen den Diskussionen um »Fußballgewalt« und der Realität. »In der Saison 2015/16 waren fast 23 Millionen Zuschauerinnen und Zuschauer in den deutschen Stadien, es hat aber nur 500 Verletzte durch Fremdverschulden gegeben.« Damit passiere bei jedem Oktoberfest mehr als in einer gesamten Bundesligasaison. »Selbst wenn jeder, der in dieser Datei ist, tatsächlich gewalttätig wäre, wäre das umgerechnet auf die Zuschauer in den ersten drei Profiligen sehr wenig.« Das sei aber nicht so. »Ich formuliere mal vorsichtig: Manchmal reicht eine Verkettung unglücklicher Umstände, um reinzukommen.«

Die beeindruckend hoch klingenden Zahlen, so Spahn, würden »von interessierter Seite« auch dazu verwandt, die Politik auf den Plan zu rufen. Im »Überbietungswettbewerb, wer gerade der größte Scharfmacher ist«, sei der Fußball zum »Experimentierfeld« geworden. Und das umso mehr, als es außer ein paar Fachpolitikern in den Landtagen und in Berlin sowie ein paar Juristen ja niemanden gibt, der mal Partei für die Fans ergreift. Und wenn es noch so geboten wäre. Ein paar Beispiele gefällig?

Beim Spiel der TSG Hoffenheim in Köln am 21. April 2017 wird ein Ritual aufgeführt, das manchem Grundschüler als Pausenhof-Zeitvertreib zu hirnlos wäre, strafrechtlich aber nicht von allzu großer Relevanz sein dürfte – zumindest hätte die deutsche Justiz, wenn jeder so reagieren würde wie Dietmar Hopp, einige hunderttausend Verfahren mehr zu bearbeiten, als sie das eh schon hat. Und zwar pro Tag. Jedenfalls präsentierten Kölner Fans eine Blockfahne mit einer gezeichneten Prostituierten und der Aufschrift »Geburtsurkunde – Name: Dietmar Hopp; Geburtsdatum: 26.04.1940; Mutter: Hure; Vater: Nazi«. Dass Letzteres auch als Tatsachenbehauptung stimmt, ist klar – Hopp selbst hat das schon oft thematisiert und ist alles andere als glücklich über die

Parteimitgliedschaft seines Vaters (der zudem offenbar ein besonders skrupelloser SA-Führer war). So geht es vielen Menschen, die wie Hopp in den 1940er Jahren geboren sind.

Doch was Hopp seit Jahren auf die Palme bringt, ist die Bezeichnung »Hurensohn«, die allerdings leider geläufig ist – in Fankurven, auf Pausenhöfen, in Straßenbahnen, generell im öffentlichen Leben. Nur, dass Hopp seit dem Aufstieg in die 1. Liga 2009 – und damit seit seinem ersten Aufeinandertreffen mit größeren Fankurven – auf diese ebenso substanz- wie hirnlose Beschimpfung reagiert, als handle es sich dabei nicht um ein Schimpfwort, sondern um eine ernstgemeinte Unterstellung über die Berufswahl seiner Mutter. Deshalb sagte er schon 2011, als Dortmunder Fans den Schwachsinn riefen, allen Ernstes: »Sie glauben nicht, wie weh das tut. Wer meine Mutter kennt, weiß, was für eine herzensgute Frau sie war.« Es mag kindisch sein, aber seither hat der Slogan »Dietmar Hopp, du Sohn einer Hure« Konjunktur in den einfältigeren, vielleicht auch etwas weniger politisierten Kurven. Wie auf dem Schulhof, wo ein Kind, das nicht »Michi« genannt werden will, eben genau deshalb so genannt wird.

Was daraufhin allerdings in Köln passierte, hat mit »Schulhof« wenig zu tun. In Kurzform: Hopp erstattete Anzeige. Es gab eine Hausdurchsuchung im Kölner Fanprojekt, wo die besagte Fahne prompt konfisziert wurde. Ohne Gerichtsbeschluss im Übrigen, was allein schon ein Skandal ist. »Angenommen, jemand von uns ginge zur nächsten Polizeiwache, um Anzeige wegen Beleidigung zu stellen – zu rechnen wäre mit der Empfehlung, drüber zu schlafen, die Sache auf sich beruhen zu lassen oder vielleicht noch in der Mediation zu klären«, schreibt die Fanorganisation »ProFans« dazu in einer Stellungnahme. »Ein etwaiges Verfahren würde nach Monaten ohne Ergebnis eingestellt. Aber vor dem Gesetz sind ja alle gleich, nicht wahr?«

Polizeirazzia gegen Sprayer
Zweites Beispiel, Hannover. Die Schilderungen der »Fanhilfe Hannover« decken sich im Wesentlichen mit denen der Lokalpresse, weswegen sie hier im Kontext wiedergegeben werden: »So wurde eine Haustür mittels Rammbock zerstört, obwohl ein Schlüsseldienst die Tür hätte öffnen können. Das Eigentum eines Mitbewohners wurde trotz deutlicher Zuordbarkeit und trotz fehlenden entsprechenden Beschlusses beschlagnahmt. Der übernachtende Besuch eines Betroffenen wurde während der Durchsuchung auf einem Bett gefesselt. Augenzeugenberichten und

der entsprechenden Presseberichterstattung war zu entnehmen, dass teilweise ganze Straßen durch eine Beweissicherungs- und Festnahmeeinheit gesperrt worden waren.«

Das klingt nach einem drastischen Polizeieinsatz, wie man ihn aus dem Fernsehen kennt, wenn es gilt, Terroranschläge zu verhindern oder Geiselnahmen zu beenden. Doch was den mutmaßlichen Mitgliedern der Hannoveraner Ultra-Gruppe »Rising Boys Hannover« zur Last gelegt wurde, waren … Graffiti! Dementsprechend fiel der Fahndungserfolg aus, wie die *Hannoversche Allgemeine* berichtet: »Die Ermittler stellten die Wohnungen der Verdächtigen auf den Kopf und nahmen unter anderem Kleidungsstücke, Schuhe, Sprayerutensilien und Computer mit. Zudem stießen sie auf Bengalos und T-Shirts mit der Aufschrift ACAB. Die Abkürzung steht für den englischen Spruch ›All cops are bastards‹.« Schuhe, Computer und Bengalos als Rechtfertigung für einen mutmaßlich recht teuren Polizeieinsatz. Wer da nicht mit dem Kopf schüttelt, muss schon Politiker im Wahlkampfmodus sein.

Bliebe noch die hochgradig fragwürdige Praxis der Kollektivstrafen für Fangruppen (oder ganze Stadien), in deren Umfeld oder Nähe es zu Vorfällen kam. Dass in Frankfurt, Nürnberg, Karlsruhe, Dresden etc. bereits ganze Stadionsektoren gesperrt wurden, hat dort auch bei der klassischen Sitzplatzklientel das Feindbild DFB wachsen lassen. Wer sich auf den 50-Euro-Plätzen umhört, erfährt zwar einiges über den weitverbreiteten Frust gegenüber einer als anmaßend empfundenen Ultraszene. Er fängt aber auch viele Statements ein, die sich genauso wenig druckreif mit der als willkürlich empfundenen DFB-Sportgerichtsbarkeit auseinandersetzen. Es ist ja auch schwer zu vermitteln, dass eine andere Instanz als ein ordentliches Gericht entscheidet, dass eine Familie mit zwei Kindern ihre teuer bezahlte Dauerkarte für ein Spiel nicht nutzen darf, weil sich in 100 Metern Entfernung (oder beim Auswärtsspiel in 500 Kilometern Luftlinie) ein paar Menschen aus der gleichen Stadt danebenbenommen haben.

Im August 2017 stellte der DFB dann auch tatsächlich in Aussicht, auf die Praxis der Kollektivstrafen erst einmal zu verzichten. Er zeigt damit Lernfähigkeit und macht einen großen Schritt auf die protestierenden Fangruppen zu. Doch deren Kritik am Verband geht weit über dessen Haltung zu Pyrotechnik und Kollektivstrafen hinaus. Aufgrund der FIFA-Skandale (für die der DFB nur sehr bedingt in Verantwortung ist), der Vergabe eines großen Turniers an einen Staat wie Katar sowie der Affäre um das »Sommermärchen« sprechen viele Fangruppen dem DFB das Recht ab, anstelle ordentlicher Gerichte Stadionverbote oder Geldstrafen für die betroffenen Vereine zu verhängen. Und tatsächlich ist es ja bemerkenswert, mit welcher Verve die Öffentlichkeit Phantomdebatten über Gewalt im Fußball führt, während es in der Politik und im Fußball gleichermaßen unhinterfragt bleibt, warum man Putin und Erdoğan (zu Recht) wegen ihres Umgangs mit Opposition und Meinungsfreiheit kritisiert, aber gleichzeitig liebend gerne mit China kooperiert, einem Staat, der Opposition und Meinungsfreiheit nicht einmal kennt. So oder so: Das Image des DFB ist in den Fankurven reichlich lädiert.

»Sterile Stadien ohne Schmähgesänge oder authentische Fußballkultur? Wir erwarten gar nicht viel, nur eine längst fällige Null-Toleranz-Politik seitens der Fußballvereine, keinen Cent mehr an einen korrupten Verband für lachhafte Strafen zu überweisen«, heißt es bei »ProFans«. »Dabei verzichten wir gerne auf Logos am Ärmel der Trikots, wenn dafür Klüngel, Filz, Korruption und die Willkür der Sportgerichtsbarkeit aus dem Geschäftsgebaren der Verbände verschwinden.«

Es besteht Grund zu der Annahme, dass man beim DFB denkt, dass diese zugegeben reichlich pathetischen Worte dem Trotz einiger verwirrter Jugendlicher entspringen, auf die man gut und gerne verzichten kann. Wenn Verbandsvertreter durchblicken lassen, von komplett gesperrten Blöcken könne eben auch keine Gewalt ausgehen, erinnert das an einen Punk-Song aus den 1990er Jahren: »Wir werfen Dynamit ins Meer, dann gibt es keine Haie mehr, auch der Strand wird betoniert, damit man nichts im Sand verliert«.

Wenn der DFB auch nur den Hauch einer Ahnung hätte, wie viele tausend Menschen in allen Stadionsektoren exakt den Tenor dieser Kritik teilen, er würde sich ernsthaft Sorgen machen. Unter den Fans glauben jedenfalls nicht wenige, dass die Rigorosität, mit der zuweilen absolute Kleinigkeiten geahndet werden, nicht nur mit wahltaktischen Manövern oder Profilierungswünschen einzelner Einsatzleiter zu tun hat. Sie glauben vielmehr, dass sie als aktive Fans generell nicht mehr erwünscht sind, dass jeder Fan, der entnervt aufgibt, weil er ständig kriminalisiert und gegängelt wird, während er eigentlich nur seinem Hobby frönen will, einer ist, der den Visionären einer schönen neuen Fußballwelt bestens ins Kalkül passt. Die Zukunft – so scheint es auch in Thüringen – könnte sowieso Vereinen gehören, die mit viel Geld und wenigen Fans den sportlichen Erfolg erzwingen wollen.

Phil Collins und das Dixi-Klo

Bei Wacker Nordhausen spielen plötzlich ein halbes Dutzend hoch bezahlte Ex-Profis, ein Millionenunternehmen gibt das Geld, und ein Spielerberater wird zum Manager. All das kann man als skurriles Provinztheater abtun. Doch wer die Regionalliga verlassen will, ist zum Größenwahn gezwungen. Ein Ortsbesuch.

Erst sind die Ghostbusters dran, dann Whitney Houston, danach Phil Collins, dazwischen Discobeat und Werbedurchsagen. Dann überschlägt sich die Stimme des Stadionsprechers ein bisschen, schließlich kommen gerade die Spieler aufs Feld, da muss etwas Dramatik durch die Boxen. Selbst wenn die hier gar keiner zu brauchen scheint. Die Zuschauer klatschen auch so höflich und hoffen auf einen unterhaltsamen Fußballabend. In der Halbzeit wird sich der Stadionsprecher noch mal zu Wort melden: »Und nun eine Durchsage für Presse, Funk und … okay, Fernsehen sehe ich hier gar nicht. Wir bedanken uns bei 590 Zuschauern.«

Fußball in Nordhausen ist Fußball auf dem Lande. Trotz all der vollmundigen Ankündigungen der vergangenen Monate und Jahre. Die Aussage von Präsident Nico Kleofas, man wolle »die Nummer eins in Thüringen« sein, haben sie in Erfurt und Jena mit einer Mischung aus Erstaunen und Belustigung vernommen. Das hier ist Thüringen, fraglos. Aber Thüringens Nummer eins? Dazu bräuchte es wohl ein bisschen mehr als die gut 40 ultraorientierten Fans hinterm Tor, die von »Thüringens wahrer Liebe« singen, und ein bisschen mehr als dieses liebenswerte, aber baufällige Stadion. Ein riesiges Areal mit vier Sportplätzen, einer davon auf zwei Seiten mit einer jahrzehntealten Dachkonstruktion aus Wellblech versehen. Das ist dann der Platz, auf dem die Regionalligamannschaft spielt. Sanitäre Anlagen gibt es hier nicht. Stattdessen steht vor einem Zaun eine Reihe Dixi-Klos, von denen aus man in der Halbzeit beobachten kann, wie die 22 Spieler auf der anderen Seite der Tribüne über das Gras laufen und im 100 Meter entfernten Funktionstrakt verschwinden. Auch das Geschehen auf dem Rasen hat Charme. Für Regionalligaverhältnisse ist das Tempo hoch. Wer auf der Tribüne in der ersten Reihe sitzt, kann die Spieler beim Einwurf berühren, wenn er sich nur leicht nach vorne beugt. Das hier hat Atmosphäre.

Heute, im Spiel gegen den alten DDR-Rekordmeister BFC Dynamo, sieht der Albert-Kuntz-Sportpark mit seinen knapp 600 Zuschauern schon recht gut gefüllt aus. Im Schnitt kommen 891 in der Saison 2016/17. In der Rückrunde sind jedes Mal ein paar hundert Zuschauer weggeblieben. Denn schon im Oktober schien klar, dass man in dieser Spielzeit die Saisonziele nicht mehr würde erreichen können. Der FSV Wacker Nordhausen hatte nämlich vorgehabt, in die 3. Liga aufzusteigen.

Und deshalb spielt Marco Sailer hier, der direkt vom drei Klassen höher spielenden SV Darmstadt 98 kam und angeblich auf Zweitliganiveau verdient. Mounir Chaftar und Zafer Yelen spielen auch hier, der langjährige Jenaer Keeper Tino Berbig und Nils Pichinot und Lucas Scholl, der Sohn von Mehmet Scholl, sowieso. Eigentlich sind die meisten Spieler, die heute hier im blauen Nordhäuser Trikot den erstaunlich gut gepflegten Rasen rauf- und runterlaufen, sündhaft teuer. Viele kommen aus Jena und Erfurt, sie sind nach Nordhausen gewechselt, weil man dort mehr verdienen kann. Was das Finanzielle angeht, stimmt es also fast schon, dass Wacker Thüringens Nummer eins ist.

Der mysteriöse Herr Knauf
Kurz vor Anpfiff erscheint auch der Mann, ohne den Wacker Nordhausen wohl tatsächlich noch ein kleiner Provinzklub wäre: Nico Kleofas. Der Vereinspräsident stellt sich im Innenraum genau vor der Kurve der Ultras auf den Rasen, in der zweiten Halbzeit sitzt er dort auf einem bescheidenen Holzstuhl. Kleofas ist seinem Verein seit Jahren gewogen, und er hat sich große Verdienste um ihn erworben. Von der Thüringenliga stieg Wacker in einem nicht eben schwerreichen Landstrich bis in die Ober- und schließlich Regionalliga auf und achtete dabei auch darauf, dass nachhaltige Strukturen geschaffen wurden. Heute arbeitet Wacker auch im Nachwuchsbereich erfolgreich.

Für den Betrieb von Kleofas, der auch offizieller Sponsor ist, wird hier überall im Stadion geworben: »KK Detektei Personenschutz Bleicherode«. Doch obwohl das Unternehmen nach eigenen Angaben von der Buchpräsentation einer Heidi Klum bis zu den Spielen von Hannover 96 so einige Veranstaltungen abgesichert hat, dürfte bei dem Familienbetrieb mit wenigen Angestellten nicht genug Geld hängengeblieben sein, um einen solch teuren Etat wie den von Wacker Nordhausen zu finanzieren. Und wer sich im Stadion umsieht, weiß, dass das Geld auch nicht von den wenigen Kleinsponsoren kommen kann, die in eine Bande investiert haben.

Tatsächlich stammt es von Carlo Knauf, dem Chef des millionenschweren Weltkonzerns Knauf, der sein Geld mit Trockenbau verdient. Mit etwa 1 Mio. Euro soll der Unternehmer, dessen Konzernzentrale in der Nähe von Würzburg liegt, den Verein unterstützen. Merkwürdig an diesem Engagement ist, dass es für so viel Geld kaum eine sichtbare Gegenleistung zu geben scheint. Knauf wird auf der Wacker-Homepage unter den Sponsoren gelistet, die paar Pixel sind aber auch so gut wie das einzige sichtbare Zeichen für sein Engagement. Weder auf der Brust noch auf einer Bande wird für den Gipsfabrikanten geworben.

Auch Carlo Knauf selbst hält sich offenbar lieber im Hintergrund. Immerhin, die *Thüringer Allgemeine* berichtet, dass er beim Neujahrsempfang seines Unternehmens Anfang 2016 dem Wunsch Ausdruck verliehen habe, dass Wacker schon bald in der 3. Liga spielt. Doch dazu müssten sich auch die Politik und die lokale Wirtschaft stärker engagieren. Schließlich könne er das nicht alleine stemmen. So sah es laut *TA* auch Präsident Kleofas: »Die 3. Liga ist ein Thema für uns, wenn wir da auch sportlich hingehören.«

Ein Nationalspieler in der Provinz

Also arbeitet man fleißig daran, für die Regionalliga schon mal einen drittklassigen Kader zusammenzustellen – mit Hilfe von Maurizio Gaudino, fünffacher Nationalspieler und in seiner aktiven Zeit in Mannheim, Frankfurt und Stuttgart ein technisch beschlagener Mittelfeldmann. Der wurde in Nordhausen zum Sportdirektor erkoren. Und das offenbar nach einem Gedankengang, den man bei kleineren Vereinen oft antrifft, nämlich, dass Prominenz automatisch auch Kompetenz und höhere Qualität bedeutet. Dabei hätte es die Verantwortlichen skeptisch machen können, dass Gaudino kurz zuvor bereits beim Oberligisten SSV Reutlingen gescheitert war. Auch dort spielten plötzlich viele neue Kicker, für die der SSV ein Sprungbrett sein sollte, die aber letztlich nicht einmal dem Fünftligisten weiterhalfen. Es gab damals schon Leute, die dieses Geschäftsmodell sehr kritisch gesehen haben. Doch denen waren die Hände gebunden. Gaudino hatte formal ja kein Amt im Verein, er war nur »Berater«. Und beraten darf man ja, wen man will. Gerne auch Leute, die man sehr weitgehend beraten muss, weil sie von Fußball nicht allzu viel verstehen.

In Reutlingen wie in Nordhausen hätten sie also vielleicht darüber nachdenken müssen, ob es solch eine gute Idee ist, wenn jemand, der sein Geld als Spielerberater verdient, zum Sportdirektor gemacht wird und somit einen Kader neu zusammenstellen kann. Schließlich würde ein Angestellter in gehobener Position bei Coca-Cola eine Bar wohl auch nicht mit Pepsi-Produkten ausstatten, wenn er die Prokura bekäme, das Getränkesortiment zu bestimmen.

Gaudino verpflichtete dann auch neben seinem Wunschtrainer Josef »Joe« Albersinger vor allem Spieler mit klangvollen Namen (Sailer, Yelen, Scholl), schaute jedes Training an und kam schnell in den Geruch, »seine« Spieler beim Trainer durchdrücken zu wollen. Die Folge war ein schlechtes Binnenklima in dem mit über 30 Akteuren aufgeblähten Kader. Von Grüppchenbildung, Ost-West-Konflikten und Auseinandersetzungen zwischen neuen und alteingesessenen Spielern ist die Rede.

Auf dem Platz ist davon heute nicht viel zu merken. Sonderlich dominant spielt die wohl drittteuerste Mannschaft der Liga aber auch nicht gegen einen Verein, der sich am Saisonende nur mit Mühe und Not vor dem Abstieg retten kann. Den gut 560 Nordhäusern unter den 590 Zuschauern scheint das jedoch weitgehend egal zu sein. Sie freuen sich auf das anstehende Thüringen-Pokal-Finale gegen Rot-Weiß Erfurt und sind bei einer spontanen Umfrage im Zuschauerbereich auf Höhe der Eckfahne sowieso mehrheitlich der Ansicht, dass das mit der 3. Liga eine Riesenspinnerei ist. »Ich trauere den ganzen Legionären hier jedenfalls nicht nach, wenn die im Sommer über alle Berge sind«, sagt ein älterer Herr, der großen Zuspruch erntet, als er fordert, man möge in der kommenden Saison wieder dem eigenen Nachwuchs vertrauen.

Der eigene Nachwuchs im Zuschauerbereich hat es derweil nach dem Spiel etwas ruhiger angehen lassen und an der Tankstelle, die gegenüber der Straßenbahn-Endhaltestelle liegt, noch ein paar Bierchen erstanden. Als der Fahrer in der abfahrbereiten Bahn das sieht, steigt er aus und hält einen sehr langen, sehr lauten und sehr grundsätzlichen Vortrag darüber, dass es nicht gestattet sei, in öffentlichen Verkehrsmitteln Alkohol zu konsumieren. Banges Schweigen und verschämtes Kopfnicken allerorten. Als sich fünf Minuten später einer der insgesamt 14 Fahrgäste zu seinem Rucksack hinunterbückt und sich durch das Knacken einer Dose verrät, hält der Fahrer auf freier Strecke. Und dann wird es aber mal so richtig laut.

Wie Red Bull Flügel verliehen bekam

Die 50+1-Regel hat den deutschen Fußball stark gemacht, doch Wirtschaftslobbyisten und Funktionären ist sie ein Dorn im Auge. Auf DFB und UEFA wird man sich bei ihrer Verteidigung nicht verlassen können, wie der Umgang mit den Red-Bull-Vereinen zeigt.

Eigentlich ist die Sache klar. Im deutschen Fußball gilt die 50+1-Regel. Sie besagt, dass nur Kapitalgesellschaften am Spielbetrieb teilnehmen können, an denen der jeweilige Verein die Mehrheit der Stimmanteile hält. Damit soll gewährleistet werden, dass der jeweilige Verein seine Geschicke selbst bestimmt und in seinen Entscheidungen autonom vom Einfluss der Investoren bleibt, da diese nicht die Mehrheit der Stimmanteile im Verein erwerben dürfen.

So weit, so gut – und so erfolgreich, wie z.B. auch Freiburgs Trainer Christian Streich findet: »Die 50+1-Regel ist einer der wichtigsten Gründe, warum es in Deutschland so gut läuft. England ist ja schön und gut, aber was hier geboten wird und wie voll die Stadien sind und wie Fußball gelebt wird, ist noch mal etwas anderes. 50+1 ist einer der Gründe, warum wir noch ein bisschen Glaubwürdigkeit haben.«

Tatsächlich ist es eines der großen Verdienste von 50+1, dass die Bundesliga zumindest ab Platz zwei noch ein wenig spannender und ausgeglichener ist als die anderen großen Ligen Europas und dass Vereinsmitglieder, die ja die denkbar größte Identifikation mit dem Verein mitbringen, noch ein paar demokratische Rechte haben. In einer Demokratie sollte man darüber nicht spotten, wie es die selbst ernannten Modernisierer der Branche tun. Schon gar nicht, wenn man schlecht das Argument widerlegen kann, dass überall dort, wo die Modernisierer zuletzt durchregieren konnten, Aufwand und Ertrag in einem ganz schlechten Verhältnis standen.

Dem hierzulande vielleicht profiliertesten Befürworter einer Abschaffung von 50+1, Hannovers Präsidenten Martin Kind, muss man allerdings zugutehalten, dass ihm Heuchelei fremd ist. Im Gegensatz zu Hasan Ismaik bei 1860 München spricht er nicht von der unsterblichen Liebe zu Hannover 96 und dessen Fans, sondern von den Begrifflichkeiten, die er als erfolgreicher Unternehmer im Hörgerätebereich kennt. »In der Vergangenheit war ein Engagement in einen Fußballklub aus unternehmerischer Sicht wenig attraktiv. Es war vielmehr eine Risikoentscheidung«, sagt er z.b. im Interview mit dem *Manager Magazin* Anfang 2017. »In Zukunft können Investitionen in Bundesligaklubs aber auch wirtschaftlich interessant sein. Die Bundesliga ist ein Wachstumsmarkt. Voraussetzung für Investitionen ist allerdings, dass es in dem Klub unternehmerische Organisations- und Entscheidungsstrukturen gibt.« Stimmt, denn nur so lassen sich einmal Gewinne entnehmen, die heute noch beim Verein bleiben.

Die Effizienz, von der sie sprechen

2015 ist Hannover 96 mit einem Etat im gehobenen Mittelfeld des Erstligaklassements im Übrigen aus der 1. Bundesliga abgestiegen. So richtig rational können die Investitionen also nicht gewesen sein, die unter der Ägide des bekennenden Fußballaien Martin Kind getätigt worden sind. Weil er – wie er das von »Kind Hörgeräte« kennt – auf eloquente Manager mit solider akademischer Ausbildung setzt? Im Oktober 2015, zu einem Zeitpunkt, als halb Nürnberg sich über die Fehler des langjährigen »Club«-Managers ausließ, verpflichtete Kind den rhetorisch nicht unbegabten Sportökonomen Martin Bader. Der dürfte auch im Vorstellungsgespräch brilliert haben, in der Folgezeit tätigte er allerdings zusammen mit dem aus Nürnberg mitgebrachten Chefscout ein paar derart ahnungslose millionenschwere Transfers, dass irgendwann auch Kind das Missverhältnis zwischen Aufwand und Ertrag auffiel. Da war 96 allerdings schon lange abgestiegen. In Nürnberg hatte sich Kind dem Vernehmen nach übrigens nicht zuvor erkundigt, wie die Bilanz seines angehenden wichtigsten Vereinsangestellten denn so ausfiel.

Trotzdem gelten Leute wie Martin Kind als »Modernisierer«. Vielleicht, weil sie über sich selbst Sätze wie den folgenden sagen: »Investoren tragen zur Professionalisierung bei. Es gibt einen Know-how-Transfer, einen Verantwortungstransfer – und natürlich einen Geldtransfer.« »Investoren tragen zur Professionalisierung bei« – diesen Satz muss man sich wirklich auf der Zunge zergehen lassen. Und sich dann vergegenwärtigen, was z. B. der HSV-Investor Kühne im Sommer 2017 über sein Investment berichtete. Er habe, so der 80-Jährige, dem Verein gesagt, dass er Geld für den Transfer von André Hahn von Gladbach nach Hamburg nur dann bewillige, wenn gleichzeitig Bobby Wood gehalten werde. Beide Spieler werden vom gleichen Berater, Volker Struth, betreut, der früher auch Kühnes offizieller Berater war. Über den Spielervermittler erfuhr Kühne, dass Wood und Hahn stark begehrt seien und deshalb Eile geboten sei – und sorgte dafür, dass der HSV handelt. Was weder zum finanziellen Schaden der Spieler noch des Beraters sein dürfte. Wohl aber zum Schaden des HSV. »Professionalisierung durch Investoren«? Auch hier wohl eher das Gegenteil.

Geld hat auch Kind in den vergangenen Jahren tatsächlich jede Menge ausgegeben. Aber das Verhältnis zwischen Aufwand und Ertrag, das war deutlich geringer als beispielsweise in Mainz oder Freiburg, die als klassische eingetragene Vereine fungieren und an den Schaltstellen nicht auf große Namen, sondern auf Fachkompetenz setzen. Doch das Bedürfnis durchzuregieren, Widerspruch möglichst erst gar nicht aufkeimen zu lassen, ist bei Kind so stark, dass er sich Mitte 2017 sogar dabei erwischen lassen musste, wie Hannover 96 die Mitgliedsanträge von 120 Personen ablehnte, bei denen man davon ausgehen konnte, dass sie Kinds Plänen kritisch gegenüberstehen. »Im Interesse des Vereins«, seien die Anträge abgelehnt worden, richtete ein Vereinssprecher dem Magazin *11Freunde* aus. Man darf gespannt sein, wie die Gerichte solch eine Praxis bewerten. Am 31. Juli 2017 stimmte der Aufsichtsrat jedenfalls schon mal mit knapper Mehrheit für die faktische Übernahme des Vereins durch Kind.

Was Kind in Hannover praktiziert, kann allerdings niemanden wundern, der sich mit den Argumenten derer befasst, die die 50+1-Regel kippen wollen. Auch Kind benennt diese dankenswerteweise recht klar. Es geht um schnelle Entscheidungen, die von oben nach unten umgesetzt werden. Und um eine möglichst totale Durchkapitalisierung des Fußballs, eines Wachstumsmarkts, der auch angesichts der europäischen Nullzinspolitik als Kapitalanlage hochinteressant ist. Kein Wunder also, dass die bestens vernetzten Lobbyisten mancher Konzerne seit Jahren genauso die Klinken putzen wie Kind und seine Parteigänger, die zudem zu wissen glauben, dass sie recht bekämen, würden sie vor dem Europäischen Gerichtshof in Luxemburg klagen. »Ich würde eine radikale und vollständige Öffnung bevorzugen«, sagt dann auch Martin Kind. »Rechtlich hat die 50+1-Regel keine Zukunft. Diese Regel bedeutet vielmehr, dass kreative Umgehungstatbestände entwickelt werden. Das kann nicht Sinn der Sache sein.«

Womit er ausnahmsweise recht hat. Denn tatsächlich hat der DFB bis heute bereits für fünf Vereine Ausnahmetatbestände von der eigenen Regel geschaffen, und nicht in jedem Fall war das offenbar unerlässlich. Grundsätzlich sind Werksklubs von der 50+1-Regel ausgenommen –

inhaltlich nicht unlogisch, schließlich wäre es schwer, bei Bayer Leverkusen, dessen einstige Betriebsmannschaft seit Jahrzehnten ein Spitzenteam im bezahlten Fußball ist, den Einfluss des Bayer-Imperiums auf unter 50 Prozent reglementieren zu wollen.

Allerdings gab der DFB im Jahr 2000 auch dem VfL Wolfsburg den Status einer Werkself des Volkswagen-Konzerns, obwohl der Verein das trotz der in Wolfsburg herrschenden Omnipräsenz des Autobauers historisch gesehen nie war. Damit war das Einfallstor geöffnet, das mit dem kometenhaften Aufstieg der TSG Hoffenheim noch ein Stück weiter aufging. Ohne Dietmar Hopp – und diese Heldengeschichte singen sie nirgendwo lauter als in Sinsheim selbst – wäre der Tabellenvierte der Bundesligasaison 2016/17 heute wohl noch Kreisligist. Jahrelang kam das Geld für den Aufstieg des Dorfklubs von Hopp – wie später noch deutlicher bei RB Leipzig wurde auch hier ganz klar die Regel umgangen, die einen dominierenden Einfluss eines einzigen Investors ausschließen soll. Hopp hat in über 25 Jahren mehr als 350 Mio. Euro in die TSG Hoffenheim gesteckt und so den Aufstieg von der Kreisklasse ins internationale Geschäft erst ermöglicht.

Doch auch für Hoffenheim beschloss man 2015 eine Befreiung von der 50+1-Regel – dank einer Ausnahmeregel der DFL, von der auch Hannover-96-Boss Martin Kind profitiert. Denn diese Regel besagt, dass 50+1 in den Fällen gekippt werden kann, »in denen ein Rechtsträger seit mehr als 20 Jahren den Fußballsport des Muttervereins ununterbrochen und erheblich gefördert hat«. 2017 wird Kind seit 20 Jahren im Klub aktiv gewesen sein und die Regelvoraussetzung damit erfüllen. Der Hörgeräte-Unternehmer hatte im September 1997 das Präsidentenamt beim damaligen Regionalligisten übernommen und sich seitdem auch mit seinem Privatvermögen am Klub beteiligt.

Leverkusen, Wolfsburg, Hoffenheim und Hannover können sich also schon einer gesonderten Behandlung erfreuen. Und natürlich RB Leipzig, dieser Verein, der noch nie Verein sein wollte, der auf Initiative der Red Bull GmbH gegründet und alimentiert wurde und dessen Wappen wenig mit dem eines Fußballvereines und viel mit dem Logo des Energydrinks zu tun hat.

Vor dem Gesetz gibt's keine Bullen
Interessanterweise scheint RB Leipzig allerdings dennoch die formalen Voraussetzungen zu erfüllen, um im 50+1-Land mittun zu dürfen. Denn die Regel besagt, dass der Stammverein 50 Prozent der Stimmanteile plus

eine weitere Stimme an der GmbH halten muss. Das ist bei RB Leipzig seit 2014 der Fall. Warum es nicht zu interessieren scheint, dass man bei RB nicht stimmberechtigtes Mitglied werden kann und alle existenten Mitglieder wirtschaftlich oder beruflich mit Red Bull verbandelt sind, ist eine spannende Frage.

Interessant ist auch, dass Oliver Mintzlaff als Geschäftsführer der RB Leipzig GmbH, Vorstandsvorsitzender des Vereins und Red-Bull-Fußballchef dem Investor, dem Verein und der Spielbetriebs-GmbH jahrelang gleichzeitig verpflichtet war, ehe er im Frühjahr 2017 »aus freien Stücken« als Fußballchef des Konzerns abtrat. Verwobener kann ein Geflecht, das formal getrennt sein sollte, eigentlich nicht sein. Und eigentlich dürfte sich auch kein Mensch finden, dessen IQ zum Überqueren einer Straße reicht, der keine Bezüge zwischen dem Vereinswappen und dem Red-Bull-Logo sowie dem Vereinsnamen und Red Bull feststellen kann. In Paragraf 15 Absatz 2 der Satzung des Deutschen Fußball-Bundes heißt es: »Änderungen, Ergänzungen oder Neugebung von Vereinsnamen und Vereinszeichen zum Zwecke der Werbung sind unzulässig.« Sollte man vielleicht einmal der RB-Marketingabteilung sagen, die ihre Kommunikation nie mit dem offiziell erdichteten Namen »RasenBallsport« bestreitet, sondern stets von den »Roten Bullen« spricht.

»Im deutschen Fußball ist eigentlich nicht vorgesehen, dass ein Klub von einem Investor beherrscht wird. Doch viel eindeutiger als RB Leipzig kann man kaum gegen den Geist der 50+1-Regel verstoßen, die genau das verhindern soll«, bilanzierte *11Freunde*-Chefredakteur Christoph Biermann schon 2012. Interessant auch, wie die UEFA im Juni 2017 die Frage beantwortete, ob RB Salzburg und RB Leipzig gleichzeitig in der Champions League starten dürfen. Eine Frage, die im Übrigen ja nicht nach persönlichen Vorlieben beantwortet werden sollte, sondern nach den eigenen Statuten und den sogenannten Integritätsregeln der UEFA zur Champions League. Dort heißt es sinngemäß, dass kein Verein oder keine Person Einfluss auf die Entscheidungsfindung in mehr als einem Klub haben dürfe. Was ziemlich genau den Ist-Zustand bei einem Doppelkonstrukt beschreibt, das in beiden Fällen die Anschubfinanzierung ausschließlich von Red Bull erhielt, in beiden Fällen primär von Red Bull alimentiert wird, das fast exakt gleiche Wappen hat und auf allen relevanten Funktionärsebenen einen ständigen Wechsel zwischen Salzburg und Leipzig zu verzeichnen hatte. Daran ändert sich auch nichts dadurch, dass Ralf Rangnick seit

2015 nur noch für Leipzig zuständig ist, was einer der zentralen Red-Bull-Belege für die angebliche Entflechtung war.

»Unsere vier Vereine«

Dass Red Bull sich in Salzburg aber offiziell aus der Vereinsführung zurückgezogen habe und »nur noch« als Hauptsponsor auftrete, wie die offizielle Linie beider Vereine lautet, hielt die UEFA-Kammer allerdings für plausibel und kam am 20. Juni zum Ergebnis, dass »keine natürliche oder juristische Person entscheidenden Einfluss auf mehr als einen an einem UEFA-Klubwettbewerb teilnehmenden Verein« genommen habe. »Erwartbar«, fanden die beiden Red-Bull-Vereine das Ergebnis. Und ärgerten sich wahrscheinlich, dass sich noch zwei Monate vor der Urteilsverkündung, in der Aprilausgabe der Zeitschrift *Socrates*, die ehemalige Trainerikone Gérard Houllier verquatscht und das Offensichtliche einfach so ausgesprochen hatte: »Ich arbeite vielfältig: als Experte für Eurosport Frankreich, für Olympique Lyon und ebenfalls für Red Bull. Dort bin ich Global Sports Director im Bereich des Fußballs. Ich kümmere mich um die Entwicklung unserer vier Vereine und bin dementsprechend regelmäßig in New York, Leipzig und Salzburg.«

»Unsere vier Vereine«? So sieht das natürlich auch Red-Bull-Chef Dietrich Mateschitz, der Mitte Juli – also nach dem Urteil – in der *Sport Bild* auf den Erfolg von RB Leipzig angesprochen wird und antwortet, er sei »mit extremer Freude dabei«, und zwar »nicht nur wegen des Erfolgs in Leipzig, sondern auch, weil wir mit RB Salzburg in der Qualifikation zur Champions League stehen«. Wir? Wir! Groß war das Erstaunen in Deutschland. Doch um zu wissen, dass die eigenen Regularien nicht ernstgenommen werden, wenn es um Red Bull geht, braucht man hierzulande kein UEFA-Urteil.

Denn so wie der Sächsische Fußball-Verband (und später der DFB) aus politischen Gründen beschloss, seine eigene Satzung kreativ auszulegen und damit erst den faktischen Bruch mit 50+1 und den Regularien des Financial Fairplay ermöglichte, so wird dieses Urteil ein Türöffner für weitere Verflechtungen sein. Die *Süddeutsche Zeitung* kommentierte zwei Tage nach der Urteilssprechung: »Dass die UEFA nun verkündet hat, beide Antragsteller zur Champions-League-Saison 2017/18 zuzulassen, provoziert eine Frage: Wer kontrolliert das? Welche unabhängige Instanz prüft, dass die Entflechtung beider Klubs so radikal praktiziert wird, wie es die Kammer des europäischen Fußball-Verbandes UEFA behauptet? Und dass dort viel mehr als nur die Türschilder verschoben wurden, nachdem sich der eher intransparente Brause-Konzern aus der Klubführung in Salzburg zurückgezogen haben will, er bei beiden Klubs aber Hauptsponsor bleibt?

Damit landet das Problem bumerangartig wieder bei der UEFA. Denn die statuiert mit ihrer ›Lex Red Bull‹ ein Exempel, auf das sich im Kosmos der Milliardäre und Konzerne, die Fußball-Klubs einsammeln, bald einige Eigentümer berufen dürften. Die Gefahr ist virulent, dass es zu Formel-1-artigen Szenarien kommen kann, zu einer Art Stallregie. Die regelt dann, wie im Duell von Mercedes 1 und Mercedes 2, bei Gazprom 1 gegen Gazprom 2 das Weiterkommen.«

De facto ist Salzburg eine Art Ausbildungsverein für Leipzig, der nach den Red-Bull-Plänen zum Global Player aufsteigen soll. Dutzende Spieler wechselten im Jugend- und im Herrenbereich von Österreich nach Sachsen, im Sommer 2017 wechselte der zehnte Spieler aus Salzburg nach Leipzig. Lustig auch die Personalie des Wiener Rapidlers Marcel Sabitzer, der 2014 nach den übergeordneten Plänen zunächst eine Saison in Salzburg spielen und dann nach Leipzig wechseln sollte. Doch einen Wechsel von Rapid nach Salzburg untersagte sein Vertrag mit den Wienern – weshalb er flugs zunächst nach Leipzig transferiert wurde, das ihn dann ein paar Tage später nach Salzburg gehen ließ. Ein Bauerntrick? Klar, aber einer, der schon damals keinen nationalen oder internationalen Fußballverband auf den Plan gerufen hat.

Der ehemalige Salzburger Trainer Óscar García sagte einmal: »Wir müssen unser Ziel ändern. Jetzt sind wir ein Ausbildungsverein«, nachdem ihm mal wieder ein Topspieler weggekauft worden war. Und der einstige Salzburger Profi Martin Hinteregger äußerte im *Kicker* scharfe Kritik am Geschäftsgebaren der Leipziger. Die hätten »Salzburg kaputtgemacht«. Und weiter: »Leipzig war für mich aus Respekt vor den Salzburger Fans keine Adresse. Jetzt werden alle hingeschoben, aber ich bin da sicher nicht dabei. Es war für mich Respektsache, dass ich Leipzig abgesagt habe, obwohl es wahrscheinlich finanziell besser ausgeschaut hätte. Ich bin froh, dass ich den Schritt in die deutsche Bundesliga nicht über Leipzig gewählt habe.«

Unerträgliche Heuchelei

Keinen Satz hört man bei den Managern der Branche öfter als den, dass man mit Leipzig und Rangnick weit weniger Probleme hätte, wenn sie »die Heuchelei« sein lassen würden – nur um dann schockiert abzuwinken, wenn der Journalist fragt, ob man das bitte auch so zitieren dürfe. Sich gegen Red Bull zu positionieren, erfordert in der Branche offenbar viel Mut.

Glaubt man der PR des Brause-Fußball-Konsortiums, dann hat sich RB in die Champions League gespielt, weil es mit einer ordentlichen finanziellen Ausstattung außerordentlich viel besser arbeitet als die meisten Konkurrenten. Tatsächlich hat RB, nachdem zunächst jahrelang zig Millionen in den Sand gesetzt wurden, seit der Übernahme durch Ralf Rangnick auf allen Ebenen ein stringentes Konzept durchgezogen, das von absoluten Experten weiterentwickelt wird. Allerdings, und hier fängt die Heuchelei schon an, hätten auch andere Vereine das Know-how, so zu agieren, ihnen fehlen nur die ohne jede eigene Anstrengung zur Verfügung stehenden Unsummen, mit denen man selbstverständlich ein opulentes Nachwuchsleistungszentrum mit modernster Technologie bauen kann.

Genauso ist es bei den Transfers: Wer nicht sieht, dass der RB-Kader intelligent und durchdacht zusammengestellt ist, kann keine Ahnung von Fußball haben. Aber muss man deswegen wie Rangnick so tun, als sei das letztlich ausschließlich der überragenden Fachkompetenz in Leipzig geschuldet? »Fast alle Spieler, die wir geholt haben, hätten alle anderen Vereine, mit denen wir in der jeweiligen Saison in der gleichen Liga gespielt haben, auch holen können«, hat Rangnick gesagt, und es ist schon erstaunlich, wie oft dieser Satz ungeprüft wiedergegeben wird. Denn natürlich war RB sowohl in der 4. als auch in der 3. Liga mit Spielern gesegnet, die sich kaum ein Konkurrent hätte leisten können, zumal viele von ihnen in der Regionalliga in Größenordnungen verdient haben, die das Budget der meisten Zweitligisten sprengen würden.

Als man im Sommer 2016 in der ersten Runde des DFB-Pokals an Dynamo Dresden scheiterte, holte man noch mal 25 Mio. Euro aus der Schatulle – 25 zusätzliche Millionen wohlgemerkt –, um auch ganz sicher zu sein, dass die erste Bundesligasaison gut laufen würde. Nein, das sind wohl eher nicht die Dimensionen, in denen die meisten anderen Bundesligisten unterwegs sind.

Und auch Oliver Burke (15 Mio. Euro), Naby Keita (15 Mio. Euro) oder Timo Werner (10 Mio. Euro) sind Transfers, bei denen zwar die Topvereine der Liga konkurrieren könnten, aber natürlich mitnichten »alle anderen Vereine, mit denen wir in der jeweiligen Saison in der gleichen Liga gespielt haben«. Schon gar nicht, und auch das stellt RB wahrheitswidrig in Abrede, wenn man die Gehälter miteinberechnet, die man beim Gesamtvolumen eines Transfers natürlich berücksichtigen muss.

Dass ein Konzern in den Fußball investiert, ist legitim, und ein guter Teil der Kritik, die auf die Leipziger einprasselt, ist insofern verlogen, weil sie so tut, als stehe in der Frontalstellung zwischen Traditionsvereinen und einem Konstrukt wie RB die eine Seite für Authentizität und Identifikation, während die andere Seite alles Böse verkörpert, das einem im modernen Fußball kritikwürdig erscheint. Doch das ist eine viel zu kurz gedachte Kommerzialisierungskritik, denn natürlich sind auch Schalke, Bayern, Dortmund etc. abhängig von den Millionen der Konzerne, und natürlich ist es naiv zu glauben, dass sich die Sponsoren bei den genannten Vereinen nicht ebenfalls ins Tagesgeschäft einmischen.

Doch seit 2012 ist die Kritik an RB Leipzig ohnehin merklich verhaltener geworden. Ist das der Gewöhnungseffekt? Die Freude darüber, dass den Dauerersten vom FC Bayern ein Konkurrent zu erwachsen droht? Oder liegt es daran, dass eine Mannschaft aus sorgfältig gecasteten Ausnahmefußballern tatsächlich außergewöhnlich guten Fußball spielt?

Die Populismus-Keule

So oder so setzt sich derjenige, der das Leipziger Geschäftsmodell kritisiert, blitzschnell der Mutter aller Vorwürfe aus, und zwar demjenigen, »populistisch« zu argumentieren. Das ist allerdings insofern etwas absurd, als dass »Populismus« hieße, im Sinne einer Bevölkerungsmehrheit zu sprechen, sich bei ihr einzuschleimen, um selbst besser dazustehen. In Wirklichkeit ist es aber so, dass zwar die Mehrheit der aktiven Fans das Konstrukt RB Leipzig ablehnt, das Gros der Bevölkerung – und ganz sicher die große Mehrheit der Sportjournalisten – die Diskussion für überholt oder heuchlerisch hält. Entweder, weil sie finden, dass sich RB in einer hochgradig durchkommerzialisierten Fußballwelt nur noch graduell von relativ integren Vereinen wie Köln oder Mainz unterscheidet. Oder weil sie meinen, dass der Fußball von jedem Euro mehr, der ins System gepumpt wird, profitiert. »Populistisch« kann eine Kritik an RB Leipzig dann allerdings auch nicht mehr sein. »Populistisch« ist es, das Konstrukt im Einklang mit der Mehrheitsmeinung zu verteidigen.

Doch auch Hans-Joachim Watzke, der ja tatsächlich Vorstandsvorsitzender des börsennotierten BVB ist, wurde schnell mit dem Populismusvorwurf überzogen, als er ein paar Dinge klarstellte, die schlichtweg den Tatsachen entsprechen. »Bei Rasenballsport, wie sie ja tatsächlich heißen, haben wir das erste Mal – auch im Gegenteil zu Hoffenheim oder Wolfsburg – den Fall, dass da nichts, aber auch gar nichts historisch gewachsen ist. Da wird Fußball gespielt, um eine Getränkedose zu performen«, sagte er der *Sport Bild* im November 2016, wobei man davon ausgehen darf, dass er statt »performen« vielleicht eher »promoten« gemeint hat. Recht hatte er trotzdem.

Christian Streich schließlich benennt das entscheidende Argument, das man all denen entgegenhalten kann, die immer argumentieren, es sei letztlich kein Unterschied, ob Bayern München oder RB Leipzig mit unvorstellbaren Summen herumhantiere. Ist es eben doch: »Es geht im Leistungssport doch darum, dass man über Leistung möglichst viel rausholt. Wenn du dann gut arbeitest, bekommst du mehr Geld – über die Leistung. Das hat Dortmund geschafft oder Bayern München, und das über Jahrzehnte. Wenn du Leistung zeigst, kommen Sponsoren, die mit dir zusammenarbeiten wollen, das ist auch bei uns so, das ist so im Profifußball.« Ohne RB Leipzig beim Namen zu nennen, fährt er fort: »Das andere Modell hat diesen Zusammenhang aufgelöst. Das respektiere ich auch, aber ich will nicht, dass irgendwann nur noch solche Vereine in der Liga sind.«

Heute formuliert auch Watzke vorsichtiger, zum einen, weil man als Dortmunder Funktionär nach den hirnlosen Angriffen von BVB-Fans auf RB-Anhänger im Februar 2017 seine Worte zu Recht noch mehr abwägt als zuvor. Zum anderen aber sicher auch, weil sich nach jeder noch so berechtigten Kritik am Leipziger Geschäftsmodell ein Branchenfunktionär zu Wort meldet, der auf Gegenargumente verzichtet, aber mit absoluter Sicherheit das Wort »populistisch« benutzt. Womit die Debatte schon wieder beendet wäre. »Die Leute haben alle Angst, keiner will sich mit Red Bull anlegen«, hat Watzke schon 2012 gesagt. Heute ist das noch viel stärker der Fall. RB hat Fakten geschaffen.

Und das mit jeder Menge politischer Unterstützung. Als die österreichische RB-Delegation mit ihren Statthaltern 2009 überlegte, wie sie möglichst schnell den Einstieg in Sachsen schaffen könnte, saßen bei diversen Vorgesprächen Vertreter des DFB, des Nordostdeutschen Fußballverbandes (NOFV) und des Sächsischen Fußball-Verbandes mit am Tisch. »Dabei wurden verbandsrechtliche Klippen genommen und Türen geöffnet«, heißt es in der *Leipziger Volkszeitung* aus jenen Tagen. Wie schön. Das fand zumindest Martin Kind, dem die Leipziger bei seinem Kampf gegen die Statuten sehr gelegen gekommen sein dürften: »Der Verband hat das Problem der 50+1-Regel nicht umfassend bedacht. In Leipzig hat man sinnvolle Lösungsansätze gesehen.«

Die »sinnvollen Lösungsansätze« dürften allerdings auch nicht sonderlich schwer zu finden gewesen sein, wenn sich der amtierende Chef des NOFV und zugleich amtierende DFB-Vizepräsident aber mal rein gar keine Mühe gibt, so zu tun, als betrachte er die Bewerbungsunterlagen eines Getränkekonzerns für den deutschen Profifußball unter Berücksichtigung von so etwas Albernem wie den Satzungsgrundlagen seines eigenen Verbands. Auf RB Leipzig angesprochen, sagte Hans-Georg Moldenhauer im November 2009 – wohlgemerkt im Interview mit dem offiziellen DFB-Portal – stattdessen: »Ja, ich betrachte es als große Chance. Der Osten braucht ›Leuchttürme‹, die auf andere Vereine abstrahlen.« Wo ein Wille ist, ist dann halt auch ein Weg. Zur Saison 2009/10 kaufte sich RB anstelle des SSV Markranstädt in der Süd-Staffel der Oberliga Nordost ein. Der Rest ist bekannt und kostspielig. Doch da die Kritik an einem Verband, der es nicht schafft, seine eigenen Regeln durchzusetzen, unter Populismusverdacht steht, erübrigt sich hier jedes weitere Wort.

Präzedenzfall für die Ismaiks dieser Welt
Sollte 50+1 allerdings eines Tages fallen, hätten die Verbände daran eine gehörige Mitschuld. Denn selbst wenn man in Rechnung stellt, dass all die Martin Kinds, Hasan Ismaiks, Dietmar Hopps und Dietrich Mateschitze ziemlich sicher mehr als einmal in Frankfurt darauf hingewiesen haben, dass man ja nur mal eben die 252 Kilometer zum EuGH nach Luxemburg rüberfahren müsste, um die Regel zu kippen – durch ihre Willfährigkeit gegenüber Wolfsburg, Hoffenheim und Leipzig haben die Verbandsfunktionäre die Büchse der Pandora erst geöffnet. Und wie man aus der griechischen Mythologie weiß, bekommt man jene so schnell nicht mehr zu.

Mit Spannung darf nun beobachtet werden, was aus der angekündigten Klage von 1860-Investor Hasan Ismaik wird, der ja bereits angedeutet hat, dass er den direkten Weg zum EuGH gehen wird, um sich zu holen, was ihm die Löwen-Funktionäre verweigern. Und selbst wenn er einen Rückzieher machen sollte – über kurz oder lang dürfte wohl eine verhinderte Heuschrecke den Klageweg beschreiten. Dass die Aussichten, dort durchzukommen, gut stehen, scheint Fakt zu sein. Denn eine Entscheidung pro Investor entspräche der europäischen Wirtschaftspolitik der letzten Jahrzehnte, die soziale oder kulturelle Argumente gegenüber dem freien Kapitalverkehr geringschätzt und somit einer rein neoliberalen Logik folgt. Das Prinzip des freien Kapitalverkehrs, aber auch das Kartell- und das Wettbewerbsrecht könnten wohl dafür sorgen, dass das EuGH am Ende für den Fall der 50+1-Regel votiert.

Bis dahin – und das ist ein kleiner Trost – dürfte es allerdings noch eine Weile dauern, denn der Klageweg bis Luxemburg ist lang. Zunächst müsste im Falle Ismaiks geklärt werden, ob er als Privatperson überhaupt klageberechtigt ist. Falls eine Klage dann zugelassen würde, müsste zunächst der gesamte deutsche Instanzenweg durchlaufen werden – was einige Jahre dauert. Und dann würden in Luxemburg gegen die Investorenargumente sogenannte »sachliche Gründe« geltend gemacht werden: das tradierte deutsche Vereinswesen, die Identifikation der Fans mit ihren Vereinen, die Chancengleichheit, soziale Aspekte ... All das in der Hoffnung, dass sich Europa besinnt. Und zunächst mit offenem Ausgang. Auch wenn es alles andere als unwahrscheinlich ist, dass am Ende die Ismaiks dieser Welt triumphieren und sich bei den deutschen Vereinen und Kapitalgesellschaften bedienen können. Nicht morgen, aber vielleicht übermorgen. Und spätestens dann dürfte die Befürchtung wahr werden, die St.-Pauli-Manager Andreas Rettig im März 2017 im Interview mit der *FAZ* auf den Punkt brachte: »Wenn 50+1 fällt, geht das Wettrennen nach dem reichsten Oligarchen los. Dann haben wir keine Bundesliga-Tabelle, sondern die Forbes-Tabelle.«

Mitglieder entmachten sich selbst
Allerdings ist die Frage, warum die Dynamik in der Liga gerade derart in Richtung Ausgliederung tendiert, nicht in Schwarz-Weiß-Kategorien zu beantworten. Denn in den vergangenen Monaten waren es oft die Vereinsmitglieder selbst, die für Ausgliederungen votierten – und sich damit weitgehend selbst entmachteten.

Das Argument, dass mehr Geld auch gleichzeitig mehr Erfolg bedeute, besticht ganz offenbar. Und das möglicherweise im doppelten Sinne des Wortes, wie die Debatte um die Ausgliederung beim VfB Stuttgart zeigt, die seit Sommer 2017 entschieden ist – im Sinne des Präsidiums und der Daimler AG, versteht sich. Obwohl die Saison vorbei und der Aufstieg gebührend gefeiert worden war, kamen am 1. Juni 2017 mehr Menschen ins Stadion des VfB Stuttgart als zu so manchem Zweitligaspiel von Fürth oder Sandhausen. Mit über 10.000 Besuchern hatte das VfB-Präsidium für die Mitgliederversammlung geplant, über 14.000 sollten es letztlich werden. Und die mussten eine wichtige Entscheidung treffen: Sollte die Fußballabteilung in eine Aktiengesellschaft ausgegliedert werden? 75 Prozent Zustimmung benötigte das Präsidium um Wolfgang Dietrich für diesen Schritt. 24,9 Prozent der Anteile sollten im Fall der Ausgliederung verkauft werden, die restlichen 75,1 Prozent beim e.V. verbleiben.

»Wir bevorzugen eine AG. Sie ist die attraktivste Form für einen Investor«, hatte Finanzvorstand Stefan Heim bei einer Veranstaltung der *Stuttgarter Nachrichten* gesagt. Im Übrigen, so argumentiert die Vereinsspitze, sei es besser, Investoren einzubinden, mit denen man schon lange zusammenarbeite, ehe man irgendwann gezwungen sei, sich die Bedingungen diktieren zu lassen.

Zusatzeinnahmen von bis zu 100 Millionen Euro erhofft man sich durch die Ausgliederung, zusätzliche Mittel, mit denen man den Anschluss an die Topklubs herstellen will, deren Etats (mit Ausnahme von dem der Bayern) zwischen 70 und 100 Millionen Euro im Jahr liegen. Im *Kicker* hatte Dietrich zuvor seine Pläne konkretisiert: »Um in vier Jahren im oberen Drittel mitspielen zu können, müssen wir uns einen Personaletat von 100 Millionen pro Jahr leisten können.« 100 Millionen! Zahlen haben natürlich Suggestionskraft. Wer sollte es den Mitgliedern verdenken, dass sie mehrheitlich einer Argumentation folgten, wonach die Gegner der Ausgliederung rückwärtsgewandte Nostalgiker sind, die die wirtschaftlichen Zusammenhänge nicht begreifen?

Dabei ist es vielleicht exakt umgekehrt: »Uns Mitgliedern soll suggeriert werden, dass der Verkauf von Anteilen gleichbedeutend mit künftigen Erfolgen ist«, hatte das VfB-Mitglied Bernadette Martini in der *Stuttgarter Zeitung* festgestellt. »Der HSV (hat 40 Millionen durch Anteilsverkauf generiert), Hannover 96 (unter Präsident Martin Kind wurden sämtliche Anteile an Investoren veräußert) oder 1860 München (hat sich dem Investor Hasan Ismaik ausgeliefert) sind nur drei von diversen Beispielen, die leider das Gegenteil beweisen. Bei einem derart hohen Risiko des Scheiterns sollen wir unser Mitbestimmungsrecht opfern? Dieser Preis ist eindeutig zu hoch!« Und dann schob sie ein Argument nach, das eigentlich bei allen hätte verfangen müssen, die die Entwicklung des VfB Stuttgart in der jüngeren Vergangenheit verfolgt haben: »Wohin es führt, wenn ein Aufsichtsrat die Geschicke lenkt, der hauptsächlich aus Sponsoren mit wenig Fußballsachverstand besteht, haben wir in den letzten Jahren erlebt.« Stimmt.

Vorgegaukelte Alternativlosigkeit

Die Ultragruppierung »Commando Cannstatt« (CC) hatte sich in die Materie vertieft und ihre Position öffentlich gemacht. Die lässt sich so zusammenfassen, dass eine Ausgliederung nicht zwangsläufig in einer AG münden müsse. Viele Experten halten schließlich die AG für diejenige Rechtsform, die den Mitgliedern am wenigsten Mitsprache- und Kontrollrechte einräumt. Die Ultras hätten sich stattdessen eine Diskussion über eine GmbH & Co. KGaA gewünscht, also die Rechtsform, die die meisten anderen Erstligisten wählten, die bereits ausgegliedert haben.

In diesem Modell behält der Mutterverein mehr Gestaltungsmöglichkeiten. Im Interview kritisierte ein CC-Sprecher den Wegfall von Wahlrechten, die die Mitglieder bislang innehatten, und die Tatsache, dass neben den beiden Sitzen für die Mercedes-Benz Bank und die Daimler AG noch weitere Investoren in den neunköpfigen Aufsichtsrat kommen könnten. Dass sich weder Aufsichtsrat noch Präsidium dann künftig einer Entlastung stellen müssten, ist CC ebenfalls ein Dorn im Auge: »Es kann nicht wahr sein, dass Partizipation und Demokratie gerade die großen Themen der Zeit sind, und bei uns werden genau diese Rechte beschnitten, während die Mitgliedschaft im Aufsichtsrat quasi erkauft werden kann.«

Zum Zweiten war es die Art und Weise, wie die Ausgliederung vorangetrieben wurde, die CC störte. »Warum präsentiert man nicht Vor- und Nachteile eines jeden Modells und lässt die Mitglieder dann auf Basis von Fakten entscheiden?« Stattdessen tue man so, als sei jeder, der sich gegen die AG wende, gegen den sportlichen Erfolg. Das jedoch sei ein Hohn, so der CC-Sprecher. Gerade seine Gruppe habe in der Vergangenheit immer wieder konstruktiv mitgearbeitet. Zuletzt hätten Fans, Mitglieder und Vorstand zusammen daran mitgewirkt, dass der Stadionumbau so vonstatten ging, dass alle Interessen berücksichtigt wurden. »Was uns vor allem stört«, sagte er, »ist diese vorgegaukelte Alternativlosigkeit. So wird es am Donnerstag Sieger und Besiegte geben. Dabei hätte man zu einer Lösung kommen können, die dann alle mittragen.«

Dass die Daimler AG, unmittelbar nachdem die Präsidiumspläne bekannt wurden, ankündigte, sie werde bei einem erfolgreichen Mitgliedervotum für die Ausgliederung 11,75 Prozent der Anteile für 41,5 Mio. Euro erwerben, beeinflusste die Stimmung jedoch weit mehr als alle noch so gut begründeten Warnungen. Zumal Präsident Dietrich, ehemaliger Sprecher des Bahnprojekts Stuttgart 21, mit dem Versprechen, dass jeder Anwesende ein VfB-Fantrikot geschenkt bekomme, manchen nach Bad Cannstatt gelockt haben dürfte, der der Abstimmung ansonsten ferngeblieben wäre. Tatsächlich gab es dann Sieger und Besiegte. Und zwar klare Sieger und Besiegte, was vermuten lässt, dass die Abstimmung wohl nicht durch verschenkte Trikots entschieden wurde. 7.664 Mitglieder stimmten für die Ausgliederung, 1.435 dagegen. 84,2 zu 15,8 Prozent. Ein deutliches Votum mit bedenklichen Begleiterscheinungen: Dass der Antrag eines Mitglieds, die Aussprache vorzeitig zu beenden, eine Mehrheit bekam und sogar laut bejubelt wurde, überrascht bei einer solch wichtigen Entscheidung dann durchaus.

Ein Verein kommt zu sich

Kein Mensch hat im deutschen Fußball je in kürzerer Zeit mehr Geld verbrannt als der Investor Hasan Ismaik. Nachdem seine Pläne in sich zusammengefallen sind, spielt »Münchens große Liebe« nicht gegen Barcelona, sondern gegen Memmingen und Buchbach. Und tausende Fans sind glücklich damit. Ein Lehrstück darüber, was die Identität eines Vereines wirklich ausmacht.

Ein Freitagabend im Mai 2017. Dicht gedrängt stehen die Menschen vorm Eingang zum Sechzger-Stadion, und viele hundert kommen noch nach – vom Wettersteinplatz, der nächstgelegenen U-Bahn-Station, oder vom Biergarten, der zur Wienerwald-Filiale gehört und eigentlich nur das Mindestprogramm dessen bietet, was ein Biergarten bieten muss: Bier. Hier ist München-Giesing, eine der Ecken, an denen die Stadt großstädtisch ist – und kein Outdoor-Auslauf für zu gut verdienende Hipster.

Im letzten Jahrhundert, als Sechzig noch eine ganz große Nummer war im deutschen Fußball, sprachen die Fans der anderen Vereine ehrfürchtig von der »Hölle von Giesing«. Hier war es laut, hier war es wild – und hier war irgendwann der Gegenentwurf zum gesitteteren FC Bayern, der seine Spiele ab 1972 im Olympiastadion austrug. Dass das hier heute das letzte Spiel der U23 in der Regionalliga sein wird, wissen die Zuschauer noch nicht. Zwei Wochen später steht die erste Mannschaft als Absteiger fest, damit muss auch die U23 eine Spielklasse runter. Doch dafür, und das ahnt hier erst recht keiner, wird der eigentliche Traum der Fans wahr werden: Ab der Saison 2017/18 wird die erste Mannschaft von 1860 wieder hier spielen. Wenn auch in der Regionalliga Bayern.

Dass hier, am Sechzger, das Herz des TSV 1860 München schlägt, war vielen der Menschen, die heute gekommen sind, allerdings schon in den vergangenen Jahren bewusst, und zwar schmerzlich bewusst, denn die jeweilige Vereinsführung hatte ein ganz anderes Bild von ihrem Verein. Die Herren haben viel von der Zukunft geredet, und es klang oft so, als müsse dabei alles gekappt werden, was mit der Vergangenheit zu tun hat. Doch dazu später mehr. Warum die 3.000 Zuschauer heute hier sind, kann jemand, der über die Traditionsvereine der Liga den Kopf schüttelt, nicht nachvollziehen. Um den kurzfristigen sportlichen Erfolg geht es nicht. Heute steht eine Partie auf dem Programm, die an Belanglosigkeit eigentlich nicht mehr zu überbieten ist: Die U23 des TSV 1860 München empfängt die Spielvereinigung Unterhaching, die längst als Meister feststeht. 20 Punkte Vorsprung werden die Vorstädter am Ende auf den Löwen-Nachwuchs haben, dem beim Anpfiff wiederum längst Platz zwei sicher ist. Dass dennoch nur 100 Haching-Fans kommen, zeigt, wie schwer es ein dritter Verein in einer Großstadt hat. Die Vorstädter werden auch in der kommenden Drittliga-Saison nicht annähernd so viele Zuschauer haben wie die Löwen eine Klasse drunter.

Dass heute so viele Menschen kommen, liegt daran, dass der Saisonabschluss der U23 seit einigen Jahren auch eine Demonstration ist: eine Demonstration dafür, dass auch die Zweitliga-Mannschaft zurück nach Giesing soll. Natürlich hat die Initiative »Baut das Sechzger aus« wieder einen Stand aufgebaut, vor dem dutzende Fans stehen. Und natürlich herrscht wieder das Chaos an den zwei einzigen Verpflegungsständen, das immer herrscht, wenn mehr als 200 Zuschauer kommen – also immer. Freundlich ist sie schon, die alte Dame, die auch heute wieder das Bier zapft. Doch so wahnsinnig ökonomisch ist es nicht, wenn die gleiche Person, die die Bestellung entgegennimmt, sich danach umdreht und die Getränke eingießt. Irgendwann stauen sich gut 300 Leute vor den beiden Versorgungsständen für 2.500 Leute, schon Mitte der ersten Halbzeit hisst der erste die weiße Fahne: kein Bier mehr da.

Trotz allen Gepöbels – den Leuten hier scheint selbst der Katastrophenservice ein Beweis dafür zu sein, dass sie hier, in ihrem alles andere als perfekten alten Stadion, am richtigen Ort sind. Dementsprechend ausgelassen ist die Stimmung. Obwohl Haching die bessere Mannschaft ist, wird 1860 nach vorne gepeitscht. In der zweiten Halbzeit leuchten Bengalos auf, und immer wieder wird ein Lied angestimmt, das in den vereinsinternen Grabenkämpfen der kommenden Wochen noch zum Politikum werden wird: »Scheiß auf den Scheich«.

Talent für schlechte Geschäfte

Es wäre jetzt natürlich einfach, die vermeintlich gute alte Zeit durch den Weichzeichner zu präsentieren. Das »Löwenstüberl« mit der resoluten Wirtin Christel Estermann, die im Sommer 2017 aufhörte, den Giesinger Kiez mit seinen unzähligen Kneipen, der sich heute noch mit Stolz als die Heimat der Löwen bezeichnet, das Grünwalder Stadion, das ja auch tatsächlich nur komplette Ignoranten nicht zu den tollsten Grounds zählen, die der deutsche Fußball zu bieten hat. Doch so wie der TSV 1860 München den älteren Sechzig-Fans in Erinnerung geblieben ist – als erdiger, familiärer, Ur-Münchner Gegenentwurf zu den großen Bayern –, so war der Verein schon zu Beginn des Jahrtausends längst nicht mehr. Ismaik hat also kein Idyll zerstört, eher hat er eine Ruine geschleift.

Denn ihren Wesenskern haben die Blauen schon lange vorher verloren. Spätestens mit der strategischen Fehlentscheidung des 2010 verstorbenen ehemaligen Präsidenten Karl-Heinz Wildmoser, im Windschatten der Bayern weiter am großen Rad drehen zu wollen, waren die Löwen zum Anhängsel der Roten geworden. Die Alternative, mit aller Macht auf eine Eigenständigkeit mit eigenem Stadion zu drängen, schien den damaligen Potentaten zu piefig. Dabei hätte man schon seinerzeit erkennen können, wohin der Größenwahnsinn einmal führen würde.

Bereits die Jahre im Olympiastadion, als auch in der 1. Liga (1994 bis 2004) jahrelang nur um die 27.000 Zuschauer kamen und die atmosphärearme Riesenschüssel leer aussehen ließen, waren ein für alle klar erkennbarer Bruch mit allem, was Sechzig bis dahin ausgemacht hatte. Und das war erst das Vorspiel zu den Jahren in der Zweitklassigkeit und dem Stimmungskiller Allianz Arena, an die man sich 2005 band – nur um zwei Jahre später zum Untermieter im gemeinsam gebauten Haus zu werden. 1860 stand mal wieder finanziell vor dem Aus und hatte wenig Verhandlungsmasse. Für läppische 11,3 Mio. Euro trat man 2007 die Anteile von 50 Prozent am WM-Stadion in Fröttmaning ab. 1860 hatte also schon damals ein Talent für schlechte Geschäfte.

Die Tristesse in Fröttmaning hätte kein Regisseur besser inszenieren können als die Realität: zehntausende leere, graue Sitzschalen, alle paar Meter mal ein traurig dreinblickender Familienvater mit seinem Sohn. Zuschauerzahlen im Bereich von 14.600 oder 15.200, wenn Bielefeld oder Heidenheim kamen, ein paar tausend mehr, wenn die Größen der 2. Liga da waren. Nein, das waren zuletzt keine schönen Zeiten für die einst so stolzen 1860-Fans. Zumal man sich auch noch auf Gedeih und Verderb an den Erzfeind gekettet hatte. Als Untermieter des FC Bayern sollten die Löwen noch bis 2025 jährlich knapp 3 Mio. Euro an Miet- und Cateringkosten zahlen.

Aber immerhin war man noch so etwas wie ein Fußballverein, als man 2011 vor der endgültigen Pleite stand. Wer vor dem Aus steht, hat auch im übertragenen Sinne nicht mehr viel Verhandlungsmasse. Wenn es ganz dumm läuft, muss er sich dem ausliefern, der ein paar Millionen in der Hand hält. Und wenn es nur 13,5 Mio. Euro sind und der Investor Hasan Abdullah Mohamed Ismaik ist. Seit der Jordanier, den bei 1860 alle wahrheitswidrig »den Scheich« nennen, das Sagen hat – und dass er es ist, der das Sagen hat, wird nur offiziell bestritten, um den Bruch mit der 50+1-Regel nicht offen einzugestehen –, ist 1860 vom schlingernden Traditionsverein zur Lachnummer geworden, die es sich gefallen lassen muss, selbst von Red-Bull-Fußballboss Ralf Rangnick als Inbegriff des ferngesteuerten Heuschrecken-Spielzeugs kritisiert zu werden. So sagte Rangnick in der Sendung *Doppelpass* im März 2017: »Die Zustände, die da jetzt herrschen, die finde ich ja selbst bei Leeds United in England nicht. Und da ist wirklich jemand am Ruder, wo die Fans jeden Tag das Kreuz machen. Fragen sie mal den Leeds-United-Fan, wie es ihm damit geht! Aber wir sind mit Sechzig ja nicht weit entfernt.«

Ziel: auf einer Stufe mit Barça

Natürlich hätte man schon 2011 wissen können, wie es kommen würde. Und viele tausend 1860-Fans wussten das ja auch. Sie reagierten, wie auch Studierende der TU Clausthal-Zellerfeld reagieren würden, wenn der neue Universitätsdirektor verspräche, in zehn Jahren werde man das gleiche internationale Renommee wie Harvard und Oxford haben: Manche runzelten die Stirn, andere lachten. Gleich als erste Amtshandlung gab Ismaik damals schließlich ein, nun ja, ehrgeiziges Ziel vor: »Ich möchte, dass 1860 in zehn Jahren auf einer Stufe mit Barcelona steht.« Und noch im Januar 2017 kam Trainer Vítor Pereira mit dem Ziel, den Verein »in die 1. Liga zu führen«. Heute, sechs Jahre nachdem Ismaik übernahm, steht 1860 nicht ganz auf der gleichen Stufe wie Barcelona, es steht nicht einmal auf einer Stufe mit Heidenheim oder Bielefeld. 1860 München ist am Ende der Saison 2016/17 sang- und klanglos aus der 2. Liga abgestiegen – in den beiden Relegationsspielen gegen Regensburg war man chancenlos.

Diejenigen, die sich köstlich amüsiert haben über die Ismaik'sche Ankündigung, haben also recht behalten. Und diejenigen, die meinen, dass der Wegfall der 50+1-Regel mehr wirtschaftlichen Sachverstand und mehr Rationalität in den Fußball bringen werde, haben sich getäuscht. Aber halt! Ist es nicht so, dass in Deutschland noch immer eben jene 50+1-Regel der Deutschen Fußball-Liga gilt, wonach ein Investor nur 49 Prozent der stimmberechtigten Anteile an der Profiabteilung eines Erst- oder Zweitligisten besitzen darf, damit der Verein die Oberhoheit über alle relevanten sportlichen und ökonomischen Entscheidungen in der Hand behält?

Genau so soll es sein, doch bei 1860 München ist es ganz offensichtlich anders. Beispiele gefällig? Am 20. Dezember 2015 spielte 1860 in der 2. Liga beim Sport-Club Freiburg. Was der damalige Sportdirektor Oliver Kreuzer zu der 0:3-Niederlage zu sagen hatte, war für die mitgereisten Münchner Journalisten allerdings weit weniger von Belang als das, was sie Kreuzer zu berichten hatten. Zeitgleich zum Zweitliga-Kick in Freiburg gab es nämlich ein Treffen in London, bei dem Ismaik ausgewählten Redaktionen erzählte, wie er sich die nähere Zukunft der Löwen so vorstellte. Von dem Treffen wussten die Münchner Journalisten lange Zeit vor der Vereinsführung. Nur logisch also, dass Kreuzer in der Interviewzone des Schwarzwald-Stadions neugierig bei den Redakteuren nachfragte: »Wisst ihr, was die in London besprechen?« Auch Trainer Benno Möhlmann erklärte wenige Minuten später auf Nachfrage, er habe keine Ahnung von Ismaiks Plänen. Das süffisante Lächeln des erfahrenen Trainers legte aber den Verdacht nahe, dass er ganz andere Vorstellungen davon hatte, wie es in einem gut geführten Verein zugehen müsste. Und Kreuzer bilanzierte im Mai 2017: »Mich wundert es überhaupt nicht, was in München gerade passiert. Zum Profifußball gehört schon ein bisschen mehr, als einfach sehr viel Geld auszugeben.«

Ein prächtiges Beispiel für die realen Machtverhältnisse in München-Giesing waren auch die Freistellung von Trainer Kosta Runjaic und die Entmachtung des Sportdirektors Thomas Eichin*, die am 22. November 2016 verkündet wurden. Präsident Peter Cassalette saß zwar in der Mitte des Podiums und berichtete zunächst auch brav von einer »Entscheidung, die wir gestern Nachmittag in den Gremien getroffen haben«, doch schon mit der Überleitung flog die Mimikry auf. Denn mit den durchaus aufschlussreichen Worten »Ich glaube, das ist jetzt als Einführung genug« erteilte er dem eigentlichen Chef bei 1860, »Hasan«, das Wort, der prompt in ungewöhnlich rüdem Ton den amtierenden Geschäftsführer Sport, Thomas Eichin, abkanzelte: »Wir fordern ihn auf, die Leistung zu bringen, die wir von ihm erwarten, um den Verein voranzubringen.«

Auf die Nachfrage eines Journalisten, ob man von einer »Entmachtung« Eichins sprechen könne, antwortete Cassalette. Und wieder war er dabei entwaffnend ehrlich: »Das kann am besten Hasan beantworten«, sagte er, ehe er auch noch eingestand, dass die Entscheidung, Runjaic zu entlassen, bereits vor dem Spiel feststand und dass zu diesem Zeitpunkt der von Ismaik kontrollierte Aufsichtsrat von der anstehenden Demission wusste – nicht aber die anderen Präsidiumsmitglieder. Irgendwann

---

* Wenige Tage später wurde dann auch die endgültige Trennung von Eichin bekanntgegeben.

bekam man einfach Mitleid mit Cassalette, der zunehmend hilflos vor sich hinstammelte, um einen Eindruck zu widerlegen, der sich nicht widerlegen ließ: dass bei 1860 nur einer das Sagen hat – Hasan Ismaik. 50+1-Regel hin oder her.

Fanansprachen per Facebook
Ismaik hatte schon bei seinem Einstieg in München seinem tiefen Unverständnis über die 50+1-Regel Ausdruck verliehen. Er begreife nicht, dass er zwar alles zahlen müsse, aber nicht allein entscheiden dürfe, ließ er wissen. »Wenn Sie einen Mercedes haben, ihn sich aber nicht mehr leisten können und verkaufen, dann können Sie auch nicht erwarten, dass Sie künftig noch am Steuer sitzen werden«, hatte er erklärt. Auch viele Jahre nach seinem Einstieg in den Fußballzirkus scheint er immer noch nicht begriffen zu haben, dass ein Fußballverein nicht nach den gleichen Regeln funktioniert wie ein Autohersteller. »Was haben die anderen Vereine in der 2. Liga mehr als wir?«, fragte er noch im November 2016. »Das Spielerniveau ist gleich. Bei den Investitionen, die wir getätigt haben, müssten wir auf den oberen Rängen stehen. Wir sind die, die am meisten investiert haben in der 2. Liga, aber der sportliche Erfolg ist leider nicht vorhanden.« Ismaik wirkte dabei nicht wie der wütende, jähzornige Potentat, als der er gerne dargestellt wird. Eher aufrichtig erstaunt, dass die Mechanismen, die ihm seinen Reichtum beschert haben, in diesem vermaledeiten Fußballgeschäft nicht so richtig hinhauen wollen.

Dabei hat Ismaik durchaus verstanden, dass er die Fans des Vereins von sich einnehmen muss. Und zwar über das Versprechen hinaus, für baldmöglichen Erfolg zu sorgen. Ismaik besuchte deshalb Weihnachtsfeiern von Fanklubs, kündigte ein eigenes Stadion an, was denen gefiel, die sich nach all den Jahren im Olympiastadion und in der Allianz Arena immer noch nach dem Grünwalder Stadion sehnten. Und er kündigte allen Ernstes an, dass er um ein künftiges Stadion herum einen Löwenkäfig errichten werde. Die Tiere könnten dann aus seiner kenianischen Farm kommen und Namen tragen, die an die Sechziger-Helden der Vergangenheit erinnern. Klingt verrückt? Natürlich, aber es soll tatsächlich 1860-Fans geben, die die Idee charmant fanden, und zwar nicht nur die, die er gerne auch mal nach Jordanien einlädt und die danach, oh Wunder, das Hohelied auf den Investor singen. Auffallend ist jedenfalls, dass die gleichen Seilschaften, die schon zur Ära Wildmoser funktionierten, auch jetzt wieder aktiv sind, wenn es darum geht, Kritik am Investor zu verunmöglichen oder ins Lächerliche zu ziehen.

Auch die Seite *dieblaue24.com* schreibt mit Verve gegen die Freunde eines Umzugs ins Sechzger an, ihr Macher glaubt felsenfest an die segensreiche Zusammenarbeit mit Ismaik. Das ist sein gutes Recht, und hin und wieder liefert er auch interessante Kritikpunkte, über die zu diskutieren sich lohnt. Doch Jubelartikel, die mit Wendungen wie »Und wieder einmal hat Hasan Wort gehalten« anfangen, sind keine Seltenheit, was durchaus Zweifel an seiner journalistischen Unabhängigkeit aufkommen lässt. Selbst als sich der Totalschaden nicht mehr leugnen lässt, den Ismaiks Statthalter im Sommer 2017 hinterlassen, übernimmt *dieblaue24.com* eins zu eins die Argumentationslinie des Investors. Der sei »falsch beraten« worden, bleibe aber dennoch die einzige Hoffnung jedes aufrechten Löwen-Fans. Es sei denn, es fände sich eine Reinkarnation jenes Mannes, der bei 1860 den fatalen Größenwahn zur Methode werden ließ: »Will der TSV 1860 noch eine Chance auf einen Neuanfang haben, dann braucht unser Verein jetzt einen Macher wie einst Karl-Heinz Wildmoser an der Grünwalder Straße«, fordert man. Und zwar offenbar allen Ernstes.

Völlig ironiefrei ist anscheinend auch, was die Ismaik'sche Agentur über die Motive des Herrn und Meisters verlautbaren lässt. Warum der Scheich sich die Löwen antue, dieses Fass ohne Boden, in das er dem Vernehmen nach einen dreistelligen Millionenbetrag geschüttet hat? Nur aus Idealismus natürlich. Zumindest behauptete er das über seinen Twitter-Kanal. Auch sein Facebook-Beitrag vom 1. Februar 2017 machte klar, dass Ismaik niemand ist, der des schnöden Mammons wegen im Bayerischen investiert hat: »Ich möchte hiermit klarstellen, dass sich mein Engagement beim TSV 1860 inzwischen dahingehend gewandelt hat, dass meine Investmentaktivitäten in den Hintergrund gerückt sind. Aufgrund der Turbulenzen in den letzten Jahren hat sich meine Einstellung zu diesem großartigen Traditionsverein dahingehend verändert, dass es nun ein Herzensanliegen und eine große persönliche Leidenschaft meinerseits geworden ist, diesen Klub mit all meiner Kraft wieder nach vorne zu bringen. Deswegen habe ich in der Vergangenheit bis zum heutigen Tag auch davon abgesehen, gegen die 50+1-Regel zu klagen. Anstelle dessen baue ich auf das Vertrauen unserer tollen Fans. Ich will ihnen wieder eine sportliche Perspektive bieten und sie damit glücklich machen. Das ist schließlich für mich mehr wert, als ausschließlich den Fokus auf das Business und mögliche Erträge daraus zu legen."

Eine gewissen Sinn für Pathos kann man seinen Marketing-Lohnschreibern sowieso nicht absprechen: »Wir sind Löwen und lassen uns nicht auseinanderdividieren«, dichten sie. Und: »Geduld ist in unserer Situation jetzt der beste Ratgeber. Ich bin mir sicher, dass bald wieder die Sonne über unserem geliebten Verein scheint.«

»Still not loving Ismaik«
Nun kann man es natürlich ein wenig dreist finden, wenn ein Mann, der den Verein noch im Winter 2010 nicht gekannt haben dürfte, sich mit der größten Selbstverständlichkeit in die Reihe von abertausenden Fans einsortiert, die mit ihrem Klub seit Jahrzehnten mitleiden. Denn es ist ein großer Unterschied, ob man Fan eines Vereins wird, weil einen der erste Stadionbesuch angefixt oder weil man sich aus nicht nur räumlich großer Entfernung ein Investitionsobjekt auserkoren hat.

Für den Investor ist das einzige Motiv, den Löwen schnellstmöglichen Erfolg zu wünschen, ein ganz simples: Er möchte zumindest einen Teil der vielen, vielen Millionen wiedersehen, die er bisher ins schwarze Loch gekippt hat, wenigstens das. Denn im Grunde will Ismaik heute das Gleiche wie 2010: 1860 hochbringen und an dem Verein spätestens dann verdienen, wenn er kein Verein mehr sein darf, weil die 50+1-Regel gekippt wurde. Das alles kann man nur allzu gut verstehen, wird aber unappetitlich, wenn es in die Floskeln gegossen wird, die PR-Lehrbücher unter »F« wie Fußballfans empfehlen. Der Potentat, der sich auf Weihnachtsfeiern sorgenvoll gibt und den Fans verspricht, er habe immer ein offenes Ohr für ihre Anliegen, kann nämlich ganz anders sein, wenn Fans oder Journalisten blöde Fragen stellen.

So wurde ohne nähere inhaltliche Begründung im Januar 2017 drei Münchner Redaktionen die Dauerakkreditierung entzogen: dem Münchner Lokalteil der *Bild*-Zeitung, dem *Münchner Merkur* sowie der *tz*. Der damalige 1860-Geschäftsführer Anthony Power, ein Ismaik-Getreuer, meinte dazu lediglich: »Wir haben uns für diesen Schritt entschieden, da wir aufgrund der Berichterstattung in den letzten Wochen und Monaten derzeit keine Basis für eine partnerschaftliche Zusammenarbeit sehen. Selbstverständlich werden wir Ihnen im Sinne der Pressefreiheit die Möglichkeit geben, über den TSV 1860 München zu berichten. Zu diesem Zweck können Sie Antrag auf Tagesakkreditierungen stellen.«

Bereits im November 2016 hatte der Zweitligist einen Presseboykott initiiert und Journalisten den Zutritt zum Vereinsgelände verweigert. Auch Fans traf der Bannstrahl des Vereins. In der Allianz Arena wurden die Ordner angewiesen, »Still not loving Ismaik«-Shirts zu konfiszieren.

Als die »Freunde des Sechz'ger Stadions« den Text eines bei vielen Fans sehr populären Schmähliedes (»Scheiß auf den Scheich, Scheiß auf sein Geld. Egal was er sagt, egal was er denkt, wir woll'n nur eines: Wir woll'n das Glück, Freiheit für Sechzig und nach Giasing zurück«) auf ihre Seite stellten, versuchte der Blog *dieblaue24.com*, dem Verwaltungsratsvorsitzenden Dr. Markus Drees daraus einen Strick zu drehen.

Noch drolliger ging es zu, als der FC St. Pauli Anfang März 2017 in der Allianz Arena spielte. Als drei Offizielle des Hamburger Klubs, darunter die Aufsichtsratschefin Sandra Schwedler und Vizepräsident Jochen Winand, den zwischenzeitlichen 1:1-Ausgleich (und später den Siegtreffer) bejubelten, wurden sie aufgefordert, ihre Plätze zu wechseln – sie hatten in der Reihe vor dem Investor und seiner Entourage gesessen und durch ihr Verhalten dessen Missfallen erregt.

Das Wort zum Sonntag sprach in dem Fall St.-Pauli-Manager Andreas Rettig: »Das Verhalten der Löwen-Verantwortlichen der letzten Wochen sollte auch dem letzten Fußballfan in Deutschland die Augen geöffnet haben und sollte all denen, die nach Investoren schreien, Mahnung und Warnung zugleich sein.« Und er sprach einen Aspekt an, der derzeit im bezahlten Fußball viele beschäftigt, bedauerlicherweise jedoch im Gegensatz zu Andreas Rettig nicht öffentlich: »Wenn auf dem Altar des vielen Geldes Meinungsfreiheit und respektvoller Umgang mit Mitarbeitern, Medien und anderen Klubs auf der Strecke bleiben, dann gute Nacht, Fußballdeutschland«, sagte Rettig. »Hier würde ich mir auch ein konsequenteres Eingreifen der Verbände wünschen. Jedes Spruchband wird sanktioniert, und hier ist man auf beiden Augen blind.« Zumindest die offenkundigen Verstöße gegen die 50+1-Regel bei 1860 sind allerdings hinter den Kulissen in Frankfurt offenbar durchaus thematisiert worden. Doch Präsident Cassalette versicherte treuherzig, er und die Gremien hätten selbstredend alle relevanten Entscheidungen selbst getroffen, und er bedaure es zutiefst, sollte öffentlich ein anderer Eindruck entstanden sein.

Selbstmord auf offener Bühne

Wenig später ist auch Peter Cassalette Geschichte. Kurz nachdem der Abstieg feststeht, wirft er hin. Er ist nicht der Einzige, dem nach dem erschütternden Auftritt im alles entscheidenden Spiel der Sinn nach Konsequenzen steht. Denn eine Mannschaft, die nach dem Remis im Hinspiel eigentlich alle Trümpfe in der Hand hatte, war so aufgetreten, dass wohl jeder einzelne der 60.000 Zuschauer schon nach wenigen Minuten gespürt hat: Dieses Team würde den Klassenerhalt nicht schaffen. Nicht mit dieser Einstellung, dieser Körpersprache und dieser Gleichgültigkeit. Weder nach dem ersten noch nach dem zweiten Regensburger Treffer ging ein Ruck durch die Mannschaft, schon in der Halbzeit sah man Fans, die mit leerem Blick vor sich hinschauten, in manchem Augenwinkel schimmerten Tränen. Was hier passierte, war klar: Der Selbstmord des TSV 1860 München wurde auf dem Platz genauso vollzogen wie hinter den Kulissen.

Als die Fans in der Kurve zuerst Fahnenstangen und später Sitzschalen aufs Spielfeld werfen, äußert sich darin die Mischung aus Frust und Wut, die mit Ausnahme der fröhlichen Gästekurve längst das ganze Stadion gepackt hat. Auch wenn die meisten Menschen nur den Kopf schütteln, als die Fans nicht mehr aufhören, schwere Sitzschalen in Richtung von Ordnern und Spielern zu werfen. In diesem Moment ist der Frust längst zu einer Machtdemonstration geworden, die kaum einer nachvollziehen kann.

Dann steht der Abstieg unverrückbar fest. Regensburgs Torwart Philipp Pentke hatte sich in den Schlussminuten voll darauf konzentrieren können, seinen Strafraum zu säubern und all die Wurfgeschosse, die in seiner Nähe gelandet waren, an die Ordner zu übergeben. Schließlich war der Ball immer zu weit weg, als dass seinem Tor Gefahr gedroht hätte. Im Grunde ist es also eher lächerlich, dass sich so viele Löwen-Spieler nach dem Schlusspfiff traurig auf den Boden legen und eine Empathie mit Verein und Fans zeigen, die ihnen in den 90 Minuten zuvor völlig abgegangen ist. Wirkliche Emotionen, also solche, denen jede Theatralik fehlt, zeigen hingegen die Anhänger, von denen sich einige in Galgenhumor flüchten. Die meisten wirken aber, als wären sie mit ihren Gefühlen jetzt am liebsten ganz alleine. Hunderte stehen mit leerem Blick auf den Rängen herum, kein Zeichen von Wut, keine Aggression, nur tiefe Ernüchterung und Leere.

Ein paar Stunden später, in Giesings Kneipen, geht der Blick wieder allmählich nach vorne. Dass 1860 nun Drittligist sei, wie der aktuelle Nachrichtenstand vermeldet, stellen die Ersten schon in der U-Bahn in Frage. Dass mit dem Abstieg der Profis auch der der U23-Regionalligamannschaft feststeht, obwohl sie Tabellenzweiter wurde, ist mehr als eine bittere Randnotiz für die Fans, weil es zeigt, wie ungerecht und wie nachhaltig der Kahlschlag ausfallen wird, den die Funktionäre angerichtet haben.

Doch je später der Abend hier in der Giesinger Kneipe »Schau ma moi« wird, desto offener sprechen viele es aus: Egal in welcher Liga es weitergeht, jede Lösung, die ohne den Investor getroffen werden kann, ist eine gute Lösung. Wenn man bloß wüsste, was den Mann umtreibt, der heute nicht im Stadion war, weil er einen wichtigen Geschäftstermin in Los Angeles hatte. Der von Ismaik eingesetzte Geschäftsführer Ian Ayre hat das sinkende Schiff bereits am Morgen des Finaltags verlassen. Er schien da schon zu ahnen, dass 1860 selbst dann keine Zukunft in der 2. Liga hätte, wenn es gegen Regensburg gewänne. Und doch ist Ismaik auch nach dem feststehenden Abstieg nicht bereit hinzuschmeißen. Was treibt den Mann nur um? Denkt er wirklich, dass er irgendwann einen Euro von all dem Geld zurückbekommt, das er ins schwarze Loch gepumpt hat?

Das fragt sich auch die *Süddeutsche Zeitung*, die ihn mit einem Spielsüchtigen vergleicht und berichtet, dass manche Spieler offenbar seit längerem kein Gehalt mehr bekommen hätten – was den Auftritt im Relegationsspiel nicht entschuldigen, aber genauso erklären könnte wie ein zweiter und dritter Managementfehler. Zum einen sollte man Spielern, auf die man in der Relegation baut, nicht kurz davor sagen, dass sie selbst bei Klassenerhalt gehen müssen. So geschehen bei 1860. Und zum anderen sollte man überhaupt erst mal wissen, wie die deutschen Regularien sind, wenn man für die dortige zweithöchste Spielklasse einen millionenschweren Vertrag unterschreibt. »What is relegation?«, soll Vítor Pereira zwei Wochen vor dem letzten Spieltag in die Runde gefragt haben, als er zum wiederholten Male das merkwürdige Wort aufgeschnappt hatte. Und ganz offensichtlich war zu den Spielern auch schon nachmittags durchgedrungen, dass Ismaik die 23,1 Mio. Euro zum Erhalt der Zweitliga-Lizenz nicht zahlen würde. Sie wussten also bereits, dass 1860 in der darauffolgenden Saison unabhängig vom Ausgang des Spiels gegen Regensburg nicht in der 2. Liga antreten würde. Auch das wäre eine mögliche Erklärung für diesen Auftritt.

»Das war mal so ein schöner Verein«

Ein paar Wochen zuvor war Eintracht Braunschweig nach München gekommen. Dessen Trainer Torsten Lieberknecht beschwerte sich nach dem Spiel darüber, von seinem 1860-Kollegen Pereira als »Hurensohn« bezeichnet worden zu sein. Irgendwann hatte sich die Aufregung gelegt, und Lieberknecht saß bei der Pressekonferenz versonnen allein auf dem Podium. Der ehemalige Profi dachte darüber nach, was 1860 München früher einmal gewesen war. Dann schüttelte er fast unmerklich den Kopf und sagte: »Arme Sechziger, das war mal so ein schöner Verein.« Doch dann ist er in die falschen Hände geraten. Und die klammerten sich nun wie Ertrinkende an das Rettungsseil.

Ismaik, der ja angeblich die Professionalisierung des Vereins wollte, aber de facto eine Riege der allumfassenden Inkompetenz installierte, hatte schon nach dem ersten von zwei Abstiegsendspielen, dem schmeichelhaften 1:1 in Regensburg, versucht, den Verein zu erpressen. Er werde die für die Zweitliga-Lizenz notwendigen 23,1 Mio. Euro nur dann auf das Konto der 1860-Kapitalgesellschaft für die Profiabteilung (KGaA) überweisen, wenn das Präsidium einwillige, »die zahlreichen Probleme zu lösen, die die KGaA und den Fußballverein bisher davon abgehalten haben, sich weiter zu entwickeln, insbesondere in der Zeit meines Investments«. Unter den Forderungen fand sich auch die nach der partiellen Abschaffung des Weisungsrechts des e. V. an den KGaA-Geschäftsführer. Das wäre ein glasklarer Bruch mit den 50+1-Regularien und damit ein Verstoß gegen die Vorgaben der DFL gewesen. Selbst wenn das Präsidium gewollt hätte – und Ismaiks Wille war ja eigentlich stets auch der von Peter Cassalette gewesen –, es konnte die Forderung gar nicht erfüllen.

Nach dem Abstieg wird dann endgültig publik, was hinter all den pathetischen Floskeln von der emotionalen Verbundenheit mit den Löwen und ihren Fans steckt. Denn Ismaik fordert nun ebenfalls die Oberhand über die Jugendmannschaften des Vereins. Was aus seiner Sicht logisch ist, denn wenn es ihm gelingt, über seine Berater-Connection internationale Toptalente zu 1860 zu lotsen, hätte er eine realistische Option, irgendwann einmal auch Geld mit seinem Investment zu verdienen. Die Nachwuchsabteilung des TSV 1860 München, im Übrigen eine der wenigen intakten Abteilungen im Verein, würde so zur internationalen Drehscheibe für Talente, von denen allerdings wohl kaum eines auch nur seine ersten Schritte bei der ersten Mannschaft der Giesinger machen würde.

Doch noch im Juni 2017 scheint Ismaik nicht begriffen zu haben, dass das Hauptproblem der Jahre ab 2011, in denen er dutzende Millionen Euro versenkt hat, die komplett sinnlosen Ausgaben waren, von denen offenbar einzig und allein genau die Berater und ihre Seilschaften profitiert haben, die er selbst erst installiert hat. Allein Kia Joorabchian dürfte an seinen weitgehend katastrophalen Transfers einen sehr hohen Millionenbetrag verdient haben, selbst die Installation von Pereira (2,5 Mio. Euro Jahresgehalt) ging auf das Konto des windigen Beraters. »Was mit dem Investmentbanker Hamada Iraki begann, der Ismaik 2011 den Einstieg bei den angeblich so renditeträchtigen Löwen schmackhaft machte, setzte sich mit Gerhard Poschner und eben Joorabchian fort. Am Ende stand stets teuer erkaufter sportlicher Misserfolg. Und Ismaik ließ die Köpfe wie Bowlingkugeln rollen. Trainer, Sportchefs und Geschäftsführer wurden gefeuert, Präsidenten mit unterschiedlichsten Methoden zum Rücktritt gedrängt – auch unter Zuhilfenahme der Vereinsgremien«, bilanziert die *tz*.

Vor dem Hintergrund dieser fatalen Mischung aus Inkompetenz und fehlender Bereitschaft, sich von Menschen helfen zu lassen, die nicht von Eigeninteresse getrieben werden, ist es einigermaßen dreist, wie Ismaik mittels seiner Schweizer Agentur auch nach dem Realitätsschock des Abstiegs immer wieder versucht, die Fans auf seine Seite zu ziehen, indem er so tut, als sei ihm nur am Wohl des Vereins gelegen, während Inkompetenz und Verschwendungssucht im Lager seiner Gegner herrschten. »Ich appelliere an alle Löwen-Fans, die ernsthaft und verantwortungsvoll am Wiederaufbau des TSV 1860 interessiert sind, sich mir bei der Umsetzung der nötigen Änderungen anzuschließen«, lässt er auf Facebook verkünden und wirbt für seine Forderungen, die die völlige Zerschlagung des Vereins zur Folge hätten.

Das Gefühl, von einem Mann abzuhängen, der das Schiff wie ein Betrunkener lenkt, ist ein »Scheißgefühl«, das sagen derweil alle, die noch Stunden nach der Niederlage gegen Regensburg im winzigen Biergarten des »Schau ma moi« zusammenstehen. Erstaunlich schnell sprechen sie über die Zukunft des Vereins, dessen Gegenwart so trist aussieht. Selbst die Bayernliga, die zwischenzeitlich als künftige Spielklasse der Sechziger im Raum steht, sehen hier einige als Chance. Die Regionalliga kommt jetzt vielen, die nur wenige Stunden zuvor noch vom Klassenerhalt in Liga zwei geträumt haben, bereits wie eine Verheißung vor.

Die Sehnsucht nach dem Schlussstrich

»Ich kenne keinen einzigen Löwen mehr, der bei klarem Verstand ist und sich jetzt noch eine Fortsetzung des Wahnsinns in der 3. Liga wünscht«, schreibt Herbert Schröger von den »Löwenfans gegen Rechts«. Und: »Ich drücke uns die Daumen für Insolvenz, Schlussstrich, kleinere Brötchen und sauberen Neuanfang!« Es wird anders kommen, und doch tritt ziemlich viel von dem ein, was sich Schröger und die anderen erhoffen.

Und es ergeben sich überraschende Allianzen. Rainer Koch, DFB-Vize und vor allem Präsident des mächtigen Bayerischen Fußball-Verbands (BFV), schaltet sich in die Debatte ein und erstaunt die zahlreichen Fans, die der Meinung sind, dass DFB und DFL insgeheim selbst die dickste Axt an die 50+1-Regel legen. Denn Koch formuliert in mehreren Interviews nicht nur glasklare Bekenntnisse, sondern handelt auch. »Der unternehmerische Ansatz ist nicht der einzige«, sagt er im Interview mit der *Abendzeitung*. »Es ist nichts wichtiger als die Einheit des Fußballs. Deswegen dürfen wir nicht zulassen, dass alles kommerziell betrachtet wird. Kommerzielle Interessen dürfen den Spielbetrieb nicht ausschließlich bestimmen.« Und weiter: »Wir wollen, dass Profifußball vorrangig als Sport und nicht nur als kapitalistisches Investment begriffen und reguliert wird. Genau deshalb gibt es die 50+1-Regel.«

So viel zur Rhetorik, doch Koch lässt in einem Maße Taten folgen, dass sich Ismaik später über eine angebliche Verschwörung zwischen 1860 und dem BFV mokiert. Da der BFV jahrzehntelang fast ausschließlich mit eingetragenen Vereinen von Memmingen über Garching bis Kirchanschöring zu tun hatte, wurde die Gültigkeit der 50+1-Regel bis Mitte 2017 lediglich durch einen Verweis auf die entsprechenden Regularien bei DFB und DFL fixiert. Nun wird sie noch einmal explizit in der BFV-Satzung verankert. Auch dass Koch sehr demonstrativ die Krisenmanager der Löwen – Geschäftsführer Markus Fauser, Präsident Robert Reisinger sowie die beiden Vizes Heinz Schmidt und Hans Sitzberger – lobt, dürfte der gleichen Grundüberzeugung entsprechen wie seine Warnung an Ismaik, den Bogen nicht zu überspannen. »Wir werden auf keinen Fall dulden, dass 1860 unter Druck gesetzt oder von außen rechtlich beherrscht werden soll. Das würde zur Verweigerung der Lizenz führen.«

Ismaik selbst bleiben derweil nur der Rückzug in den Schmollwinkel und die Hoffnung, vor der Mitgliederversammlung am 23. Juli so viele Strippen im Hintergrund zu ziehen, dass noch einmal eine Mehrheit der Fans auf ihn hereinfällt. Das geschieht mal in der üblichen Emocore-Leier via Agentur (»Seine emotionalen Bindungen zu 1860 und seine Loyalität gegenüber den Fans bleiben stark«), mal etwas authentischer im *Kicker*-Interview, in dem er nachvollziehbarerweise darauf hinweist, dass die 50+1-Regel jetzt schon für einige Vereine wie Hoffenheim oder RB Leipzig nicht gelte, weshalb er beim EuGH auf Gleichbehandlung klagen werde: »Wir sind an einem Punkt angelangt, an dem ich sage: So geht es nicht mehr weiter. Ich bereite die Klage gegen 50+1 vor. Ich hätte gerne einen anderen Weg gewählt.« Doch alle Versuche, die Basis für sich zu gewinnen, misslingen. 86 Prozent der Mitglieder votieren schließlich für einen Antrag, die Kooperation mit Ismaik binnen sechs

Monaten zu beenden. Wohlwissend, dass damit die Probleme des Vereins nicht beendet sein werden.

Zunehmend bekommt man aber das Gefühl, dass die Zeit jetzt gegen Ismaik arbeitet. Seit der Neuanfang in der Regionalliga feststeht und der Umzug ins Grünwalder Stadion zum ersten Mal seit Jahrzehnten wieder als realistische Option erscheint, ist bei den Anhängern doch tatsächlich wieder so etwas wie Vorfreude auf die kommende Saison zu spüren – diejenigen, die lieber in der Allianz Arena geblieben wären, sind in der Minderheit. Und das trotz aller Bedenken, schließlich ist das Sechzger-Stadion nur für 12.500 Zuschauer zugelassen, und es deutet einiges darauf hin, dass die Kapazität nicht ausreichen wird – selbst für die vierte Spielklasse nicht. Die Mitarbeiter der Geschäftsstelle kommen jedenfalls kaum noch hinterher, die Dauerkartenanfragen fürs Grünwalder zu bearbeiten – bis tief in den Sommer müssen sie die Menschen vertrösten, denn noch ist die Nutzung des neuen alten Stadions nicht in trockenen Tüchern.

Lieber toller Altbau als gesichtsloses Fertighaus
Endlich scheinen auch alle Verantwortlichen wild entschlossen, die Fehler der Vergangenheit zu korrigieren und dem Verein wieder eine Heimat zu geben. Fußball-Abteilungsleiter Roman Beer, einer von Ismaiks erklärten Intimfeinden und Autor eines schwärmerischen Buchs über die »Kultstätte an der Grünwalder Straße«, lässt sich in der *SZ* mit einer Eloge auf Giesing zitieren: »Die neuen Stadien sind doch alle irgendwie ähnlich. Aber man wohnt doch auch lieber in einem tollen Altbau mit seinem eigenen Stil als in einem gesichtslosen Fertighaus.« Und siehe da, wo ein Wille ist, tun sich plötzlich gleich mehrere Wege auf. Die Gespräche mit der Stadt, die jahrelang gemauert hatte, kommen erstaunlich schnell zu einem guten Ende, auch der FC Bayern zeigt sich kulant und erlaubt den Löwen den Auszug aus der Fröttmaninger Arena.

Nun geht es »nur« noch um die Frage, ob die Zukunft des Vereins eine mit Ismaik sein kann, sein soll und sein muss. Dass der neue Präsident verkündet, er werde für die KGaA keine weiteren Darlehen aufnehmen und die Schuldenpolitik der vergangenen Jahre nicht dadurch fortsetzen, lässt aufhorchen. Da scheint doch tatsächlich jemand verstanden zu haben, dass Ismaik dem Verein all das Geld nicht geschenkt, sondern nur geliehen hat. Wie es Investoren – aus ihrer Sicht überaus verständlich – nun mal tun. Sie verteilen keine Almosen, sondern liefern gut abgesicherte Anschubfinanzierungen, die sie irgendwann mit möglichst hohem Gewinn zurückfordern wollen. So das logische Kalkül, das in der Fußballwelt allerdings meist verbrämt wird – mal durch recht durchsichtige Seifenopern-Bekenntnisse wie die von Ismaiks Agentur, mal durch eigentlich ebenso durchsichtige, aber viel geschicktere Bekenntnisse zum freien Markt und den großen Verlockungen des noch größeren Geldes. Beiden Strategien gemein ist der Versuch, zu verheimlichen, dass sich Vereine, Fans und Mitglieder in eine Abhängigkeit begeben, aus der sie kaum noch herauskommen.

Es sei denn, die Gesellschaft, die der Investor vorfinanziert hat, geht pleite. Beim TSV 1860 München gibt es dieser Tage jedenfalls einige, die den Gedanken durchspielen, was denn wäre, wenn die KGaA Insolvenz anmelden müsste. So unwahrscheinlich ist das im Übrigen nicht. Es stehen noch Abfindungszahlungen aus, und offenbar haben die Ismaik-Getreuen, angeblich ja hochseriöse Geschäftsleute in der dilettantisch-miefigen Resterampe eines Traditionsvereins, auch manche fällige Rechnung erst mal liegen gelassen. Doch das sind keine Unterlassungssünden, die sich durch eine Schweizer PR-Agentur mal schnell wegretuschieren ließen. Zumal sich in München doch der eine oder andere fragt, warum sich Ismaik selbst in all den Monaten seit dem Abstieg nie vor Ort blicken lässt. Einiges spricht dafür, dass seine Finanzmittel doch nicht unerschöpflich sind. Dass mit Gerhard Mey nun schon wieder ein Unternehmer vor der Tür steht, der offenbar nur dann Geld geben würde, wenn er die Geschicke des Vereins lenken darf, klingt nach den Ismaik-Jahren bedrohlich. Zumal auch Mey – »der Himmel ist das Limit für 1860« – wieder große Versprechungen macht.

Für die allermeisten Löwen-Fans wäre es jedenfalls die beste denkbare Nachricht, wenn Ismaik sich aus finanziellen Gründen von diesem merkwürdigen Spielzeug trennen müsste. Einem, das ihm und dem er nur Ärger eingebracht hat. 106 Jahre, nachdem der TSV 1860 München sein Stadion an der Grünwalder Stadion baute, kommt er am 21. Juli 2017 nach Hause zurück. Die Stehplatz-Dauerkarten mögen teurer sein als beim FC Bayern, der drei Klassen über den Löwen spielt. Doch das ist für die meisten der 12.500 Zuschauer, die ein Ticket für den Heimauftakt egen Wacker Burghausen (3:1) ergattert haben, nur ein kleines Ärgernis. Denn 1860 München ist endlich wieder bei sich.

Football's coming home

»Habgier ist das Hauptmotiv der Premier League«, sagen Keith, Gareth und all die anderen eingefleischten Liverpool-Fans, die sich an diesem Sonntag ein Heimspiel von Borussia Dortmund anschauen. Weil die Reise billiger ist, als ein Spiel ihrer Mannschaft in London zu sehen. Und weil sie finden, dass der englische Fußball vom deutschen lernen sollte. Nicht umgekehrt.

Es sollte Dortmund sein, das stand schon im Dezember fest. Seither hat Keith Jelley vom heimischen Newcastle aus viele Hebel in Bewegung gesetzt, um für sich und die sechs Kollegen Karten fürs BVB-Stadion zu bekommen. Kein leichtes Unterfangen. 80.905 Zuschauer kommen im Schnitt zu den Dortmunder Heimspielen, von 17 Partien waren in der vergangenen Saison 15 komplett ausverkauft.

»Dass man für den BVB keine Tickets bekommt, weiß jeder englische Fußballfan. Aber wenn alles glattgeht, sind wir alle drin«, sagt Keith, der im Kreis seiner »lads« in einem Dortmunder Hotel in der Nähe des Hauptbahnhofs sitzt. Es ist morgens um zehn, draußen scheint die Frühlingssonne, und am Frühstückstisch tragen drei Viertel der Hotelgäste Gelb und Schwarz. Viele von ihnen sprechen Englisch.

Keith, der in Newcastle als Taxifahrer arbeitet, ist das, was man in England einen »real man« nennt. Einer, der sagt, was er denkt. Der hält, was er verspricht. Und der von einer Herzlichkeit ist, die man nicht auf Seminaren lernen kann. Seit einigen Jahren verlässt auch er einmal im Jahr die Insel, um sich irgendwo in Europa ein Fußballspiel anzuschauen. Sohn Ryan und die Kumpels Gareth, Brian, Dean, Simon und Neale sind dann stets dabei. Zuletzt waren sie immer in Deutschland, in München, Mönchengladbach und Köln. Jetzt also endlich Dortmund. »Jede Menge Tradition, tolles Stadion«, erläutert Keith. »Natürlich könnten wir auch in London statt in Dortmund zum Fußball gehen. Aber das wäre viel teurer.«

60 Pfund für einen mittelmäßigen Platz seien in der Premier League die Regel, sagt Gareth. Arsenal oder Chelsea kratzen an der 100-Pfund-Marke, das entspricht 120 Euro. Leute aus der Arbeiterklasse, die den Fußball großgemacht hätten, könnten sich kaum noch Tickets leisten. Auch für Normalverdiener sei der Profifußball ein Kraftakt, der schon mal auf Kosten des Familienurlaubs gehe. »Die unten bluten, damit

die oben noch reicher werden«, sagt Gareth. »Habgier ist das Hauptmotiv der Premier League.« Leute aus der Arbeiterklasse, die den Fußball großgemacht hätten, könnten sich in der Regel keine Dauerkarte mehr leisten. Dann setzt lautes Gelächter ein, denn Gareth hat eine Liebe gestanden, die hier niemand teilt: Ihm hat es der American Football angetan, die Denver Broncos sind sein Team. »Ausgerechnet in den USA gibt es das Draft-System und Gehaltsobergrenzen.« Dieses System müsse man auch im britischen Fußball einführen, »das wäre die einzige Chance zu verhindern, dass die Ticketpreise weiter steigen«. Am Tisch glaubt allerdings niemand, dass es je dazu kommen wird. »Warum sollte man sich in Europa auf irgendetwas Gutes einigen können? Und dann ausgerechnet im Fußball?« Dass das Rad zurückzudrehen sei, glaubt Gareth nicht: »Nicht solange Fans bereit sind, für die Aussicht auf Trophäen alle Opfer zu bringen. Und das sind wir alle.«

220 Euro hat jeder für das Wochenende bezahlt, für den Flug, drei Übernachtungen im Hotel und die Tickets. »So viel zahlst du bei uns, wenn du Liverpool gegen Swansea guckst und zwei Kinder mitnimmst.« Gareth schaut wie ein Kind unterm Weihnachtsbaum. »Ich finde, die Fußballkultur in Deutschland ist unserer ähnlich«, sagt er. »Fußball hat in beiden Ländern eine lange Tradition, man trinkt gerne Bier. Kein Wunder eigentlich, dass man sich schnell anfreundet.«

Zwischen 800 und 1.000 englische Fans pro Spiel
Im Grunde ist es wenig erstaunlich, dass immer mehr Fußballfans auf der Insel die Reiselust packt: Jedes Wochenende bringen die Billigflieger tausende nach Deutschland. Nach Hamburg, nach München, vor allem aber nach Nordrhein-Westfalen, wo sich fünf Erstligisten auf wenigen hundert Quadratkilometern ballen und die Kneipenmeilen in Düsseldorf und Köln ein zusätzliches Argument für ein nettes Wochenende sind. Dort werden oft die Unterkünfte gebucht, weiter geht's dann mit dem Regionalexpress. Nach Dortmund, Gladbach oder nach Schalke, wo man »vermehrt Anfragen von englischen Fans registriert«, wie Sprecher Thomas Spiegel berichtet. Längst gibt es auch waschechte Schalke-Fans von der Insel, die alle paar Wochen zu den Heimspielen kommen. Seit 2010 existiert ein »Schalke Fanclub UK«.

Ervin, Ben und Ava hat es tags zuvor zum Samstagsspiel von Bayer Leverkusen gegen Eintracht Frankfurt gezogen. Am Freitag sind sie von London nach Düsseldorf geflogen. 200 Euro für zwei Nächte kostet der Trip, Flug inklusive. Fünf Minuten muss Ervin anstehen, dann kommt er mit drei Karten zurück, 18 Euro hat er pro Stück gezahlt. »Unglaublich«, findet Ava, die bei ihrem Verein West Ham das Vierfache bezahlen müsste – wenn sie sich das leisten könnte. »In der Premier League geht es nur darum, die Leute auszurauben«, sagt sie. Immer wieder schauen die drei Freunde auf den hüpfenden Pulk in beiden Fanblöcken. So viel Ekstase gebe es auf der Insel nicht, sagt Ervin, der sich einen Leverkusen-Schal gekauft hat.

»15 Engländer kommen regelmäßig zu unseren Spielen und fahren sogar mit nach Barcelona oder Stuttgart«, berichtet Daniela Frühling vom Leverkusener Fanprojekt. »Da sind stabile Kontakte zu ein paar unserer älteren Fans entstanden.« Dazu kämen viele Dutzend, die ein Fußballwochenende in Nordrhein-Westfalen verbringen und dabei auch im Leverkusener Stadion Station machen. Heute dürften es deutlich über 100 sein, die Werkself bestreitet das einzige Spiel weit und breit.

Um ein deutsches Stadion von innen zu sehen, sind englische Fans längst nicht mehr darauf angewiesen, dass dort auch ein Spiel stattfindet. Harald König ist in Dortmund für den Bereich »Publikumscatering« verantwortlich – unter anderem die Stadionführungen fallen in sein Ressort. Rund um die Spieltage werden die auch auf Englisch angeboten, die 40 Plätze sind schnell weg. »Kein Wunder«, sagt König. »Schließlich kommen zwischen 800 und 1.000 Fans aus England zu jedem unserer Spiele. Das sind echte BVB-Fans, aber auch Fans englischer Teams. Bei den Preisen hier fühlen die sich wie im Schlaraffenland.« Dem Klischeebild vom betrunkenen, stiernackigen Hooligan entsprächen die Fußballreisenden im Übrigen keineswegs: »Das sind sehr interessierte Fans, die profunde Fragen zu Historie und Fankultur haben.«

Reise in die eigene Vergangenheit
Für die Briten ist die Bundesliga dabei auch eine Reise in die eigene Vergangenheit. Und die hätten viele von ihnen liebend gerne zurück. 2015 erschien ein Buch mit dem Titel *The Bundesliga Blueprint*. Die These: Nach dem EM-Aus 2000 habe sich der deutsche Fußball grundlegend reformiert und so erst die Basis für den WM-Titel 2014 gelegt. Das sei aber nur gelungen, weil die Bundesliga ihre Fanbasis wertschätze. So lasse sich z.B. Borussia Dortmund durch seine vielen Stehplätze fünf Millionen Euro per annum durch die Lappen gehen. »Doch durch diesen Verzicht bewahrt der BVB seine Identität, denn die Südtribüne ist voller leidenschaftlicher Fans.«

Läge Dortmund in England, wären die treuen Fans längst durch stylishe Touristen ersetzt worden, argumentiert Autor Lee Price. Eine interessante Perspektive auf Deutschland. Schließlich hat ja einst gerade auf englischen Stehplatztraversen eine Atmosphäre geherrscht, die als weltweit einzigartig galt. Doch diese Zeiten sind lange vorbei, der letzte Stehplatz wurde Anfang der 1990er Jahre abgeschafft. Heute ist die Premier League die beliebteste Liga der Welt. Am Strand von Phuket laufen die Spiele von Arsenal, Chelsea oder Manchester United genauso wie in den Sportsbars von Oslo oder St. Petersburg. Doch die Popularität ist Fluch und Segen zugleich – ein Fluch für die ursprünglichen Fans. Und ein Segen für die Klubeigentümer, denen die Fußballtouris schier unerschöpfliche Einnahmequellen sichern. Wer von Tokio oder Los Angeles nach London fliegt, lässt das Vorhaben nicht am Preis fürs Ticket scheitern.

So werden Vereine gentrifiziert wie die angesagten Viertel der Großstädte. Das Stammpublikum, das sich die Preise nicht mehr leisten kann, wird verdrängt und schaut die Spiele seiner Mannschaft im Pub neben dem Stadion, in dem stattdessen die Betuchten den Stars zujubeln. Vorausgesetzt, einer von ihnen hat gerade ein Tor geschossen. Bei Spielen von Arsenal oder Chelsea herrscht nämlich ansonsten eine Atmosphäre wie auf einem Dorfplatz. Auf den Rängen wird gemurmelt, die Rufe der Spieler sind deutlich zu vernehmen. Und die Fans in den Pubs haben manchmal Schwierigkeiten, sich daran zu erinnern, welcher Investor ihren Klub denn gerade wieder von seinem Vorgänger gekauft hat.

»Was wir bekommen haben, ist der Verkauf des Fußballs. Er wurde aus den Händen der Arbeiter gerissen, die diesen Sport geformt haben«, schreibt Tom Reed vom Fanverband »Football Action Network« in einem offenen Brief. »Das Ganze war ein lange vorbereiteter Schwindel, um nicht zu sagen: ein kultureller Diebstahl. Die Frage bleibt also: Was wollen die Deutschen so unbedingt übernehmen von der Premier League? Einer Organisation, die von allem den Preis kennt, aber von nichts den wahren Wert. Einer Liga, die das englische Nationalteam zerstört hat, indem es kein einziges Talent zum Zug kommen ließ. Einem Wettbewerb, der Geld eintreibt und den echten Amateurfußball ausmergelt. Einer Liga, in der die Stadien voller lustig-dumm klatschender Touristen sind.« Erst allmählich regt sich Widerstand in den englischen Fanszenen, die traditionell schlecht vernetzt sind und kaum über landesweite Strukturen verfügen, wie sie hierzulande mit Organisationen wie »ProFans« oder »Unsere Kurve« existieren.

»Borussia Dortmund Fanclub London«
Ben McFadyean leitet den 300 Mitglieder starken »Borussia Dortmund Fanclub London«. Der studierte Germanist hat sechs Jahre in der Nähe von Dortmund gelebt und sich in den BVB verschossen. Es sei Unsinn, wenn die Bundesliga der Premier League nacheifern wolle, sagt er. »Umgekehrt wäre das besser. Die englischen Klubs verhalten sich wie Konzerne, die ihre Fans als Kunden betrachten.« Echte Kommunikation wie in Dortmund, wo auch die Vereinsbosse im Dialog mit Fanvertretern stünden, finde dort nicht mehr statt. Undenkbar, dass eine solche Fannähe etwa bei United oder Arsenal herrschen könnte, meint er: »Die Liebe der englischen Fans ist einseitig und verzweifelt geworden. Sie wird nicht mehr erwidert.«

Die sieben Herren aus dem Nordosten Englands haben derweil längst ihr Frühstück beendet. Schon eine Stunde, bevor sich ein schier endloser Strom gelb-schwarz gekleideter Fans in Richtung Dortmunder Süden wälzt, stehen sie am Haupteingang des riesigen Stadions. 81.359 Menschen haben eine Karte für das Spiel gegen den HSV ergattert, auch die sieben Engländer in ihren Jürgen-Klopp-Shirts. Doch nur drei Tickets halten sie auch in Händen. Als Gareth ein viertes, das auf seinen Namen reserviert war, am Ticketschalter abholt, beginnt ein Ratespiel: »Was glaubt ihr, wie viel ich dafür bezahlt habe?« »17,50 Euro!«, ruft er, als habe er gerade einen Witz erzählt. »Mein Heimatverein spielt in der 6. Liga in einem Stadion mit 3.000 Plätzen. Und da kostet ein Ticket schon 15 Pfund.« Nun wird es Zeit für das erste Bier des Tages. Und prompt folgt das zweite Schlüsselerlebnis. Dean kommt fassungslos vom Getränkestand zurück. Sieben Bier hat er geordert und der Frau am Zapfhahn 40 Euro entgegengereckt. »Sie hat mir drei Münzen zurückgegeben – und dann noch einen der beiden Scheine.« In London, sagt Dean, zahle man in den Pubs rund um die großen Stadien fünf, sechs Pfund für ein Bier, das sind fast acht Euro.

Das Gewusel rund um den Haupteingang wird nun immer dichter. Recht viele Frauen seien unter den Fans, konstatiert Brian. Er findet das gut, seine Frau interessiere sich gar nicht für Sport. Bayerisch, Sächsisch, auch Niederländisch ist zu hören. Und immer wieder vereinzelt auch Englisch. Viele der ausländischen Fans machen Selfies, auch die sieben werden immer wieder gebeten, auf den Auslöser zu drücken. Mittlerweile ist es halb drei, in einer Stunde ist Anpfiff, die Menschenmassen stauen sich vor den Eingängen. Doch der Kontaktmann, der die letzten drei Tickets bringen soll, kommt und kommt nicht. Nach einer Stunde macht sich Resignation breit. Und es folgt ein Schauspiel wie aus einem Monty-Python-Sketch: Jeder der sieben versichert treuherzig, dass er nun wirklich nicht unbedingt zum Spiel müsse. Keith und Dean werden das Match schließlich im Biergarten neben der Arena anschauen, die anderen vier rennen peinlich berührt, aber sichtlich erleichtert zu den Eingangsschleusen. Kurz darauf folgt ihnen Neale, der noch auf dem Schwarzmarkt fündig geworden ist.

Als der Schiedsrichter abpfeift, hat Dortmund einen 3:0-Sieg eingefahren, das Stadion gibt noch einmal alles. Wenig später kommt Gareth zurück, nach 90 Minuten als Teil der »Gelben Wand« muss er eine Meinung revidieren, die er noch am Vormittag vehement vertreten hat: »Ich habe vorhin gesagt, dass es Fans letztlich nur um die Trophäen geht. Aber dieser Nachmittag hier wäre genauso großartig gewesen, wenn der BVB Zwölfter wäre.«

Eine Branche läuft heiß

Eine halbe Milliarde Euro für den Weltstar, 222 Mio. Euro für einen Stürmer, zweistellige Millionengehälter für Durchschnittskicker – die Welt des Fußballs ist im Fieberwahn. Und dem kann sich in einer globalisierten Welt niemand entziehen. Auch wenn er es noch so gerne tun würde. Denn die Premier League gibt den Takt vor.

Jochen Saier und Klemens Hartenbach haben noch nie eine anstrengendere Vorbereitung erlebt als die zur Saison 2017/18. Und das will etwas heißen, denn ihre Familien sehen die beiden Manager des SC Freiburg in den Sommermonaten sowieso so gut wie nie. Osteuropa, Skandinavien, Südamerika: Wo auch immer den Freiburger Scouts ein Spieler aufgefallen ist, der gut ins Konzept des Ausbildungsvereins passt, fliegen die beiden hin, um den betreffenden Akteur noch mal über 90 Minuten zu sehen. Oder um den Umworbenen von den Vorzügen der lebendigen Studentenstadt Freiburg zu überzeugen. Oder um ihm noch mal zu erzählen, wie viele hoffnungsvolle Talente nach zwei, drei Jahren beim SC anderswo einen richtig großen Vertrag unterschrieben haben.

Doch im Sommer 2017 war alles noch mal eine Ecke zäher als in den Jahren zuvor. Denn natürlich hatte sich herumgesprochen, dass die wackeren Freiburger ihre Spieler Vincenzo Grifo und Maximilian Philipp verkauft und damit zwischen 25 und 30 Mio. Euro auf der hohen Kante hatten. Solche Nachrichten treiben die Preise hoch. Aber da war noch ein anderer Faktor, der den beiden das Leben schwermachte: Seit die Premier League einen Fernsehvertrag abgeschlossen hat, der ihr von 2016 bis 2019 umgerechnet fast 7 Mrd. Euro verschafft, werfen die Engländer mit dem Geld nur so um sich. Aufsteiger Huddersfield Town bekommt beispielsweise 200 Mio. Pfund in der 1. Liga – das ist ziemlich genau fünfmal so viel wie der Sport-Club, immerhin ein Europa-League-Teilnehmer, im Vergleichszeitraum erhält.

Spieler, die ins Freiburger Beuteschema passen, weil sie in der 2. oder 3. Liga herausragten oder in weniger bekannten Ligen einem Scout der Freiburger auffielen, gehen jetzt lieber zu einem englischen Zweitligisten als nach Freiburg in die erste deutsche Liga. Die Gehälter und Handgelder, die in England üblich geworden sind, liegen einfach um ein Vielfaches über den Summen, die Freiburg zahlt. »Natürlich gibt es Wechselwirkungen mit dem TV-Vertrag der Premier League«, seufzt Sportdirektor Saier, der in dem Gespräch häufiger von der »Geldkeule« sprechen wird. »Beispielsweise, was das Rennen um Talente oder überhaupt Transfers angeht. Sobald da ein Konkurrent aus England mitbietet, wird so ein Transfer sehr viel teurer.« Zumal Vereine wie United, ManCity, Chelsea oder Arsenal längst hunderte Nachwuchskräfte aus ganz Europa zusammenkaufen, die sie dann allenfalls gegen teures Geld weiterverleihen – eine Geschäftspraxis, die zunehmend auch in Deutschland in Mode kommt, wie die Personalzahlen der Nachwuchsabteilungen zum Beispiel bei Schalke 04 und RB Leipzig zeigen.

Wenn der Tag X kommt ...
Allerdings ist Saier niemand, der nun ins Lamentieren verfallen würde. Kleiner werdende Gestaltungsspielräume sieht er als größer werdende Herausforderungen. Und doch klingt es ein wenig, als spreche sich da jemand selbst Mut zu, als er sagt, dass »es sicher auch künftig noch Nischen für Vereine wie uns geben wird«. Der Fundamentalkritik an den Verbänden will er sich deshalb auch nicht anschließen. Sie ist ihm oft zu laut und zu undifferenziert. »Bei aller berechtigten Kritik herrscht da manchmal auch eine gewisse Doppelmoral. Man kann sich ja nicht über die hohen Ausschüttungen aus dem TV-Vertrag freuen und gleichzeitig immer kritisieren, wenn man auch mal etwas hergeben muss.«

Überhaupt sieht Saier ja durchaus eine Notwendigkeit, auf die Entwicklungen in England zu reagieren. Denn so wenig Geld, wie die Ligen zur Verfügung haben, die im internationalen Maßstab abgehängt sind, will er auch nicht verwalten müssen. »Es wird europaweit zwei, drei Ligen geben, die international von hohem Interesse sind, da will der deutsche Fußball natürlich dabei sein«, sagt er und ist deswegen froh, dass die DFL-Vereine nicht abgehängt wurden. »Die Premier League ist weit voraus, aber hier hat die Liga mit einem ebenfalls sehr guten Abschluss nachgezogen. Dass bei den TV-Geldern das Ende der Fahnenstange erreicht ist, wurde auch schon vor einigen Jahren gesagt. Und tatsächlich ist das Gefühl weit verbreitet, dass die Entwicklung bald schon in eine andere Richtung gehen könnte. Aber die Stadien werden immer voller. Das Gefühl, das ja viele haben, schlägt also nicht durch.«

Was aber passiert, wenn auch Deutschland gezwungen wird, seine Vereine für externes Kapital zu öffnen? Für Investoren, die an kurzfristigen Gewinnen und nicht an einer auf Jahrzehnte hinaus angelegten Vereinspolitik interessiert sind? Kann Freiburg mit seinem Modell dann weiterbestehen? Saier bleibt die Antwort schuldig. Oder doch nicht? »Hoffentlich geht es noch lange darum, vernünftig zu arbeiten, und nicht darum, wer die größeren Sponsoren hat. Eine Entwicklung, die sich ausschließlich über Geld definiert, wäre schlimm.«

Saier und der SC sind innerhalb der DFL der kritischen Fraktion zuzuordnen, in Sachen 50+1-Regel haben sie sich mehrfach klar positioniert. »Der SC ist ein totaler Befürworter von 50+1, auch wenn es in Deutschland ja trotz ihrer bereits jetzt Querfinanzierungen und Abhängigkeiten gibt. Die Regelung tut der Liga gut, gewährleistet Kontrolle und gesundes Wachstum. Es wäre schade, wenn Vereine zur One-man-Show würden.« Dass das zu vermeiden ist, wenn man die Büchse der Pandora noch weiter öffnet, glaubt Saier im Übrigen nicht. »Jemand pumpt in aller Regel nur dann Geld hinein, wenn er auch entscheiden kann.«

Eine banale Aussage, sollte man meinen, wenn nicht genau das der Punkt wäre, den die Ausgliederungsbefürworter von Hannover über Bochum bis Stuttgart oder Nürnberg so gerne verschweigen. Von Martin Kind bis Wolfgang Dietrich behaupten sie ja immer wieder, Investoren bräuchten unbedingt den Wegfall von 50+1, dann würden sie alsbald kräftig investieren. Sie sagen aber nicht, warum das so ist. Wer das tat – und diesen Mut zur Wahrheit muss man ihm dann doch attestieren –, war Hasan Ismaik bei 1860 München. Wer einen Mercedes kaufe, müsse den auch fahren dürfen, sagte er bekanntlich.

Zu 1860 sei alles geschrieben und gesagt, meint Saier. Und wer dabei in sein Gesicht sieht, weiß, dass er selbst auch jede Menge dazu zu sagen hätte. Doch ihm geht es jetzt gerade nicht um den Niedergang von 1860 München, sondern um Grundsätzlicheres. 50+1 würden sie liebend gerne in den höchsten und dicksten Felsen meißeln, der aufzutreiben ist, aber da ist eben auch die dunkle Ahnung, dass irgendwann in gar nicht allzu ferner Zukunft irgendwer deren Abschaffung einklagen wird. Und dann will man nicht mit einem Steuer navigieren, das nach rechts und links blockiert ist. Man wäre dann nämlich wahrscheinlich der Einzige, der gegen den Strom segelt. Ein echtes Dilemma. Auch vereinsintern, schließlich müssen die Vorstände den engagierten Mitgliedern einer Initiative erklären, warum sie zwar irgendwie die gleichen Ziele haben, diese aber nicht mit der gleichen Konsequenz verfolgen. »Mitgliederinitiative Einzigartiger Sport-Club Freiburg e.V.« hat sich die Gruppierung genannt, die aus gut 200 Mitgliedern vor allem aus der Fanszene besteht und die 50+1-Regel gerne für den SC so sturmfest machen würde, dass ihr auch kein europäisches Gerichtsurteil etwas anhaben kann. Auch an ihre Adresse sagt Saier: »Wir wollen nicht ausgliedern, müssen aber zusehen, dass wir noch gestalten können, wenn der Tag X kommt.«

Er scheint regelrecht erleichtert zu sein, dass er nach all den abwägenden Worten das jetzt noch mal betonen kann, denn das englische Modell ist keines, dem er nacheifern möchte – allen ökonomischen Rahmendaten zum Trotz. »In Großbritannien gibt es auch Beobachter, die feststellen: Es funktioniert. Aber die Frage muss natürlich gestattet sein, wer sich den Fußball dort noch leisten kann. Diejenigen, die die Spieler und die Vereine großgemacht haben, fallen jedenfalls zusehends hinten runter.«

Das Gespräch geht jetzt schon eine Weile. Saiers Handy, das lautlos gestellt ist, vibriert ohne Unterlass. Allmählich muss er wieder rangehen, auch wenn er partout nicht verraten will, ob der nächste Spieler, den der SC als Nobody aus dem Hut zaubert und zwei Jahre später wie gerade Maximilian Philipp als Star verkauft, denn nun aus Eisenhüttenstadt oder Bad Cannstatt kommt. Aber eines ist mal sicher: Auch Spieler, die gerade einmal geradeaus gehen können, kosten in diesem Sommer schon rund um 1 Mio. Euro. So kommt ihm das zumindest vor. In diesem Sommer ist der Transfermarkt vollends deliriert. Selbst Uli Hoeneß und Gladbachs Manager Max Eberl, die ganz andere Finanzmittel zur Verfügung haben, kritisieren das in einigen Interviews scharf. »Was sich auf dem Transfermarkt abspielt, ist Wahnsinn«, sagt Eberl und spricht von »Summen, die für uns alle nicht mehr zu begreifen sind«.

»Atemlos« und ein großer Knall

Immer mehr Geld drängt in den Markt. Immer unrealistischere Transfersummen werden aufgeboten. Hier ein Neymar mit festgeschriebener Ablösesumme von 222 Mio. Euro, dort ein Cristiano Ronaldo, der angeblich Angebote über 500 Mio. Euro an Ablösesumme hatte, dort ein Durchschnittskicker, der zweistellige Millionenbeträge in China verdienen kann. Immer mehr Berater, die um immer jüngere Talente herumscharwenzeln und die alle ihren Anteil wollen. »Klar, die Entwicklung geht eindeutig nur in eine Richtung«, sagt Saier und geht jetzt doch wieder ans Telefon. Etwa ein Dutzend Leute wollen zurückgerufen werden. Und alle haben sie mit einem einzigen Transfer zu tun. Der Fußball ist im Fieberwahn. Insofern passte das Liedchen »Atemlos«, mit dem der DFB das wichtigste von ihm ausgerichtete Spiel orchestrierte, bestens als Soundtrack zum Fußball des Jahres 2017.

Am 27. Mai 2017 fand das DFB-Pokalfinale in Berlin statt. Es waren 90 spannende Minuten, doch die waren nicht der Grund, warum die

Partie Borussia Dortmund gegen Eintracht Frankfurt einem Millionenpublikum nachhaltig in Erinnerung bleiben wird. Vielmehr kumulierte an diesem Tag vieles von dem, was Fußballfans an der Art und Weise, wie ihr Lieblingssport inszeniert wird, zunehmend abstößt. Doch der Reihe nach. Es ist davon auszugehen, dass die Chefs aller 21 DFB-Landesverbände auf der Tribüne saßen. Denn genau das soll die Motivation gewesen sein, warum sich die Mehrzahl von ihnen dafür ausgesprochen hatte, den »Finaltag der Amateure« vom Berliner Happening zu entkoppeln. Die Landespokalfinals, über die sich die jeweiligen Teilnehmer der Landesverbände für die erste Runde des DFB-Pokals qualifizieren, waren 2016 am Tag nach dem Berliner Pokalfinale ausgetragen worden. Aber das sollen dem Vernehmen nach einige Landeschefs nicht so gut gefunden haben, weil sie dadurch am Sonntagmorgen zu früh in Berlin hatten losfahren müssen. Stattdessen wurde der »Finaltag« 2017 also an Christi Himmelfahrt ausgetragen.

Das Finale zwischen Eintracht Frankfurt und Borussia Dortmund, das auf diese Weise ungestört von den Vorspielen der Amateure am Donnerstag stattfand, gehörte zu den besten der vergangenen Jahre. Zur Halbzeit stand es 1:1, und wohl jeder der 20 Millionen Fernsehzuschauer freute sich auf die zweite Halbzeit. Und dann kam Helene Fischer.

Um den Playback-Auftritt auch ja in voller Länge übertragen zu können, hatte man sogar die *Tagesschau* in der Halbzeit nur in einer Kurzversion gesendet. Was ist schon Syrien oder der G7-Gipfel, wenn Helene Fischer doch die Lippen zu »Atemlos« bewegt? Und man den Stargast des DFB nach der Partie flugs zum »ARD-Stargast« ummodeln kann, der dann mit kompetenten Ansichten zum Spiel aufwartet. Hochinteressant beispielsweise die Aussage von Frau Fischer, sie habe »von ganzem Herzen beiden Mannschaften die Daumen gedrückt«. Man mag sich nicht vorstellen, was in einem Menschen vorgeht, in dem zwei Herzen und mehrere Daumen gleichzeitig aktiv sind.

Doch während sich Millionen Fernsehzuschauer ein paar Sekunden lang darüber wunderten, dass ein schriller Pfeifton aus ihren Geräten erklang, und während sowohl Frankfurter als auch Dortmunder Fans darüber berichteten, es sei so laut gepfiffen worden, dass sie vom Fischer-Gig gar nichts mitbekommen hätten, gaukelte die ARD nach einigen Schrecksekunden eine ganz andere Realität vor. Die Außenmikrofone wurden heruntergedreht, so dass Helene glockenklar in die Wohnzimmer trällern konnte. Und weder Kommentator Steffen Simon noch die beiden Pausenanalytiker Matthias Opdenhövel und Mehmet

Scholl verloren auch nur ein Sterbenswörtchen über die Reaktionen des Publikums.

Nun wäre das alles eher ein Fall für Medienjournale, in denen sich die Branche kritisch mit ihrem journalistischen Anspruch auseinandersetzt, wenn der ganze Abend nicht eben auch Bände darüber gesprochen hätte, wie sich der offizielle Fußball seine Zukunft vorstellt. Dass ein Verband, der angeblich kein Geld hat, um seinen Amateurbereich besser auszustatten, eine mutmaßlich sehr hohe Gage bezahlt, damit eine Millionärin ihr neues Album vor einem Millionenpublikum promoten kann, bringt manchen Geschäftsführer eines Verbandsligisten auf die Palme. Aber das wirklich Bemerkenswerte ist etwas anderes. Denn es ist ja schon komisch, wenn man dem Deutschen Fußball-Bund erklären muss, dass Fußballfans bei einem wichtigen Fußballspiel vor allem eines sehen wollen: Fußball.

Genau das war nämlich der Hintergrund der Proteste. Der richtete sich nicht primär gegen die Sängerin, sondern gegen all das, wofür sie genauso steht wie Anastacia, die eine Woche zuvor der FC Bayern als prominenten Pausenclown engagiert hatte. Und derentwegen am letzten Spieltag der Saison die zweite Halbzeit in der Allianz Arena später angepfiffen werden musste, weil die Umbauarbeiten länger dauerten. Nicht auszudenken, welches Medientheater geherrscht hätte, wenn ein Pyrotechnikvorfall dafür gesorgt hätte, dass es beim Spielablauf des Deutschen Meisters zu Verzögerungen kommt.

Die Parallele zwischen Pokalfinale und 34. Spieltag: Die Bosse im Fußball trauen ihrem eigenen Sport nicht mehr zu, unterhaltsam genug zu sein. Das ist ebenso erstaunlich, wie es realitätsfremd ist. Denn noch heute bekommen Fußballfans keine Sinnkrise, wenn sie in der Halbzeitpause eines tollen Spiels das tun, was sie schon vor Jahren getan haben: durchschnaufen, aufs Klo gehen, ein Bier aus dem Kühlschrank holen.

Allerdings war es auch kein Zufall, dass man beim DFB auf die Idee kam, seichte Popmusik als vermeintliche Pausenattraktion zu pushen. Schließlich praktiziert genau das die amerikanische Football-Liga NFL seit Jahrzehnten. Beim Super Bowl schalten angeblich viele US-Bürger nur ein, um in der Pause die Auftritte von Leuten wie Lady Gaga, Beyoncé oder Madonna zu verfolgen. Man darf davon ausgehen, dass die Dramaturgie des DFB-Pokalfinales 2017 ein Testballon dafür war, wie man sich in Frankfurt die künftige Inszenierung wichtiger Fußballspiele vorstellt. Der Testballon ist geplatzt, es wird spannend zu beobachten sein, ob der Knall in der Otto-Fleck-Schneise gehört wurde.

Ein ganz schlechtes Bauchgefühl

Was auch immer im überhitzten Profifußball passiert, es schlägt in die unteren Ligen durch. Von der Sicherheitshysterie bis zu den Unsitten des Transferwesens. Der Geschäftsführer des baden-württembergischen Oberligisten SV Spielberg hat da ein paar Geschichten zu erzählen. Und große Lust, ein Schild abzumontieren, das ihm jüngst der DFB zugeschickt hat.

Kürzlich hat sich Bernd Stadler mal wieder über den modernen Fußball gewundert. Und das gleich in mehrfacher Hinsicht. Bei einer Verbandstagung kam er mit ein paar Kollegen aus dem Badischen ins Gespräch. Und siehe da, auch die berichteten von Erfahrungen, wie er sie selbst erst gemacht hat. Es scheint tatsächlich mittlerweile ein paar Spieler zu viel zu geben, die lieber in der Landesliga spielen als in der Oberliga, wenn sie dort 200 Euro mehr verdienen können.»Das ist doch wie bei Anthony Modeste, nur in viel kleinerem Maßstab. Aber sagen Sie mir mal, wie man als erfolgreicher Bundesligaspieler nach China wechseln kann!«

Und wie bei Modeste, der ja im Sommer 2017 ein paar geheuchelte Treueschwüre ans Kölner Publikum in den Verhandlungspoker einbaute, hören auch die Manager aus der Verbands- und Oberliga immer wieder die vorgestanzten Floskeln, die die Freizeitkicker von Bundesligakollegen aus dem Fernsehen kennen. »Das Bauchgefühl« habe den Ausschlag gegen einen Wechsel nach Spielberg gegeben, ließ kürzlich ein Spieler Stadler wissen. Dabei war es schlicht und einfach das Geld, das ihn in eine tiefere Spielklasse zog.

Der moderne Fußball hat diesen Mann gleich doppelt versaut, findet Stadler. Erstens, weil er freiwillig in der Sportart, die er seit 20 Jahren mehrfach die Woche betreibt, lieber zwei Ligen tiefer spielt. Und zweitens, weil er sich nicht zu schade ist, die idiotischen Sprüche zu rezitieren, die die großen Stars auf Sky von sich geben, wenn sie kaschieren wollen, dass sie zu Verein B wechseln, weil sie dort mehr verdienen als bei Verein A. Dann ist viel von »nächsten Schritten«, »neuen Herausforderungen« oder der »Neugier auf eine andere Kultur« die Rede. Oder eben vom »Bauchgefühl«, das »den Ausschlag gegeben hat«.

Stadler lacht, er kennt das ja. Und eigentlich will er solche Spieler auch gar nicht in seiner Mannschaft haben. Da holen sie in Spielberg lieber einen anderen, einen mit intakterem Werteschema. Doch derlei

Dinge, die er noch selbst entscheiden kann, sind es nicht, die den Geschäftsführer des Sportvereins Spielberg von 1920 manchmal um den Schlaf bringen. Nein, auf die Verbände ist er wütend. Denn die tun ja gerne so, als verträten sie seine Interessen. Ein Hohn, findet er.

Reformfähig wie der Vatikan
Auch Stadler und sein SV Spielberg haben den Aufruf von Engelbert Kupka nicht unterschrieben, die Spielberger sind nicht Mitglied bei »Rettet den Amateurfußball« geworden. Für den DFB sind die wenigen Teilnehmer der Kupka-Initiative ja der Beweis, dass alles in Ordnung sei. Ist es natürlich nicht, doch Menschen wie Bernd Stadler haben die Hoffnung aufgegeben, dass der DFB noch zu reformieren ist. Nicht solange an der Basis jeder für sich selbst kämpft und sämtliche Kapazitäten darauf verwenden muss, den Alltag irgendwie zu meistern. Woher soll die Energie kommen, woher der lange Atem, um den langen, langen Marsch durch die Institutionen zu bewältigen? Stadler winkt ab. Natürlich hätte er, wenn er rechtzeitig von dem Treffen erfahren hätte, zur Gründungsveranstaltung nach Garching fahren können. Aber dann hätte er seine beiden Betriebe im Ort wieder zwei Tage sich selbst überlassen müssen. Und das, wo doch schon das Alltagsgeschäft in der Oberliga Baden-Württemberg ein ehrenamtlicher 40-Stunden-Job ist, der auf Kosten des eigentlichen Berufs geht. Nein, wenn die Herren beim DFB genüsslich feststellen, dass zu Kupkas Treffen nur ein paar Vereine aus dem Münchner Umland kommen, dann hat das keine inhaltlichen Gründe. Das nun wirklich nicht.

»Hut ab vor dem Mann. Er hat die Probleme benannt, die uns allen unter den Nägeln brennen«, sagt Stadler und nimmt noch einen Schluck Mineralwasser gegen die Hitze. »Oben wird der Rahm abgeschöpft, und unten verhungert die Basis. Kupka hat 100 Prozent recht, und das weiß jeder!« Aber es weiß eben auch jeder, dass der deutsche Fußball so reformfähig ist wie der Vatikan. »Du könntest mit kleinen Stellschrauben viel erreichen, aber da geht's an die Macht«, sagt Stadler. Und genau deswegen wird sich nie etwas ändern. Maria war Jungfrau, der Papst ist unfehlbar, und der DFB weiß am besten, was den Amateurvereinen guttut,

Also lässt man die da oben einfach weiter vor sich hin thronen und schaut, dass man dem Alltag in den wenig beachteten Ligen möglichst viel Positives abgewinnen kann – trotz der Verbände. Nicht ihretwegen. Und bei Lichte betrachtet bringt der SV Spielberg die Verhältnisse ja schon seit ein paar Jahren ganz schön zum Tanzen. Ein Verein aus einem Ort mit 2.800 Einwohnern, von ein paar Ehrenamtlichen zusammengehalten, spielt plötzlich gegen Saarbrücken, Waldhof Mannheim, Kickers Offenbach. Wunder gibt es immer wieder.

Wenn Stadler an das Jahr in der Regionalliga denkt, an die Saison 2015/16, hat er gemischte Gefühle, trotz all der unvergesslichen Erlebnisse. Natürlich war es für einen kleinen Verein wie den SVS eine ganz große Bühne. Und das wurde entsprechend zelebriert. Es gab kaum ein Auswärtsspiel, zu dem nicht mindestens ein Fanbus gefahren wäre. Nach Kaiserslautern, »nur« 110 Kilometer entfernt, sind sogar 200 Leute mitgekommen. Einzig ins ferne Kassel fuhr kein Bus. Gut 20 Spielberger reisten also mit der Bahn nach Nordhessen und kamen mitten in der Nacht zurück. Eine schöne Zeit, aber eben auch eine, die den SV Spielberg an den Rand seiner Möglichkeiten brachte. »Man muss es realistisch sehen: Ein kleiner Verein hat fast keine Chance, in der Regionalliga zu spielen, wenn er nicht professionelle Strukturen aufbauen kann.«

Und von professionellen Strukturen ist der SVS, bei dem von der Spieltagsorganisation bis zur Gestaltung der Spielerverträge das meiste von Stadler und seiner Frau erledigt wird, weit entfernt. Zumal der Verein schlicht nicht die finanziellen Mittel hat, um den Spielern Einschnitte in ihrem Berufsalltag aufzuzwingen. Wenn Christoph Nirmaier, ein Polizist, zum Einsatz musste, war das eben so. Wenn andere Spieler Uniklausuren schrieben, hatte sich der Trainingsplan danach zu richten. »Andere Mannschaften in der Regionalliga trainieren um halb elf und um 16 Uhr – um die Uhrzeit sind bei uns aber alle noch bei der Arbeit. In Saarbrücken gab es acht Trainingseinheiten in der Woche, in Spielberg drei – mehr geht bei uns nicht.« Nicht mit einem Gesamtetat von gerade einmal 200.000 Euro. Je länger Stadler drüber nachdenkt, desto mehr scheint ihm, dass sie sich damals eigentlich ganz gut geschlagen haben. Damals in der Saison 2015/16, als sie nach nur einer Spielzeit als Tabellensechzehnter wieder abgestiegen sind. »Wenn ein Mini gegen einen Porsche fährt«, sagt er, »dann kann eigentlich ja auch nicht der Mini gewinnen.«

Spieler im Fanbus

Umso wichtiger ist es Stadler, dass die Bindung zwischen Zuschauern und Spielern nicht verlorengeht, denn die trägt über Ligagrenzen hinweg. In Spielberg ist es ausdrücklich erwünscht, dass die Kicker sich nach einer Partie im VIP-Bereich, also einem separaten Raum der Vereinsgaststätte, blicken lassen. Und wenn sie dort ein, zwei Pils trinken, ist das den Verantwortlichen nur recht. Besser, als in der Vereinsgaststätte den Saubermann zu geben und sich nachts in einer Disco mit Whisky-Cola zuzuschütten. Nach den Spielberger Auswärtsauftritten fahren auch immer zwei, drei Spieler im Fanbus mit. Weil sich das so gehört, findet Stadler, aber auch, weil es eine Form der gelebten Deeskalation ist. Zuschauer, denen man erklärt, warum die Abwehr beim Gegentor so blöd aussah, sind weit weniger sauer als solche, die man mit ihren Spekulationen alleinlässt. Und ein Spieler, den man mal im persönlichen Gespräch kennengelernt hat, wird beim nächsten Fehler nicht mit Schimpfworten eingedeckt. Da wird stattdessen auf der Tribüne eher sinniert, dass der Tobias aber einen unglücklichen Tag erwischt habe. Eben auch nur ein Mensch. Und so ein netter Kerl ...

Sein oberstes Ziel ist es – das wird im Gespräch mit Bernd Stadler früh klar –, dass das »V« in SV Spielberg gelebt wird. Es geht um Gemeinschaft, um echtes Vereinsleben, darum, dass das Vereinsheim das Epizentrum des Klubs bleibt. Stadler stammt aus Spielberg, er hat bis zu einer schlimmen Knieverletzung für den SVS gekickt. Seit 2009 ist er Sportvorstand bei dem einzigen Verein, der wirklich seiner ist. Trotz der Mitgliedschaft beim BVB. Damals wollte er den SV Spielberg eigentlich nur in der Verbandsliga stabilisieren. Doch dann ging es in die Oberliga, in die Regionalliga – und wieder zurück in die Oberliga, auch das eine Spielklasse, in der Vereine aus großen Städten wie Reutlingen oder Pforzheim spielen. Was für Spielberg die Regionalliga ist, wäre für den BVB ein Champions-League-Gewinn bei gleichzeitiger Tilgung des FC Schalke 04 aus dem Vereinsregister.

Und solange es ihm noch gelingt, Spieler zu holen, für die es keine Qual ist, nach einer Partie noch eine Stunde auf dem Sportplatz zu bleiben, wird Bernd Stadler sein Ehrenamt immer Spaß machen. Denn im Gegensatz zu denen, die von Bauchgefühl reden und ihr Portemonnaie meinen, wissen diese Spieler noch, worauf es im Fußball ankommt. »Solange es noch um den Sport geht, ist es für mich akzeptabel. Aber wenn es nur noch um den Kommerz geht, hätte ich ein Problem.« Doch genau da liegt der Hund begraben, denn Stadler hat den Eindruck, dass es jetzt schon kaum noch um etwas anderes als Letzteres geht.

In Metall gegossener Hohn

Er zeigt nun auf das Schild, das am Eingang zur Vereinsgaststätte hängt. Es war in einem Paket, das der DFB im Sommer 2016 an seine Mitgliedsvereine geschickt hat. »Unsere Amateure – echte Profis«, steht darauf. Die Verbandsspitze hat es als nette Geste gemeint, doch bei Stadler ist es – wie bei Kupka – als in Metall gegossener Hohn angekommen. »Alle paar Tage sage ich mir: Ich reiße das Ding hier weg. Alles, was Amateurfußball ausmacht, tretet ihr doch eh nur mit den Füßen.« Stadler beugt sich vor. »Für mich ist der DFB kein Partner für Amateure. Der kümmert sich null um Amateure. Intern knistert es schon. Aber es prescht keiner vor und stellt sich offen gegen den DFB.«

Da wäre zum Beispiel die Nahtstelle zwischen Regionalliga und Oberliga, wo sich der Klub aus dem 2.800-Einwohner-Dorf seit Jahren bewegt. 2009 stieg man aus der Oberliga ab, nicht sportlich wohlgemerkt, sondern weil man Platz machen musste für den SSV Reutlingen, der von oben runterkam, nachdem er mal wieder die Lizenz verloren hatte. Oder jetzt der Fall Hessen Kassel. Jeder in der Branche wusste seit vielen, vielen Monaten, dass die Zahlungsunfähigkeit droht. Doch angemeldet haben die Nordhessen sie erst nach Ende der Saison 2016/17, in der sie auf nur 49 Punkte kamen. Neun Punkte werden bei einer Insolvenz abgezogen, also wäre Kassel abgestiegen, hätten sie jene vor Ablauf der Saison beantragt. So starteten sie nun zwar mit einem Punkteabzug in die neue Saison, aber immerhin in der Regionalliga.

Die Insolvenz hinauszuzögern, bis man weiß, ob man nach Abzug der neun Punkte die Klasse hält oder nicht, ist natürlich ein plumper Bauerntrick. Doch der blieb ungeahndet. Statt der Kasseler stieg Pirmasens ab, ein mittelständisch geführter Verein, der seriös wirtschaftet. »Wo ist da unser DFB?«, fragt Stadler. »Ich höre immer das Wort ›Fairplay‹. Aber wenn das Fairplay mit Füßen getreten wird, passiert nichts.« Als er gefragt wird, woran es liege, dass sich all die vielen Amateurvereine, an deren Basis es grummelt, nicht auflehnten, winkt er nur ab und meint, an den Funktionären zum Beispiel. Vielen von denen sei die Liebe zum Spiel abhandengekommen, sie schauten nicht mal aufs Feld. »Die gehen ins Stadion und dann schnell zum VIP-Bereich, um sich zu präsentieren.« Viele Vertreter auf den Verbandstagen seien zudem sehr alt, mehr wolle er dazu nicht sagen.

Dass die U23-Mannschaften die Ligen verstopfen, ist auch für Stadler der beste Beweis, wer im angeblichen Amateursport das Sagen hat: die Profis nämlich. »Da kommen keine Zuschauer, das interessiert niemanden. 21 Mannschaften gibt es in den fünf Regionalligen? Dann lasst die 21 doch in einer eigenen Klasse spielen. Dann haben wir mit einem Strich vier Regionalligen, und der faule Apfel ist weg. Aber das wird nie passieren, weil es die Profivereine sind, die bestimmen.« Wie es überhaupt an einem fairen Miteinander mangele. »Das Schlimmste ist für mich, dass die Bayern fast 100 Mio. Euro Fernsehgelder kriegen, und der kleine Verein in der C-Klasse muss noch auf seine 20 Zuschauer 50 Cent Gebühren an den DFB entrichten. An eine der reichsten Institutionen Europas.« Was Stadler da fehlt, ist die Verhältnismäßigkeit. Es geht ja nicht um die 50 Cent. Es geht darum, dass oben, also dort, wo laut Stadler der Rahm abgeschöpft wird, keiner mehr weiß, wie sie unten arbeiten, wie mühsam es ist, Sponsoren zu akquirieren, Ehrenamtliche zu gewinnen, die sich an die Kasse setzen, die sich an den Grill stellen. Kurz: Es geht darum, dass es zwischen Amateur- und Profifußball nichts Verbindendes mehr gibt.

Einen prominenten Funktionär, der von vielen Fans als Verkörperung des fußballerischen Neoliberalismus gesehen wird, nimmt Stadler bei dieser Kritik übrigens ausdrücklich aus. Als er mit seinem SVS händeringend nach einem Stadion suchte, in dem er das vom DFB allen Ernstes zur Risikopartie erklärte Spiel gegen Waldhof Mannheim austragen konnte, schrieb ihm Dietmar Hopp persönlich. Wenn alle Stricke rissen, werde er sich um einen Spielort kümmern. Er werde einen kleinen Verein nicht im Regen stehenlassen. Denn er wisse, wie schwer die es hätten.

Mehr Polizisten als Gästefans
Doch nicht überall wissen das die Funktionäre. Wieder muss Stadler lachen. Hier oben, 230 Höhenmeter über Karlsruhe, wo die Luft nach Wald riecht und man am Sonntagmorgen kaum einmal ein Auto hört, hier schlugen 2015 die DFB-Bürokraten zu. Schlimmer, sie schickten gleich die penibelste Fraktion vor: die Abteilung Sicherheit. Stadler zeigt nun mit dem Finger auf einen Stadionabschnitt in 100 Metern Luftlinie Entfernung. Und tatsächlich, am hinteren Ende der Gegengeraden ist ein etwa 25 Meter langes Areal abgetrennt. Dass sie so etwas wie einen separaten Gästeeingang brauchten, hatten sie beim SVS in der fast 100-jährigen Vereinsgeschichte bis dato noch gar nicht gemerkt.

Nun haben sie also einen separaten Gästeeingang, einen separaten Gästeblock – und 80.000 Euro weniger auf dem Konto. So viel kostete der Spaß nämlich. 80.000 Euro für nichts und wieder nichts. Einmal waren 350 Offenbach-Fans da, einmal 250 Saarbrücker. Aber im Alltag der Regionalliga Südwest waren es dann doch meistens nur ein Dutzend Gästefans, die dort jede Menge Platz hatten. »Es ist nie irgendwas passiert, null. Überhaupt nichts«, sagt Stadler und schüttelt den Kopf. »Wer hierher kommt, will sein Bier und seine Wurst und dass seine Mannschaft gewinnt.«

Natürlich hat Stadler recht: Die Sicherheitsvorkehrungen bei Spielen der vierten Spielklasse sind oft grotesk überdimensioniert. Doch das ändert nichts daran, dass sie eingehalten werden müssen. Und so gab es vor den Spielen gegen Pirmasens oder die zweite Mannschaft von Hoffenheim jeweils ein paar Tage zuvor ein Sicherheitsgespräch mit dem Ordnungsamt, dem Sicherheitsbeauftragten des SVS und der Polizei. Bei den Spielen selbst waren dann fünf Polizeiautos und 20 Beamte zugegen, die damit nicht selten stärker vertreten waren als der Anhang der jeweiligen Gastmannschaft. Doch dafür wurden die paar Gästefans liebevoll umsorgt: Oben, in einem Raum über der Vereinsgaststätte, saßen bis zu zehn Beamte, die über 90 Minuten das Geschehen in der Gästekurve filmten. Die Protokolle zu lesen, wäre sicher sehr erheiternd: »SV Spielberg – TuS Steinbach. Zielperson A begibt sich zum Wurststand ...«

Man muss es wohl so deutlich sagen: Die von Politikern und interessierten Funktionären immer wieder angefachte Sicherheitsdebatte ist einer der Gründe, warum sich so viele Fußballvereine die Regionalliga nicht mehr leisten wollen. Doch auch in dem Punkt, da ist sich Stadler ziemlich sicher, werden die Verbände wieder auf beiden Ohren sitzen, wenn sie mit den Klagen der Basis konfrontiert werden. Stadler schaut wieder auf das Schild mit der nett gemeinten Aufschrift »Unsere Amateure – echte Profis«. Gut, dass gerade kein Schraubenzieher parat liegt.

Sonntags trifft sich die Familie

Hamborn 07 hat schon mal erfolgreicher Fußball gespielt, der Duisburger Norden schon bessere Zeiten erlebt. Doch für Jürgen, Thomas, Heinz und all die anderen gibt es keinen anderen Verein als Nullsieben, dessen Herz hier in der »Löwenschänke« schlägt. Denn ein Fußballverein kann etwas mit Heimat zu tun haben.

Es gibt Situationen im Leben, da braucht es keine lange Vorrede. Ein verregneter Sonntag in Hamborn im März 2017, kurz nach 14 Uhr. Als die Tür aufgeht und ein Mann mittleren Alters nickend die Gaststätte betritt, reichen fünf Worte, um die Richtung für die nächsten Stunden vorzugeben. »Thomas«, kommt es gleich von der Theke, »groß oder klein?« »Groß«, antwortet Thomas, als sei allein die Annahme, er trinke heute klein, eine Beleidigung.

Klare Frage, klare Ansage. So mögen sie das im Pott. Gerade hier im Duisburger Norden, in Hamborn, in der »Löwenschänke«. Herz und Heimat der Sportfreunde von 1907. Oder wie sie hier schlicht sagen: »Nullsieben«. Was an das »Nullvier« von Schalke oder das »Nullneun« vom BVB erinnert. Und das soll es wohl auch. Obwohl heute Welten zwischen den Klubs liegen. Früher war das anders, früher, da spielte Nullsieben vor fast 30.000. Da waren die ganz Großen hier. Ach was, da waren sie in Hamborn selbst ganz Große. Oberliga West, Pokal-Halbfinale, das erste Fußballspiel im deutschen Fernsehen, 1952 gegen St. Pauli.

Jahrzehnte später heißt die Realität Bezirksliga. Gegner ist der SV Ebel aus dem Süden von Bottrop. Eineinhalb Stunden sind es noch bis zum Spiel, aber in der »Löwenschänke« ist schon Betrieb. Nicht nur Thomas hat sich für Pils groß entschieden, überall wird geprostet und gekippt. Die meisten halten es mit Pils klein, dafür gleich mehrfach. An den prominent beworbenen Drei-Liter-Löwentower (»Die Trinksäule mit Zapfhahn«) hat sich noch keiner getraut, ebenso wenig an »Friko und Toast 2,50 Euro«. Frikos, das muss man im Ruhrgebiet niemandem erklären, sind Frikadellen.

Sabine Breßer ist das nur recht, sie hat gerade genug zu tun. Jeden Sonntag steht sie hinter der Theke und reicht stundenlang Gläser mit Pilsdeckchen über den Tresen. Über sich die Pokale, an der Seite der schwarz-gelbe Schal. Während des Spiels zieht sie sich in die Küche zurück und kocht, damit die erste Mannschaft und die Schiedsrichter hinterher etwas zu essen bekommen. Freie Wochenenden? Kennt sie nicht, seit Jahrzehnten. »Ich kellnere mein Leben lang«, sagt sie. Aber vorher eben nie in einem Vereinsheim. »Ich hatte nichts mit Fußball zu tun.« Schnell wird klar: Sie macht das ihrem Mann zuliebe.

Der stand bis eben noch draußen am Schwenkgrill, jetzt kommt er wie aufs Stichwort zur Tür rein und füllt gleich den ganzen Laden aus. Es gibt solche Menschen, die stehen automatisch im Mittelpunkt. Die müssen dafür nicht mal etwas sagen. Klaus Breßer, 52, ist so einer. Fast zwei Meter groß, amtlicher Bauch, längere Haare, Bart. Unter der Woche ist er auf Montage, am Wochenende Chef in der »Löwenschänke«. Er scheint dafür geboren zu sein. Stellt man sich einen Wirt in einer Vereinskneipe im Ruhrgebiet vor, hier kommt er. Die Sprüche, der Akzent, das Sprechtempo, die klaren Ansagen. Hätte Breßer eine eigene Radio- oder Fernsehsendung, wäre er für den Boulevard vielleicht der »Kult-Klaus«.

Vor knapp vier Jahren hat er einen Vorstandsposten im Verein und den Laden übernommen, schon vorher galt er im Viertel als Gastro-Legende. Jahrelang führten er und seine Frau das »Red Rooster« gleich in der Nähe, eine Bluesrock-Kneipe mit Livemusik. »Kultschuppen«, sagt Breßer, und nichts lädt dazu ein, ihm das nicht zu glauben. Doch irgendwann kam das Rauchverbot. »Und wenn zehnmal während eines Konzerts die Tür aufgeht, weil einer rauchen will, drehen die Nachbarn irgendwann durch«, sagt er. Das »Red Rooster« war Geschichte.

Was also tun, wenn man im Viertel bleiben will, weil es hier sonst nicht viel gibt? Breßer wusste, dass die legendäre »Löwenschänke« nicht mehr viel hermachte. Jahrelang war sie nur noch von ein paar Ehrenamtlern aus dem Verein am Leben gehalten geworden. Also überredete er seine Frau, den Laden zu übernehmen und etwas aufzuhübschen. Seitdem sind die Wände neu in den Vereinsfarben gestrichen, dazu gibt's das Übliche: Pokale, Wimpel, Schals und Mannschaftsbilder. Von der Decke hängen ein paar Schallplatten herab. Denn auch hier gibt es manchmal Konzerte und Mottopartys. »Bisschen Kultur, viel Pils und Schnaps«, fasst es Breßer zusammen.

Freitags, sonntags und montags schließen sie auf. Wirklich Geld verdienten sie damit nicht. »Man muss bescheuert sein, um so eine Sache zu machen«, sagt Klaus Breßer. »Du musst das leben. Wenn du abends anfängst, das Geld zu zählen, kannst du es vergessen.« Aber darum gehe es auch nicht. Es gehe darum, den Leuten, die zu Nullsieben gehen, ein paar schöne Stunden zu ermöglichen.

Die Gäste danken es ihnen. »Das wäre hier kaputtgegangen, das wäre doch alles vergammelt, nur durch den Wirt überlebt das«, sagt Freddy Schmitz, der zu denen gehört, die es wissen müssen. Schmitz, 77, Schiebermütze, Trainerjacke, hat sein ganzes Leben mit dem Verein verbracht. »Keiner kennt Nullsieben so wie ich. Seit meinem achten Lebensjahr geh' ich nach Nullsieben«, erzählt er.

Sämtliche Umzüge hat er mitgemacht. Als Kind war er schon an der Buschstraße in Bruckhausen dabei. Als der Platz dem Verein Mitte der 1950er Jahre zu klein wurde, ging es ins schmucke neue August-Thyssen-Stadion. Freddy Schmitz ging hinterher. Knapp 15 Jahre blieben Verein und Fan dort, ehe beide für ein Jahrzehnt ins Schwelgernstadion nach Marxloh zogen. Dort ist Nullsieben auch heute noch zu Hause, seit 1978 allerdings auf der Anlage Im Holtkamp. Als das 5.000-Plätze-Stadion eingeweiht wurde, lief er den ganzen Tag im Löwenkostüm herum. Dazu gibt's einen in die Jahre gekommenen Aschenplatz, den Kunstrasen und dazwischen die »Löwenschänke«.

Die ist längst nicht nur für die Fußballfans gedacht. Die Breßers haben ein paar alte Stammgäste aus dem »Red Rooster« mitgebracht. Auch andere Marxloher sind da. Als die meisten kurz vor Anpfiff rüber zum Platz gehen, bleiben sie sitzen. Das Fußballspiel interessiert sie nicht. Sie sind froh, dass sie eine Kneipe haben, wo sie auch mit wenig Einkommen hingehen können. Denn Marxloh ist ziemlich abgerockt. Früher war es ein klassisches Arbeiterviertel, heute ein Arbeitslosenviertel. Knapp 15 Prozent sind ohne Job. Wenn das Klischee vom leidenden Ruhrgebiet irgendwo stimmt, dann hier. Rechte Politiker aus ganz Deutschland verweisen gern auf Marxloh, wenn sie ihre Horrorszenarien von der angeblich verfehlten Integration entwerfen. Dann erzählen sie von den No-go-Areas, von Polizisten, die nichts mehr zu sagen hätten, von Clans, die ganze Straßenzüge regieren würden.

Klaus Breßer kennt die ganzen Vorurteile. Ganz aus der Luft gegriffen seien sie nicht. »Brautladen, Brautladen, Brautladen, Brautladen«, beschreibt er so manche Straße. Marxloh hat schon bessere Zeiten erlebt. Er weiß das, er ist hier aufgewachsen, auch mit dem Verein. Sein Vater nahm ihn früher jeden Sonntag mit zu Nullsieben. »Der hat mich als Piccolo an die Theke gesetzt und ist zum Frühschoppen gegangen. Dann haben wir die Jugend geguckt, dann ging's nach Hause zum Mittagessen, nachmittags waren wir wieder hier und haben die Erste geguckt.« Es war eine einfache Zeit, aber keine schlechte. Die meisten Menschen im Pott lebten gut von Kohle und Stahl. Auch Nullsieben, der alte Thyssen-Klub.

Mittlerweile ist nicht mehr viel davon übrig. Es ging bergab. Mit Viertel und Verein.

Breßer selbst geht es nicht schlecht. Sein Job ist sicher, er hat Immobilien. Deshalb versucht er, den Leuten etwas zu geben, etwas, das wie früher ist. Die jüngeren Generationen lockt er damit nicht an. In der »Löwenschänke« sind die in der Überzahl, die schon seit Jahren kommen. Wie die »Senatoren«, eine Mischung aus Förder- und Ehemaligenverein, der etwas Geld für Nullsieben sammelt und sich jeden Montag in der »Löwenschänke« trifft. »Die kommen mit Holzbein und Rollator«, sagt Breßer und lacht. Auch heute sind die »Senatoren« da.

Viele sind im Viertel aufgewachsen, mittlerweile aber weggezogen. »Wir hier am Tisch kommen alle von außerhalb, aus Hamminkeln, aus Xanten. Aber wir sind alles Hamborner Jungs, wir treffen uns jeden Sonntag hier. Wir sind verrückt nach Hamborn«, sagt Jürgen Welskopf, 73, der reden kann wie ein Wasserfall. Das können sie fast alle hier. Und sie alle blühen auf, wenn sie hier sind. Sie mögen woanders wohnen, aber Nullsieben und die »Löwenschänke« lassen sie ihre Wurzeln nicht verlieren. Der Verein ist ihnen heilig, sie kommen immer. Auch zu Auswärtsspielen, bei Wind und Wetter.

»Fußball? Das ist doch nur noch Geschäft«

Am liebsten sind ihnen aber Heimspiele. Dann sitzen sie vor und nach dem Spiel am Tisch mitten in der »Löwenschänke« und fachsimpeln. Über das Leben, das Viertel, das Spiel, den Fußball allgemein. Da wird auch mal gestritten. Aber in einem sind sie sich einig: »Fußball? Das ist doch nur noch Geschäft«, sagt Heinz Bruchertseifer. 76 Jahre ist er alt, 60 davon hat er mit Nullsieben verbracht. Er hat die großen Zeiten erlebt. Damals, als es noch echte Kerle gab. Heute halte doch schon in der Kreisklasse jeder die Hand auf, und wenn einer drei Euro mehr reintut, ist er weg.

Damals konnte Nullsieben noch mithalten. Zehntausende Fans kamen und sahen Spiele gegen Schalke, Dortmund, Köln, Düsseldorf oder die beiden Essener Vereine. »Die haben doch alle hier verloren«, sagt Welskopf und erinnert sich daran, dass »der Karl-Heinz Schnellinger hier sein letztes Spiel für Köln gemacht hat. Da haben die sechs Stück gekriegt. Der hat sich schon vor dem Spiel in die Hose geschissen.« Damals zählten auch die Hamborner Feldhandballer zu den Besten. 1958 wurden sie in Oberhausen gegen Wolfsburg Deutscher Meister. »Da sind wir von hier zu Fuß nach Oberhausen gelaufen«, sagt Heinz und gönnt sich zur nachträglichen Belohnung erst mal einen Schluck Pils.

Wenn von damals die Rede ist, und es ist viel von damals die Rede, geht es immer auch um Thyssen, den Stahlgiganten, der von Hamborn aus die Welt eroberte. Das ganze Viertel arbeitete dort. Hamborn war Thyssen, Thyssen war Nullsieben, Nullsieben war Hamborn. So hing das früher zusammen. Selbstredend spielte der Verein im Thyssen-Stadion gleich neben dem Werk.»Wenn Thyssen während des Spiels den Schacht aufgemacht hat, wurde das Spiel unterbrochen, weil du nichts mehr gesehen hast. Wer ein weißes Hemd anhatte, hatte dann ein schwarzes«, sagt Breßer und erzählt, dass die ganze Mannschaft früher dort angestellt gewesen sei.»Hier gibt es heute noch einige Kultfiguren, die da auffem Schacht gearbeitet haben. Die sind schön mit 45 in Rente.« Heute steckt der Konzern noch etwas Geld in die Jugend, aber das war es dann.

Auch von der Stadt komme nicht viel. Letztens wurde mal eine Stromrechnung übernommen, aber das sei ja nichts im Verhältnis zu dem, was der MSV so bekomme. Oder, wie sie hier sagen: die Meidericher. Die Jüngeren im Verein sind durchaus MSV-Fans, auch Klaus Breßer drückt den Zebras die Daumen. Die Generation 70 plus kann mit ihnen nichts anfangen.»Das ist nicht unser Verein, den MSV darfst du hier in Hamborn eigentlich nicht ansprechen«, sagt Heinz Bruchertseifer.

Jahrzehntelang spielten die Klubs auf Augenhöhe, dann gewann der MSV am viertletzten Spieltag der Oberligasaison 1962/63 das Derby durch ein umstrittenes Tor in der Schlussphase und qualifizierte sich eine Woche später für die neu gegründete Bundesliga. Bei Nullsieben ist das Spiel auch mehr als 50 Jahre danach noch ein Politikum. Keiner wisse, ob der Ball überhaupt drin gewesen sei. Geht es nach den Hambornern, war er das natürlich nicht.

Ab da trennten sich die Wege der beiden Klubs. »Später haben die dann angefangen, uns ganze Jugendmannschaften wegzuholen«, sagt Heinz. Tauschen möchte aber keiner, sie fühlen sich wohl im Amateursport. Nur die Bezirksliga ist nicht die richtige. Eine, wenn nicht gleich zwei Klassen sollte es hochgehen. Zurück in die Oberliga. Auch wenn die heute nur noch die fünfthöchste Klasse ist.

Der eingeschlagene Weg stimmt schon mal, aktuell ist Nullsieben souveräner Tabellenführer (und wird am Saisonende 2016/17 tatsächlich den Sprung in die Landesliga schaffen). Möglich macht das Trainer Dietmar Schacht, früher Kapitän auf Schalke und eine Kultfigur des Ruhrgebietsfußballs. Eigentlich ist er wie die Mannschaft für die Bezirksliga überqualifiziert, aber er kommt hier aus dem Viertel, er musste nicht lange überredet werden. Man merke jeden Tag, was für ein großer Verein

Nullsieben sei, sagt er nach dem Spiel gegen Ebel, einem 5:0 ohne großen Aufwand. Aber man müsse aufpassen: »Von Tradition allein kannst du dir nichts kaufen.«

Jeden zweiten Sonntag steht Schacht an der Theke der »Löwenschänke« und redet über das Spiel. Das kann auch ungemütlich werden, doch bislang ist alles entspannt. Seitdem er die Mannschaft übernommen hat, gibt es nichts zu meckern. Das Team hat Erfolg. Und der ist nicht erkauft.

Das ist Ernst Schneider wichtig. Den Vorsitzenden kennt hier jeder. Früher, zu seinen aktiven Zeiten, war er Torschützenkönig in der Verbandsliga und hatte ein Angebot von 1860 München, ließ es aber sausen. Vorstandskollege Breßer weiß auch, warum: »Der hat hier richtig die Hände aufgehalten und sich die Taschen vollgemacht«, lacht er. Schneider lacht mit: »Ich habe dafür auch etwas geleistet.« Direkt danach wird er ernster: »Wir geben nichts aus, was wir nicht haben. Der Verein ist solide geführt. Hier kann jeder in die Bücher gucken.« Was auch heißt: Bei anderen sei das nicht möglich.

Das ist an diesem Tag immer wieder zu hören. In Hamborn sind sie alle überzeugt, dass es die Konkurrenten aus der Nachbarschaft nicht immer so genau nehmen mit den Abrechnungen. Da fließe viel unter der Hand. »Man hört da vieles. Steuerhinterziehung, aber darüber darfst du ja nicht reden. Da müsste viel mehr kontrolliert werden. Da müsste mal einer von der Stadt gucken«, heißt es am Tisch der »Senatoren«.

Als Kind half er den Fernsehteams im Stadion
Klaus Breßer beteiligt sich nicht an Spekulationen über das Geld der anderen. Er guckt lieber, dass Nullsieben genug Geld zusammenbekommt. Über Geschäftsfreunde holt er Sponsoren ran. Wenn er über Geld diskutieren muss, dann mit den Gästen in der »Löwenschänke«, als er vor einiger Zeit den Bierpreis erhöhte. Oder wenn es um den Wein geht. Den bringe er extra aus Italien mit. »Den würdest du woanders für fünf Euro verkaufen können. Hier sind sie am Jammern bei 2,50 Euro. Du bist halt immer noch 'ne Vereinskneipe, und das soll es auch bleiben. Aber ein bisschen Qualität muss auch bezahlt werden. Manche fahren nach Norderney und zahlen da acht Euro für einen Trümmerwein. Das kotzt mich an, das kotzt meine Frau an.«

Es bleiben die einzigen negativen Worte des Tages. Ansonsten fühlt er sich pudelwohl in seiner »Löwenschänke«. Er liebt das Flair, die Leute. Breßer ist nicht nur selbst eine Kultfigur, er liebt auch die anderen Kultfiguren. So wie Lothar, der mit seinem alten Trikot, den Augenringen und seinem Oberlippenbart fast aussieht, als sei er für diese Szene gecastet worden. Dazu eine Stimme, von jahrzehntelangem Tabak- und Alkoholkonsum gezeichnet. Seit er denken kann, geht er zu Nullsieben. Als Kind, als der Verein noch höher spielte, half er den Fernsehteams immer dabei, ihre Kameras aufzubauen. Was ihm Nullsieben und die »Löwenschänke« bedeuten? »Alles«, sagt er. Man glaubt es ihm.

Ein Gastartikel von Bernd Schwickerath
Abdruck mit freundlicher Genehmigung von fupa.Niederrhein

Die Blase platzt

Fans, die nach Jahrzehnten ihre Dauerkarte abgeben, weil sie die Überinszenierung satthaben. Groundhopper, die sich nicht mehr wie Verbrecher behandeln lassen wollen. Journalisten, die die echten Geschichten in der Oberliga suchen statt im Wald aus Mikrofonen, der sich vor Manuel Neuer aufbaut. Keine Frage, der moderne Fußball ist drauf und dran, seine Basis zu verprellen. Schön, dass es Menschen gibt, die sich besinnen: auf guten Journalismus. Und auf die Erkenntnis, dass Fußball und Heavy Metal zu den schönsten Dingen des Lebens gehören. Vorausgesetzt, man kennt den Unterschied zwischen Playback und Live-Musik.

Kürzlich hatten Frank Willig und Hardy Grüne wieder mal etwas zu lachen – kein Wunder, es ging ja schließlich um den Teil des Fußballbusiness, der ihnen beiden herzlich egal ist: den Profifußball. Der Spieler Oscar, 1991 geboren, hatte am 24. Dezember 2016 übers Netz seinen Wechsel von Chelsea nach Shanghai bekanntgegeben und dabei etwas ausgeholt: »Es war immer schon ein Traum von mir, mal für einen Klub wie Shanghai zu spielen. Ich kann mich noch gut daran erinnern, wie ich in São Paulo aufwuchs und die Red Eagles auf dem kleinen Fernseher spielen sah, den meine Familie hatte. … Ich wechsle nicht wegen des Geldes.« Als ob man jemandem bei einem Wechsel nach China so etwas unterstellen würde!

Um die Jahrtausendwende haben Willig und Grüne keine Shanghai-Spiele gesehen. Zum einen, weil sie schon damals Fans von Arminia Hannover bzw. Göttingen 05 waren. Und zum anderen, weil es den Verein, dessen Sympathisant Oscar schon als Kind gewesen sein will, erst seit 2005 gibt, was Oscars angebliche Jugendschwärmereien für die Red Eagles nicht recht plausibel erscheinen lässt. Ob er sich über so viel Heuchelei aufrege, wird Grüne gefragt: »Och nö. Ist doch lustig. Wer sich für die Topklubs oder die Champions League interessiert, kennt doch die Regeln«, sagt er lapidar. »Ist eben einfach nicht unsere Welt. War es auch noch nie und wird es nie werden.«

Die beiden Macher des *Zeitspiel*-Magazins sind jedenfalls prädestiniert dafür, etwas Neues in Sachen Altem zu wagen. Frank Willig und Hardy Grüne stehen mit ihren Biografien für genau den Anspruch, den das Magazin garantiert: »Uns geht es nicht um eine eindimensionale, nostalgische Erinnerung im Sinne von ›früher war alles besser‹, sondern um einen lebendigen, traditionsreichen und vor allem überlebensfähigen Fußball, der sich selbstbewusst und zukunftsgerichtet auf seine Wurzeln und Traditionen beruft und damit eine klare Position im ›modernen Fußball‹ erreicht.«

Manuel Neuer? Uninteressant
Die im Juni 2015 erschienene Erstausgabe wartete nicht nur mit sorgfältig recherchierten Storys über Traditionsvereine und die »Geschichte der Pleiten« auf, sondern analysierte die Malaise des unterklassigen Fußballs gleich mit. »Überleben im Turbokapitalismus«, hieß der fulminante Titel, und wer das *Zeitspiel* nach 92 Seiten weglegte, wusste plötzlich wieder, was für ein tolles Metier der Journalismus sein kann, wenn er Leuten, die etwas zu sagen haben, ermöglicht, etwas zu sagen.

Mit dem alle zwei Monate erscheinenden Magazin haben die beiden *Zeitspiel*-Herausgeber ihre private Fußballwelt einer breiteren Masse zugänglich gemacht. Journalist Grüne und Grafiker Willig schreiben, recherchieren und layouten fast alle Texte selbst. Reich werden sie davon wohl trotz des enormen Arbeitsaufwands neben dem Hauptberuf nie werden – und hohe Honorare für die wenigen freien Mitarbeiter sind auch auf absehbare Zeit nicht drin. Aber genau das sind die Grundvoraussetzungen dafür, dass die Themen wie von selbst ins Heft drängen: »Ganz einfach, weil man unter den Gegebenheiten nur über das schreibt, was einen selbst interessiert.«

Da wäre zum einen der internationale Fußball: So las man vor der EM 2016 eine aufwendig recherchierte Titelgeschichte über Frankreich, bei der auch Grünes Zweitverein, En Avant Guingamp, nicht fehlen durfte. Der Copa América widmete man gar Themenschwerpunkt und Cover der Nummer fünf. Wenn die sich ein wenig schlechter verkaufte als andere Ausgaben, ist das für Grüne »noch längst kein Grund, etwas abseitigere Themen künftig zu vermeiden«.

Das fußballerische Leben der beiden Freunde, die schon vor 25 Jahren mit ihrer jeweiligen Fanauswahl die Vorspiele zu den Oberliga-Kicks ihrer beiden Lieblingsmannschaften bestritten, spielt aber natürlich vor allem in Deutschland. In der Regionalliga Bayern, wo kaum ein Verein, der sich sportlich qualifiziert, in die teure 3. Liga aufsteigen will. In der Oberliga Westfalen, wo mit dem FC Gütersloh wieder mal ein Traditionsverein pleite gegangen ist. Und auch mal in den ganz unteren Klassen, irgendwo zwischen Kreis- und Landesliga.

Wenn sie wirklich einmal dahin gehen, wo für sie der Glamour anfängt, dann schreiben sie hübsch bebilderte Reportagen über den

Wuppertaler SV, den VfB Lübeck, Waldhof Mannheim, den FC Homburg oder Kickers Offenbach. Anders gesagt: Sie gehen einfach dorthin, wo etwas passiert, das sie selbst interessiert. Und dahin, wo für sie die eigentlichen Themen liegen:»Manuel Neuer und ein Wald von Mikrofonen – was soll da Interessantes bei herauskommen?«

Schon die Erstausgabe sorgte für selige Seufzer und wohliges Behagen bei all den Menschen, die sich schon mal bei ein paar Gefühlsregungen ertappt haben, die der Generation Sky nicht so ganz gesellschaftsfähig erscheinen: Ja, man kann bei einem Oberligaspiel mehr mitfiebern als bei einer Champions-League-Partie. Ja, man kann sehr traurige und sehr folgenreiche Gedanken haben, wenn bei einem Bundesligaspiel der Eckball von der örtlichen Großbrauerei präsentiert wird und die Ekelwurst nur mit vereinseigener Cashcard bezahlt werden kann. Und ja, man kann der Ansicht sein, dass die Zeit, in der das alles noch nicht so war, die spannenderen Geschichten barg. Mit welchen Profis von heute kann man sich schon vorstellen, einen spannenden Abend bei ein paar Pils und lustigen Geschichten aus deren Munde zu verbringen?

Das 178. Buch über die Bayern? Aber immer

Jüngst, in Offenbach, hat Grüne dennoch eine interessante Beobachtung gemacht:»Auch in den Ligen, für die sich kaum mal ein überregionaler Journalist interessiert, werden die Protagonisten Medien gegenüber immer skeptischer.« Warum das so sei, hat er gefragt:»Die Antwort war, dass viele Journalisten nur kurz vorbeikommen und das Bild bestätigt sehen wollen, was sie vorher schon hatten. Dann sind sie wieder weg.« Allerdings, und darauf legt der studierte Sozialgeograf Grüne Wert, erlebe man in manch baufälligem Stadion noch etwas vom Geist von früher:»In Hamburg ist noch vieles von dem zu spüren, was Derbys schon vor 100 Jahren ausgemacht hat.« Grüne kann von der Partie Barmbek-Uhlenhorst gegen Altona 93 genauso schwärmen wie vom Besuch beim Berliner Traditionsverein Sparta Lichtenberg.»Die fühlen sich ihrem proletarischen Erbe verpflichtet und engagieren sich gerade deshalb heute in der Flüchtlingsarbeit.«

Grüne merkt jetzt, dass er die Kurve bekommen muss. All die Geschichten aus den unteren Ligen klingen schließlich nach einem Idyll, das es in der Wirklichkeit nicht mehr gibt.»Deswegen müssen wir uns eben auch mit den Rahmenbedingungen beschäftigen, unter denen Fußball heute stattfindet.« Denn die Welt der Regional- und Oberliga hat immer unmittelbarer mit den Exzessen des Profifußballs zu tun, der immer brutaleren Umverteilung hin zu den reichen Klubs, die mit jedem Fernsehvertrag mehr kriegen: mehr Geld, mehr Aufmerksamkeit, mehr Sponsorenverträge. Grüne, der als wandelndes Fußball-Lexikon sage und schreibe 60 Fußballbücher, darunter viele Vereinsbiografien, geschrieben hat, spürt das auch beruflich. »Mit dem Vorschlag, ein Buch über den VfL Bochum oder den MSV Duisburg zu schreiben, braucht man keinem Verlag mehr zu kommen«, hat er festgestellt. Das 178. Buch über die Bayern gehe aber immer.

Fatalerweise sei die Entwicklung im Journalismus da deckungsgleich mit der auf dem Platz. Zu Vereinen mit einst klangvollen Namen wie Concordia Hamburg oder dem Freiburger FC kommen manchmal nur noch 100 Zuschauer, wenn parallel der Bundesligist spielt – jede zeitgleiche Sky-Übertragung kostet den Verein vor Ort Zuschauer. Von den Sponsoren ganz zu schweigen: »Viele von denen kaufen sich lieber einen Zentimeter Bande, der im Fernsehen zu sehen ist, als die Brust eines Traditionsvereins.« Grüne hat bei seinen 05ern eine traurige Feststellung gemacht: »Selbst wenn man seriös arbeitet und auf jeden Cent achtet, kann man sich Oberliga eigentlich nicht mehr leisten.« Kollege Willig sieht das ähnlich – als Manager seiner Arminen weiß er, wovon er spricht.

Postfeudale Verhältnisse

Ein ehemaliger Präsident von Arminia Hannover gehört zu denen, die mit ziemlichem Galgenhumor auf die Geschehnisse im Niedersächsischen Fußballverband blicken: Jürgen Scholz, Anwalt in Hannover und einer der größten Kritiker von Verbandspräsident Karl Rothmund, der seit Jahren völlig ungeniert die Verbandsinteressen mit denen seines Vereins verquickt: des 1. FC Germania Egestorf/Langreder, eines Klubs aus der Gemeinde Barsinghausen.

In einem Artikel für *Spiegel Online* aus dem August 2016 nennt der Journalist René Martens Beispiele: »Jan Baßler etwa, stellvertretender Direktor des NFV, ist gleichzeitig Manager und Spieler des 1. FC Germania – keine gewöhnliche Konstellation. Weitere NFV-Vizedirektoren sind Steffen Heyerhorst, der von 2002 bis 2011 für Germania spielte, und Bernd Dierßen (140 Erstligaspiele für Hannover 96 und Schalke), der dort zwei Jahre Trainer war.« Zudem seien sieben Spieler des Fusionsvereins beim NFV oder gleich beim DFB beschäftigt, dessen Vizepräsident Rothmund bis 2013 war. Germanias Pressesprecher Manfred Finger ist auch Pressesprecher beim NFV, der Leiter des Rothmund'schen Präsidialbüros beim NFV führt für Germania auch Vertragsverhandlungen mit neuen Spielern. Und die Robert-Enke-Stiftung, die sich nach dem Suizid des ehemaligen Nationaltorwarts gründete, wird ebenfalls von der Schillerstraße 4 in Barsinghausen regiert. Nach Informationen der *Berliner Zeitung* wird gegen die Stiftung wegen des Verdachts der Untreue ermittelt. Gleich 21 Personen arbeiten gleichzeitig für die Stiftung, den Verein Germania und den Niedersächsischen Fußballverband – eine erschreckende Zahl, selbst für niedersächsische Verhältnisse. Rothmund sieht das allerdings anders: »Wir sind hier nicht bei der FIFA, wir haben Ordnung im Laden.« Nun ja …

Der langjährige CDU-Stadtrat Rothmund selbst wirbt derweil im Gemeinderat für die Stadionerweiterung bei seinem Verein, bei dem er – darauf legt er im Gespräch mit *Spiegel Online* großen Wert – natürlich formal kein Amt innehat. Das braucht er auch nicht, wenn sowieso jedem klar ist, was Sache ist – auch der DFB-Spitze. Im Einladungsschreiben zum 70. Geburtstag von Rothmund, unterzeichnet vom damaligen DFB-Präsidenten Wolfgang Niersbach und dessen Nachfolger Reinhard Grindel, heißt es, wer dem Jubilar »eine Freude machen« wolle, möge doch dem 1. FC Germania »mit einer Spende helfen«. Wie schön, dass sich Rothmund so uneigennützig zeigt, könnte man meinen. Doch Scholz sieht das anders: »Germania ist in dem Sinne Rothmunds Verein, wie der BFC Dynamo Erich Mielkes Klub war.« Die »Anrüchigkeit der großen Fußballverbände« spiegele sich hier »im Kleinen wider«. Stellt sich die Frage, warum die Amateurbasis nicht aufbegehrt gegen solche postfeudalen Verhältnisse. Die Klubs hätten »Angst vor Sanktionen«, glaubt Scholz.

Was man nachvollziehen kann. Denn offenbar ist ja der Eindruck auch nicht unbegründet, dass im NFV doch sehr vieles im Sinne des 1. FC Germania Egestorf/Langreder läuft. Noch heute lachen die Fans von Altona 93 laut auf, wenn sie die DFB-Endlosschleife hören, wonach deutsche Schiedsrichter die besten der Welt seien. Top ausgebildet und immun gegen jede Einflussnahme. Ob das auch in den vermeintlichen Niederungen des Fußballs gilt? Beim Relegationsspiel gegen den 1. FC Germania um den Aufstieg in die Regionalliga Nord im Juni 2016 jedenfalls fühlte sich der Altonaer FC massiv benachteiligt, nicht nur weil Schiedsrichter Tim Skorczyk in der Nachspielzeit einen reichlich grotesken Elfmeter pfiff, der den Niedersachsen zum Aufstieg verhalf. Bei einem Remis, also dem Ergebnis bis zur 92. Minute, wäre Altona aufgestiegen gewesen. Mit Herrn Skorczyk hatte man allen Ernstes einen

Referee ausgewählt, der für den Niedersächsischen Fußballverband pfeift. Und der pfiff nach übereinstimmenden Augenzeugenberichten 90 Minuten lang so absurd einseitig für Egestorf/Langreder, dass sich die Altonaer Fans noch Monate nach dem Spiel zu allerlei justiziablen Beleidigungen und Mutmaßungen hinreißen ließen.

Unverfänglicher waren die Formulierungen, die Spieler Ronny Buchholz wählte, der sich wie folgt äußerte: »Der heutige Tag ist eine absolute Frechheit! Ich weiß nicht, womit wir oder der Verein das verdient haben. Schade nur, dass es zum Schluss leider nichts mehr mit Fußball zu tun hatte. Das war eine absolute Grottenleistung vom Schiedsrichter! Der hat uns in allen Situationen benachteiligt und gegen uns gepfiffen.« Beim NFV und bei Germania Egestorf/Langreder sah man das selbstredend anders. Und freute sich in aller Ruhe sowohl über den Aufstieg als auch über die glückliche Fügung, dass sich in Barsinghausen alle so gut kennen.

Dass die *Zeitspiel*-Macher Engelbert Kupka unterstützen, versteht sich angesichts all dessen, was sie im Alltag erleben, von selbst. Der ehemalige Unterhachinger Präsident hat eine Initiative ins Leben gerufen, die sich »Rettet den Amateurfußball« nennt. Die Vereine, die sich angeschlossen haben, finden wie Kupka, dass DFB und DFL den Kontakt zur Basis verloren haben und den Tod des unterklassigen Fußballs in Kauf nehmen. »Der DFB-Bundestag in Erfurt war das allerletzte Signal, dass sie es nicht kapieren«, sagt Grüne. »Wir wollen dazu beitragen, dass sich die vernetzen, die finden, dass nicht der ganze Fußball dem Diktat des Fernsehens unterworfen werden darf.«

Ein Mann, eine Bahncard 100 – und drei Dauerkarten
Frank Albrecht gehört zu den Menschen, die das *Zeitspiel*-Magazin noch nicht kennen. Das ist wirklich bedauerlich, denn er würde die meisten Artikel verschlingen. Und Grünes Satz über das »Diktat des Fernsehens«, der könnte glatt von Albrecht selbst sein. Seit 1975 geht der 50-Jährige zum Fußball, als gebürtiger Frankfurter kam für den Initiationsritus natürlich nur die Eintracht in Frage. »Ganz klassisch: als kleiner Bub, an der Hand des Vaters«, erinnert sich Albrecht, als er nach den näheren Umständen des ersten Stadionbesuchs gefragt wird. Es war der Beginn einer Leidenschaft, die immer noch anhält.

Albrecht, der heute in Osnabrück wohnt, hat gleich drei Dauerkarten: für den VfL Osnabrück, die Sportfreunde Lotte und natürlich für die Eintracht. Was nicht heißt, dass er nur in Stadien gehen würde, für die er eine Dauerkarte hat. Albrecht reist gerne und viel, aus beruflichen Gründen besitzt er die Bahncard 100, er steigt also in jeden Zug seiner Wahl, ohne vorher ein Ticket lösen zu müssen. Auch eine Spontanfahrt nach Großaspach kostet ihn also keinen Cent, denn die 4.090 Euro, die die im Volksmund »Schwarze Mamba« getaufte Edel-Bahncard kostet, sind ja schon bezahlt.

Die 1. und die 2. Liga hat er längst »durch«, es gibt dort kein Stadion, in dem er noch nicht gewesen ist. Aber die 3. Liga, die ist ein Problem. In der Mechatronik Arena, Heimstatt der SG Sonnenhof Großaspach, war er zum Beispiel noch nie. »Mal spielt die Eintracht parallel, mal sind wir in Urlaub, mal ist sonst irgendwas.« Dieses Jahr, am 9. September 2017, hätte es aber klappen sollen. Endlich: Großaspach gegen Osnabrück. Die Vorfreude war groß. Bis die Lebensgefährtin mit einer fatalen Ankündigung – »schlechte Nachrichten, Frank« – um die Ecke kam und von einer goldenen Hochzeit im Verwandtenkreis erzählte, die als Pflichttermin zu betrachten sei.

Die meisten Menschen hätten das wohl weggesteckt, ohne der verpassten Gelegenheit nachzutrauern. Großaspach gegen Osnabrück, das klingt ja auch wirklich nicht nach dem ganz großen Glamour. Aber darum geht es nicht. Und auch nicht darum, dass goldene Hochzeiten so schlimm wären (das auch). Sondern darum, dass man mal wieder die Vorfreude auf etwas ganz Besonderes verschieben muss. Auf das Gefühl, wenn man das erste Mal ein neues Stadion aus der Ferne sieht, womöglich noch bei Flutlicht. Die Vorfreude beim Planen, wenn sich herausstellt, dass tatsächlich noch Zeit bleibt, in Stadt X vor dem Spiel in ein bestimmtes Restaurant zu gehen oder einen Kumpel zu treffen, der genau dort wohnt. Beim Spiel die kleinen Besonderheiten zu beobachten, die fast jedes Stadion auszeichnen. Ein Livespiel ist eben ein Livespiel.

Playback ist grausam – in der Musik und beim Fußball

Es ist wahrscheinlich kein Zufall, dass Albrecht so entschieden der Meinung ist, dass ein Fußballspiel erst dann Spaß macht, wenn man es im Stadion sieht. Es könnte an seinem Beruf liegen, denn bei dem hat vieles mit dem Gegensatz zwischen Livemusik und Playback zu tun. Und auch den kann man nicht allen erklären, weil es den meisten Menschen schon völlig egal ist, was sie so im Radio hören. Wer auf die Frage nach seinem Musikgeschmack »quer durch den Garten« antwortet, interessiert sich schlicht nicht für Musik. Und angebliche BVB- oder Schalke-»Fans«, die noch nie im Stadion waren, nimmt auch nicht jeder ernst.

Albrecht ist Musikjournalist, seit über 30 Jahren. Anfang der 1980er Jahre, als Heavy Metal im Underground geboren wurde, war er als Teenager gleich angefixt und begann, darüber zu schreiben. Wie das nun mal so ist, wenn einem etwas wichtig ist und die Wörter mit einer gewissen Leichtigkeit aus dem Füller rinnen. Viele sehr junge Männer wie Albrecht schrieben damals Platten- und Konzertkritiken, führten kleine Interviews mit Bandmitgliedern, die genauso jung und genauso begeistert waren wie sie selbst. Aus den lose kopierten Zetteln wurden Schwarz-Weiß-Fanzines, aus einem von ihnen schließlich das *Rock Hard*, das es noch heute gibt und dessentwegen Albrecht 1990 nach Dortmund zog. Zum Kollegen Götz Kühnemund, der damals schon im Ruhrgebiet arbeitete. 24 Jahre lang waren sie gemeinsam beim *Rock Hard*, ehe sie 2014 das *Deaf Forever* aus der Taufe hoben. Benannt nach einem Motörhead-Song und mit einem programmatischen Untertitel versehen: »Metal und Hardrock für Überzeugungstäter«. Mit »quer durch den Garten« hat das in etwa so viel zu tun wie ein Dauerkarteninhaber beim VfL Osnabrück mit den Leuten, die alle zwei Jahre im Sommer entdecken, wie toll Fanmeilen und die Sportfreude Stiller sind.

Es ist vielleicht auch kein Zufall, dass es in der Metal-Community so viele Stadiongänger gibt. Wer sich im Musiker- und Journalistentrakt eines Festivals umhört, das unmittelbar nach Saisonschluss stattfindet, belauscht dort im Wesentlichen drei Gesprächsthemen. Erstens: die Band, die gerade gespielt hat. Zweitens: die Band, die als Nächstes auf die Bühne kommt. Und drittens: das Saisonfinish in den Ligen eins bis vier.

Fußball im Fernsehen ist eben wie ein Livekonzert auf DVD. Kann man mal machen, wenn's gar nicht anders geht, hat aber mit dem eigentlichen Ereignis nicht viel zu tun.

Hotel statt Zelt, Sitzplatz statt Kurve

Wobei so ein Leben mit Heavy Metal und Fußball natürlich keines ohne Brüche ist, die Zellen altern nun mal unabhängig vom Musikgeschmack. Und so wie Albrecht heute bei Festivals das Hotel dem Zelt vorzieht, so ist er auch ganz froh darüber, dass es ihm beim Fußball nicht mehr 90 Minuten auf den Kopf regnet, wenn er den Schirm vergessen hat.

Früher war alles besser? Könnte Frank Albrecht so nicht unterschreiben. Weder in Sachen Musik noch in Sachen Fußball. Dem alten Waldstadion, auf dessen Ruine ab 2002 die jetzige Frankfurter Arena errichtet wurde, trauert er zum Beispiel nicht nach. »Wenn ich mich daran erinnere, wie weit man damals vom Spielfeld weg stand, wie oft man nassgeregnet wurde und wie es generell um den Komfort bestellt war – dann muss ich nicht lange überlegen, ob ich das alte oder das neue Eintracht-Stadion bevorzuge.« Auch andere Dinge schätzt er an der fußballerischen Moderne. Ein funktionierendes Shuttlebus-System beispielsweise, das heute selbst in Mittelstädten wie Augsburg oder Aachen funktioniert, wo man früher »von einem überfüllten Linienbus in den nächsten umsteigen musste, um vom Aachener Hauptbahnhof zum Tivoli zu kommen«.

Schwarz-weiß sind die Dinge also auch hier nicht, doch auch Albrecht gehört zu denen, die dem großen Fußball zunehmend kritisch gegenüberstehen. Ganz einfach, weil der sich auf Teufel komm raus nur noch an den Menschen orientiert, die Fußball im Fernsehen gucken wollen. Und nicht an Leuten wie ihm und so gut wie allen seinen Freunden, die – sofern sie sich für Fußball interessieren – ähnlich unterwegs sind wie er. Im wahrsten Sinne des Wortes. Unterwegs zum Stadion. Dass es in den drei ersten Ligen von Freitag bis Montag mittlerweile elf verschiedene Anstoßzeiten gibt, findet Albrecht »verheerend«. Als jemand, der von der typischen Journalistenkrankheit gezeichnet ist, möglichst viele Termine in 24 Stunden unterbringen zu wollen, macht es ihn verrückt, wenn er drei Wochen vor Anpfiff noch nicht weiß, ob das Spiel, das ihn interessiert, denn nun am Samstag oder am Montag stattfindet.

Es dauert, bis die DFL endlich alle Sicherheits- und TV-Erfordernisse so koordiniert hat, dass dabei ein Spieltag herauskommt, und das ist nur einer von vielen Gründen, warum es Albrecht ärgert, wenn die Verbandsvertreter den deutschen Fußball immer als Eldorado für Fans darstellen. Obwohl auch sie kräftig am Rad drehen, das weg vom Stadiongänger und hin zum Pay-TV-Kunden führt. Es gibt ein Foto, das DFL-Boss Christian Seifert vor einem Säulendiagramm zeigt, welches die Eintrittspreise in den europäischen Topligen auflistet. Die Message ist klar: teure Preise in der Premier League. Hingegen in Deutschland: Stehplätze! Günstige Stehplätze! Selbst beim Deutschen Meister kann man für nur 15 Euro ein Spiel im Stadion sehen! Ist das nicht toll?

Nun ja, sagt Albrecht. Natürlich seien die Eintrittspreise in Deutschland noch halbwegs moderat – zumindest, wenn man sie mit der Premier League vergleicht, die er, wie die allermeisten Fußballfans, die so ticken wie er, nur noch sehr bedingt attraktiv findet. Günstig sei es in Deutschland »aber auch nur, wenn man die Stehplätze betrachtet«. Die jedoch sind in so gut wie allen Stadien so begehrt, dass sie für den freien Verkauf gar nicht mehr zur Verfügung stehen. Und jetzt wird es spannend, denn im freien Verkauf kosten die nächstgünstigeren Sitzplatzkarten plötzlich dann doch fast so viel Geld wie in der bösen Premier League. 60, 70, 80 Euro sind nicht nur in Stadien wie in Bremen, Stuttgart oder Hamburg keine Seltenheit – und die Tickets können gerne noch teurer werden, wenn es nicht gegen Darmstadt geht, sondern gegen die Bayern oder Schalke. Mehr Geld, als Albrecht auszugeben bereit ist. Er denkt sich schließlich auch seinen Teil über Bands, die vergessen haben, woher sie kommen, kaum dass sie die erste halbwegs erfolgreiche Tournee hinter sich haben.

Doch es sind nicht die Eintrittspreise, die bei ihm dafür gesorgt haben, dass ihm der große Fußball zunehmend egal ist, auch wenn er im Ruhrgebiet einige Menschen kennt, die es sich nicht mehr leisten können, ins Stadion zu gehen. Was ihn derart übersättigt hat, dass es ihm bald zu den Ohren herauskommt, ist das, was die Italiener »calcio parlato« nennen. All die Talkshows, all die Meldungen, die nur um die immergleichen Spekulationen kreisen: »Geht er, bleibt er, geht er nun doch nach China? Nein, er ist beim ersten Training, ach, jetzt ist er doch im Flugzeug.« Albrecht würde es ganz entschieden reichen, wenn er einfach nur in Kenntnis gesetzt würde, sobald ein Wechsel vollzogen ist. »Aber nein, heute wird alles zum Event hochgezogen, und wenn noch so wenig Substanz dahintersteckt.« Vielleicht, weil man ja irgendwie künstlich Spannung und Dramatik erzeugen muss, wenn die Realität so dröge ist, wie sie nun mal ist: »Es ist doch völlig klar, dass jeder Verein, der ein, zwei Jahre in der Champions League spielt, sich dort festsetzt, weil er finanziell in anderen Dimensionen unterwegs ist.« Er selbst fährt deshalb auch lieber zu den Spielen des VfL Osnabrück. Die Champions League ist ihm schlicht zu langweilig: spätestens ab dem Viertelfinale die immer gleichen Vereine, die immer gleichen Stadien, die Ronaldos dieser Welt.

Keine Lust, wie ein Verbrecher behandelt zu werden
Warum im deutschen Fußball seit ein paar Jahren alle so tun, als versammele sich in den Stehplatzbereichen ein Mob von bis an die Zähne bewaffneten Wahnsinnigen, versteht Albrecht schon mal gar nicht. »Ich glaube, dass sich diejenigen, die heute 20 Jahre alt sind, schon lange daran gewöhnt haben, dass sie wie Schwerkriminelle behandelt werden«, sagt er. Er selbst könne das nicht. »Im Stadion ist es heute definitiv so sicher wie noch nie. Und trotzdem habe ich Verständnis dafür, dass scharf gefilzt wird, alleine wegen des leidigen Pyro-Themas.« Doch das, findet Albrecht, bedeute nicht, dass man sich jede Schikane gefallen

lassen müsse. Dass man sich das Nasenspray abnehmen lassen muss, obwohl es in Weichplastik verpackt ist, die Metallkette, an der das Portemonnaie hängt, den Schlüsselbund. Dass man sich in Auswärtsblöcke pferchen lassen muss, wo man so wenig sieht wie in Freiburg, um sich dann von den Ordnern so behandeln zu lassen wie ebenfalls in Freiburg, wo sich die Geschichte mit dem Nasenspray ereignete.

Albrecht hat aus all dem seine eigenen Schlüsse gezogen. Und am Beispiel Freiburg lässt sich das auch gut erklären.»Ich mag die Stadt, ich hatte dort mit den SC-Fans noch nie den geringsten Stress. Aber warum soll ich zehn Stunden Zug fahren, um mir dort schon vor dem Gästeblock den Tag versauen zu lassen?« Mit Eintracht- oder Osnabrück-Schal sieht man Albrecht auswärts nie, nur bei Heimspielen. Auswärts zieht er sich neutral an, kauft sich eine Sitzplatzkarte – und genießt ein Fußballspiel. Auch in Freiburg macht er das so. Doch nach hunderten von Livespielen, die er allein in diesem Jahrtausend gesehen hat, gibt es für ihn nur ein Fazit: »Die brauchen dein Geld als Stadiongänger eben nicht mehr. Und das merkst du an allen Ecken und Enden.«

Die Metal-Community mag es auch beim Fußball live
So sieht es auch Michael Hilger, dem Albrecht mehrfach im Jahr begegnet. Entweder beim Fußball oder bei einem Metal-Festival wie dem »Headbangers Open Air«, das jedes Jahr Ende Juli in der Nähe von Elmshorn stattfindet. Es ist ein kleines Festival mit rund 2.500 Zuschauern und Headlinern, die oft nur Eingeweihte kennen. Und es ist ein Festival, das so ist, wie Wacken noch gerne wäre: von Fans für Fans. Denn während sich hier, in Brande-Hörnerkirchen, noch tatsächlich die Szene trifft, ist Wacken längst zum Get-together tausender Leute geworden, die sturzbesoffen in pinken Hasenkostümen durch die Gegend laufen, sich keine Band anhören und sich überhaupt so aufführen, als wähnten sie sich auf einem Junggesellenabschied.

Und irgendwie kommt Michael Hilger, den seine Freunde »Higgi« nennen, der große Fußball zunehmend so vor wie Wacken. »Das ist doch alles nur noch wahnsinnig aufgeblasen«, sagt er. »Fußball auf allen Kanälen und zu jeder Tages- und Nachtzeit.« Wenn er dann doch mal durch die Programme zappt, sieht Higgi immer öfter Sachen, die mit dem Fußball, den er mag, nicht mehr viel zu tun haben. »Allein die weiß angezogenen Leute, die in der Allianz Arena dieses ›T‹ bilden. Das sind doch garantiert keine Fußballfans.« Oder auf Schalke, dem inoffiziellen Lieblingsverein der meisten Fußballfans in Oberhausen. Wenn dort Menschen mit schwarzgeschminkten Gesichtern auf dem Rasen stehen und das »Steigerlied« gespielt wird, wird ihm immer ganz anders. »Unfassbar, dass die noch auf Malocherklub machen und so vielen Leuten nichts dabei auffällt.«

Dabei ist Hilger niemand, der als Außenstehender auf den heutigen Fußball schaut und sich wundert. Im Gegenteil. Er ist selbst durch und durch Fan, und das nicht erst seit irgendwas mit einem weißen »T« Hauptsponsor bei den Bayern wurde. »Mein erstes Bundesligaspiel, Essen gegen Schalke, habe ich 1977 gesehen«, erzählt er. Das erste von vielen hundert Heimspielen im Oberhausener Niederrheinstadion folgte zwei Jahre später. Jahrzehntelang waren sowohl die Auswärtsspiele der deutschen Nationalmannschaft als auch die Oberhausener Heimspiele Pflichttermine. Aber seit einiger Zeit macht ihm der Fußball immer weniger Spaß, was im Fall von RWO auch persönliche Gründe hat. Der komplette Rückzug vom großen Fußball war bei ihm mit der EM 2016 in Frankreich besiegelt. Das ganze Eventpublikum, die Leute, die jedem Hype folgen, aber so gar nicht zu wissen scheinen, wie toll es wirklich sein kann, Fußballfan zu sein. Oder die Kids, die in ihren Verein nicht mehr hineingeboren oder – wie Kollege Albrecht – an der Hand des Vaters zu ihm gebracht werden, sondern die bei der Vereinswahl danach zu gehen scheinen, welche Trikots die meisten anderen in ihrem Alter tragen. All die Real-, Barça- und BVB-Trikots in Größe S, er kann sie nicht mehr sehen.

Doch das ist nur das eine. Nach all den Jahren ist auch der Thrill weg, den er früher immer im Niederrheinstadion verspürte. Und das liegt ebenfalls an der Entwicklung, die der moderne Fußball genommen hat. »Bayern, Dortmund und Co. werden mit jedem Jahr in der Champions League reicher, und Vereine wie Aachen oder RWO werden in eine Liga gesperrt, aus der es kein Entrinnen gibt. Mit dem Etat hast du überhaupt keine Chance. Du kannst weder auf- noch absteigen. Das ist seit Jahren so, und das wird auch in den nächsten Jahren so sein.«

Nase voll vom großen Fußball

Hilger hat seine Schlüsse daraus gezogen. Er geht einfach nicht mehr zu RWO. Und offenbar ist er nicht der Einzige, den die Stagnation, zu der die Liga ihre Mitglieder zwingt, aus dem Stadion getrieben hat. »Der Verband sollte sich mal die Zuschauerzahlen anschauen. Die sinken doch bei fast allen Traditionsvereinen in der Regionalliga West.« Was Hilger wie Albrecht stört: die Dominanz des Fernsehens, dem alles untergeordnet werde, auch ehrene Regeln des Sports und der Sportlichkeit. Hilger hätte da mal ein Beispiel: den Niederrheinpokal 2016/17. Acht Mannschaften hatten sich für das Viertelfinale qualifiziert. Rot-Weiss Essen, Rot-Weiß Oberhausen und der Wuppertaler SV aus der Regionalliga sowie der damalige Drittligist MSV Duisburg – das waren die Vereine mit großer Fanbasis. Bei einer Finalteilnahme wäre bei ihnen mit einer hohen Einschaltquote zu rechnen gewesen. Qualifiziert hatten sich ebenfalls der SC Düsseldorf West, die SpVg Schonnebeck, der VfB 03 Hilden und TuRU Düsseldorf. Und, siehe da, wie durch ein Wunder bekamen die vier kleinen Vereine jeweils ein Spiel gegen die Dritt- und Viertligisten zugelost, die sich natürlich prompt durchsetzten. Das Finale bestritten schließlich Essen und Duisburg. »Und die wollen uns erzählen, dass das gelost wurde?«, fragt Hilger.

Er lässt sich jedenfalls nichts mehr erzählen, sondern ist einfach vom Brett gesprungen. 40 Jahre nachdem Michael Hilger sein erstes Bundesligaspiel gesehen hat, geht er jetzt nur noch zu unterklassigen Vereinen. Zum SC Velbert oder zu Sterkrade-Nord in die Landesliga. Weil er einen Bezug zu den Spielern hat, nicht nur zu seinem Neffen, der dort kickt. Und weil es einfach Spaß macht, dort Fußball zu schauen. Der Eintritt 5 Euro, das Bier aus dem Glas, die Wurst »nicht so ein Ekelteil aus der Fabrik, sondern echt gut und frisch von der Holzkohle«. Hilger klingt jetzt regelrecht begeistert. Die Frage, ob ihm denn nichts fehle, hat sich damit erübrigt.

Kürzlich hat er sein Sky-Abo gekündigt, der besorgte Anruf aus dem Servicecenter kam wenige Tage darauf. Was ihm denn am aktuellen Programm fehle, wurde er gefragt. Und das war genau das falsche Stichwort. Am modernen Fußball fehlt ihm ja nichts. Im Gegenteil: Es wird ihm alles zu viel. Das hat er den freundlichen Leuten von Sky auch genau so gesagt. »Das wird alles Jahr für Jahr verrückter. Diese ganzen aufgeblähten Wettbewerbe, von der Qualifikation zur Qualifikation zur Europa-League bis zur WM mit noch ein paar Mannschaften mehr«, hat er angefangen. Und dann sprudelte es nur so aus ihm heraus. Die Anstoßzeiten, die dafür sorgen, dass von Freitagnachmittag bis in den späten Montagabend hinein ein Fußballspiel nach dem anderen gezeigt wird. Dienstag, Mittwoch, Donnerstag dann die internationalen Spiele. Und dann alles wieder von vorne. Dazu die ganzen Wiederholungen, die Fußballtalkshows, die Liveschalten von einer öden Pressekonferenz zum nächsten 08/15-Interview. »Ihr übertreibt, das wird alles immer verrückter«, hat Hilger gesagt. »Es gibt noch andere Dinge außer Fußball.« Es war wohl nicht ganz das, was sie bei Sky hören wollten. In seinem Freundeskreis haben ihm aber alle recht gegeben.

Der Autor

Christoph Ruf, Jahrgang 1971, lebt als freier Journalist und Autor in Karlsruhe. Er schreibt u. a. für *Süddeutsche Zeitung*, *Spiegel*, *Spiegel Online* und *taz*. Zudem hält er Vorträge und Referate über fanpolitische und politische Themen (Neonazismus). Sein Buch *Ist doch ein geiler Verein* über »Reisen in die Fußballprovinz« wurde 2008 von der Deutschen Akademie für Fußballkultur zum Fußballbuch des Jahres gewählt. 2013 erschien von ihm *Kurvenrebellen – die Ultras. Einblicke in eine widersprüchliche Szene.*

Anzeige

192 Seiten, Paperback
€ 14,90 | E-Book: € 9,99

Die Hooligans sind zurück. Seien es die »Hooligans gegen Salafisten«, wieder erstarkte Gruppen in den Fankurven oder die russischen Schläger während der EM 2016. Robert Claus beleuchtet die zentralen Entwicklungen, Verbindungen in die Rockerszene und die Erfindung der Ackermatches. Dabei nimmt er auch den Kampfsport, geschäftliche Beziehungen, politische Einstellungen und internationale Netzwerke der Hooligans in den Blick. Eine differenzierte Analyse der gewalttätigen und teils rechtsextremen Szene, über die viel zu wenig bekannt ist.

SUPPORT THE METAL SCENE!

* unabhängig
* ehrlich
* authentisch

Alle zwei Monate neu!

JAHRESABO (6 AUSGABEN) FÜR NUR 33 EURO (INKL. VERSAND) PLUS CD!

(Auslands-Abo: 47 Euro inkl. Versand & CD)

VULTURE
The Guillotine

ATTIC
Santimonious

NIGHT DEMON
Darkness Remains

PORTRAIT
Burn The World

DEAD LORD
In Ignorance We Trust

Schickt eine E-Mail an: deafforever@aboteam.de
Oder ruft folgende Service-Nummer an: 02225-7085 377

Widerrufsbelehrung findet ihr hier:
//www.deaf-forever.de/widerrufsbelehrung

Das Fußballmagazin mit dem etwas anderen Blickwinkel. Statt blankpoliertem Champagner-Fußball echte Geschichten aus dem Herzen des Fußballs. Von unten, von uns. Aus der Tiefe der Vergangenheit, aus der Höhe der Gegenwart. Mit dem Blick in die Zukunft. Alle drei Monate. Nur echt im Print. Zeitspiel! Nur im Direktbezug und nicht im Zeitschriftenhandel.

 WWW.FACEBOOK.COM/ZEITSPIELMAGAZIN

INFOS UND BESTELLUNG UNTER: WWW.ZEITSPIEL-MAGAZIN.DE